ローマから日本が見える

塩野七生

集英社文庫

ローマから日本が見える

古代ローマ世界
エストニア
ラトビア
リガ
リトアニア
ビリニュス
ミンスク
ベラルーシ
ロシア
サルマティア
ワルシャワ
マニア
コマンニ
ポーランド
キエフ
ウクライナ
スロバキア
チスラバ
モルドバ
ブダペスト
ハンガリー
ダキア
ザグレブ
ルーマニア
ボスポロス
黒海
グルジア
ベオグラード
ブカレスト
ドナウ河
サラエボ
セルビア
モエシア
シノペ
モンテネグロ
ソフィア
ブルガリア
ビティニア
ポントス
トラキア
イスタンブール
アルメニア
マケドニア
マケドニア
ガラティア
ニコメディア
アンカラ
アルバニア
テッサロニケ
エピロス
トロイ
トルコ
エーゲ海
リカオニア
ギリシア
カッパドキア
小アジア
コリント
アテネ
エフェソス
パンフィリア
アカイア
シリア
キリキア
スパルタ
リキア
アンティオキア
シリア
ニコシア
トリポリ
イラク
クレタ
キプロス
ベイルート
ダマスカス
メソポタミア
地中海
レバノン
イスラエル
パルティア
キレネ
イェルサレム
パレスティーナ
アレクサンドリア
サウジアラビア
エジプト
ナイル河
ヨルダン
キレナイカ
カイロ
アラビア
エジプト

W
N
S
E
0
300km
カレドニア
ヴァレンチア
北海
キンブリ
デンマーク
ヒベルニア
アイルランド
ダブリン
ヨーク
イギリス
ブリタニア
アムステルダム
フリシ
テウトニ
ブリタニア・インフェリオル
ブリタニア・スペリオル
ロンドン
オランダ
ブリュッセル
ケルン
ドイツ
大西洋
ベルギカ
ベルギー
セーヌ河
トリエル
アルモニカ
パリ
ライン河
ロアール河
ブールジュ
レーチャ
ウィーン
ルグドゥネンシス
フランス
ガリア
ベルン
スイス
ボルドー
ローヌ河
リヨン
アルプス山脈
アクィレイア
ガリア・チザルピーナ
ガロンヌ河
アクィタニア
タラコネンシス
ナルボネンシス
ポー河
リスボン
ルシタニア
エブロ河
ピレネー山脈
ボローニャ
ルビコン川
マルセーユ
ニース
アルノ河
スロベニア
マドリード
ポルトガル
スペイン
イタリア
コルシカ
ヒスパニア
カプア
ローマ
バレアレス
サルデーニャ
ナポリ
ポンペイ
コルドバ
セビリア
ベチカ
カルタヘーナ
ジブラルタル海峡
アルジェ
シチリア
ラバト
カルタゴ
マウリタニア
ヌミディア
チュニス
シラクサ
モロッコ
アルジェリア
チュニジア
マルタ
トリポリ
アフリカ
リビア
共和政時代ローマの最大版図
帝政時代ローマの最大版図
現代の国名・首都・河川・山・海

はじめに――ローマ学の世界へようこそ！

学生のころの私は、先生たちにとってはあまり嬉《うれ》しくない学生であったに違いありません。

なぜなら、先生たちが教えることをそのままでは信じない学生であったからで、「なぜか」と「どういう状態で」の二つが説明に入っていないと、授業が終わった後で先生を追いかけていって、それらを質問する学生だったのです。多くの先生たちにとってはただ単に、ウルサイ学生に過ぎなかったと思います。

それでも若いころの私が挫折《ざせつ》感までは持たないで済んだのは、疑問をぶつける一人の学生に対して、嫌がりもせずに詳《くわ》しく説明してくれる教師たちが、中学にも高校にも大学でも、幾人かはかならずいたからでした。

ところが、このように良心的な教師たちでも、ときには困った顔をするしかない質問があったのですね。そのような質問に対して先生方は、簡単には説明できないことなんだ、と言い、そのうちの何人かは私に、参考になりそうな研究著作を教えて、これを読んで自分で考えてごらん、なんて言われたりしたけれど。

先生方に困った顔をさせてしまった私の質問の一つが、次のことでした。

「古代のローマは古代のギリシアの模倣《もほう》に過ぎなかったと教科書にはあるけれど、模倣だけで千年もつづき、しかも大帝国として繁栄できるわけがないと思いますが？」

教授からはこれに対し、英文の研究著作を二冊ぐらい紹介され、これを読んで自分で考えてごらん、なんて言われちゃったけれど、結局のところ、あれから半世紀も過ぎた今になってやっていることは、参考にする研究書が英文だけでなく、ラテン語やギリシア語にまで及ぶようになったという違いを除けば、あのころの気分からあまり変わっていないんですね。

十代のころにいだいた疑問をその後、半世紀を過ぎても持ちつづけていたのか、と笑われそうですが、それに対しては、次のように答えるしかありません。

男友達に関してはやたらと心移りする私だったけれど、ほんとうに私を魅了したことには、意外としつこく迫ったのだ、と。

その理由はおそらく、後者の場合は「挑戦」であるのに反して、男友達に対しての私は挑戦しなかったからでしょう。でも、挑戦くらい、エキサイティングなこともないんです。だからこそ、長期にわたって私をしばりつけたのかもしれません。

読書とは自分一人の実際の人生では知りえないことも知り、会うこともできない人に会える手段です。若いころからの私にできたこの二つのことを、あなたがたにできないというわけがない。この一冊は、そういうことをするのもいいね、と思ったあなたへの私からの小さなサポート、とでも思って読んでみてほしいのです。そして、願わくは、あなたがたを魅了する素敵な男たちに本書の中で会えますように。

塩野《しおの》　七生《ななみ》

ローマから日本が見える　目次

第1章

なぜ今、「古代ローマ」なのか

歴史とは人間である

私は今、毎年一冊のペースで『ローマ人の物語』というローマ史を扱《あつか》った本を書いています。

紀元前七五三年にロムルスがローマを建国してから、紀元四七六年に滅《ほろ》びるまでの千年あまりの通史を、専門の歴史学者でもない私がなぜ書くのか。

しかも、それを欧米人にではなく、古代ローマの歴史なんてせいぜい数時間分の授業でしか教えられたことのない日本人に向けて書かなければならないのか。

この疑問に対する私なりの答えを語り出せばきりがありませんが、それを一言で述べよと言われれば、「歴史ほど面白いものはないから」。こう答えるしかありません。

中でも古代ローマの歴史は、とびきり面白い。だから書く。

煎《せん》じつめれば、こういうことでしかないのですが、幸いにして私に同感してくれる読者もいるので『ローマ人の物語』を書き継《つ》いでいるのです。

しかし、世の中には「古代のローマの歴史なんて」と思う人ももちろんいます。むしろ、そちらのほうが多数派に違いない。いや、それどころか歴史そのものに興味のない人だって少なくありません。

世間一般では「立派な大人」と思われているような人が、「私は歴史は苦手で」と言うのを何度聞いたことでしょう。まあ、これは無味乾燥《むみかんそう》で、歴史の面白さをちっとも教えてくれない日本の歴史教育に責任もあるのですが、あえて私はこう答えることにしています。

「失礼ですが、そういうことはおっしゃらないほうがよろしいのではないでしょうか」

すると、たいていの人はポカンと口を開けます。

そこで私はさらに言葉を続ける。

「なぜなら、歴史って人間です。だから、『歴史が苦手』なんて言うと、『人間が苦手』と告白していることになりますよ」

どんな人間であろうと、自分の一生の中で経験できることは限られています。たとえ政治家になって大きな権力を握《にぎ》ろうとも、その人には芸術家としての人生は体験できない。努力に努力を重ねて世界的な大企業のトップに上りつめても、そこで経験できることも、主としてならば企業人の人生でしかない。

だからこそ、私たちは映画を観《み》たり、本を読んだり、あるいはテレビを見たりする。

そこには、自分が体験できない種々様々な人生が語られているからです。

私にとっての歴史とは、人類がこれまで経験したすべてのことが入っている。そんな歴史が面白くないはずはない。私はそう思います。

なぜルネサンス人は古代ローマに目を向けたのか

しかし、なるほど歴史は面白いとしても、「なぜローマなのか」という問題は残ります。

日本人ならばまずは日本の歴史、まあ、少し譲《ゆず》ったとしても、現代日本人とならば関《かか》わりの浅くないヨーロッパの近代史なら分かるが、どうして今から千五百年以上も前に滅びたローマの歴史なのか。

それもまた「ローマ人くらい面白い人たち、素敵な人たちはいなかったから」と答えるしかない。

……と書くと、読者の中には「おやおや、要するに作家の物好きというやつか」と思う人があるかもしれません。こっちは毎日の生活で忙しいのに、そんな酔狂《すいきょう》に付き合っていられるかと、あなたは感じるかもしれない。

しかし、ちょっと待ってください。これは何も私だけの勝手な思い入れではないのです。

先ほども述べたように今から約千五百年前の紀元五世紀、ローマ帝国は滅びます。それからおよそ千年近く、滅び去ったローマのことをヨーロッパ人は誰《だれ》も彼も忘れてしまったままで長い歳月が過ぎる。それがいわゆる中世という時代です。

ところが、そこに俄然《がぜん》、古代ローマのことに興味を持つ人々が現われる。これが十三世紀から十五世紀にかけて生きたルネサンス人とでも言うべき人たちでした。

「人間とは何か」を知る最高のヒント

なぜ、彼らルネサンス時代の人々はローマに興味を持ったのか。

代表的なルネサンス人の一人であるマキアヴェッリの問題意識を紹介すれば、それは次のような理由によります。

マキアヴェッリ

すなわち、キリスト教は千年もの間、ヨーロッパ人の精神を支配してきた。だが、それにもかかわらず、我々ヨーロッパ人の人間性は向上したとは思えない。これは結局、人間の存在自体がもともと、宗教によってさえ変えようがないほど「悪」に対する抵抗力がないからではないか。だとすれば、そうした人間世界を変えていこうとすれば、まずこうした人間性の現実を冷徹に直視する必要がある……。

ルネサンス運動は別名「古代復興」とも呼ばれるわけですが、この新しい思想が非キリスト教的な性格を持つようになったのは、このような問題意識があったからに他なりません。

そして、このルネサンスの人々が注目したのが、他ならぬ古代のローマ、そして古代ギリシアの歴史であったのです。

なぜなら古代のギリシアやローマの人々はキリスト教がなかった時代に生きていた人たちであった。それなのに、古代のローマ人たちは優《すぐ》れた政体を作り上げたばかりか、その後、地中海世界はもとより現在の西ヨーロッパにまで広がる広大な帝国を数世紀にもわたって維持し、そこに文明の華《はな》を咲かせたからです。

彼らローマ人たちはキリスト教会のように、宗教によって人間性が改善できるとは考えませんでした。また、ローマ人は古代ギリシア人とも違って、哲学によって人間が向上するとも思わなかったのです。

しかし、それでいて彼らはけっして人間に絶望していたわけではない。人間の中には善なるものもあれば、悪もある。善悪ともに同居しているのが人間ならば、その善を少しでも伸ばし、悪を少しでも減らす努力をしていくべきではないか……このようにリアリズムに徹して人間を考えたのがローマ人であり、そのローマ人のリアリズムをふたたび復興させようとしたのが、マキアヴェッリもその一人だったルネサンス時代の人々だったというわけです。

マキアヴェッリの数々の著作が五百年後の今日、なお読み継がれているとすれば、その功績の一端は古代のローマ人たちにあると言ってもけっして大げさではありません。

事実、彼の著作の端々《はしばし》にはローマ史についての言及が見られます。彼にとって、古代のローマとは〝人間とは何か〟を考える上での「いまだに参考になりうる例証」であったのです。

ふたたびローマ史の時代

ところで、マキアヴェッリが生きたルネサンスの時代、千年にわたるキリスト教の「教化」が人間性の向上に少しも貢献していないことに気付いた人物が、もう一人いました。

それが宗教改革を行なった、かのマルティン・ルターです。

しかし、ルターは問題意識こそマキアヴェッリと共有していたけれども、それから先が違った。

というのも、彼は人間性が改善しなかった理由を、キリスト教という宗教の説《と》かれ方に求めた。

つまり、キリスト教は本来なら人間をさらに向上させたはずであった。それなのに、そうならなかったのは神と信者の間に、聖職者たちというフィルターが介在していたからだと考えた。

すなわち、キリスト教の聖職者たちは精神世界の指導者とされているけれども、彼らの存在はかえってキリスト教の教えを損《そこ》なっているばかりか、神と信者とのつながりを邪魔しているのだというわけです。

そこでルターは聖職者階級を排除し、神と信者がダイレクトに結びつく形での信仰を唱《とな》えます。これがプロテスタンティズム運動となったのですが、では、このマキアヴェッリとルターの判断のどちらがより正しかったか。

マキアヴェッリやルターの時代から、すでに五百年が経《た》つ。しかし、どれだけ人間性は改善したでしょうか。

ルターのプロテスタンティズムののちも、人間性を改善するためにさまざまな思想が現われました。啓蒙主義《けいもうしゅぎ》思想、フランス革命をもたらした自由・平等・博愛の思想、さらには共産主義思想……人間を「進歩」させると称した思想は数々現われたけれども、それらによって人間社会は改善されたでしょうか。

それらの思想を唱えた人たちの動機は崇高《すうこう》なものであったかもしれませんが、その結果はいささかも変わらないのではないか。そのことは半世紀近く続くパレスチナ紛争、あるいはアフリカで行なわれている内戦の悲惨さを持ち出すまでもありません。人間性に対する洞察の的確さならば、やはりマキアヴェッリの考えのほうに軍配をあげるしかないと思う。

となれば、やはり現代に生きる我々にとっても、マキアヴェッリと同じように、古代ローマの人々の生き方を知ることは大いに参考になるのではないか。私はそう考えます。

空前にして絶後の「普遍帝国《ふへんていこく》」

人類は、はたして二千年昔ローマ帝国からこのかた、少しでも進歩したか——そのことは単に個人レベルの問題だけではなく、国家のあり方という集団レベルで比べてみても、同じ答えが出てくると思われます。

私がそう考えるのは、ローマ帝国以後、二度と「普遍帝国《ふへんていこく》」を人類は作り出してこなかったことによります。

後世、ローマ帝国に対する批判なり、非難はさまざまになされていますが、歴史的事実として見たとき、民族の違い、文化の違い、宗教の違いを認めた上で、それらをすべて包み込む「普遍帝国」を樹立したのはローマ人だけでした。

この普遍帝国の夢を史上最初に抱《いだ》いたのは、マケドニアのアレクサンダー大王です。彼はヘレニズム（ギリシア文明）とペルシア文明の「幸福な結婚」を夢見て、十一年にわたる東方遠征を行ないますが、その壮大な構想を実現することなく、三十代半《なか》ばにも達しない若さで死んでしまいます。

そのアレクサンダー大王の死から約三百年を経《へ》て現われたのが、ローマ人のユリウス・カエサルでした。カエサルが設計図を引き、その後の皇帝たちが作り上げていったローマ帝国とは、まさしくアレクサンダーの見果《みは》てぬ夢を実現させた国家でした。

このローマ帝国内には、ローマ人から見れば「蛮族《ばんぞく》」と呼んで征服したガリア民族から、アテネやスパルタといった古代都市国家を創り上げた歴史を持つギリシア民族、さらには一神教徒のユダヤ人に至るまで、多種多様の人種、民族が暮らしていたわけですが、ローマ人は彼らの多様性をできる限り尊重しようとしています。そして、ローマ人はその理想を単なる「スローガン」で終わらせるのではなく、現実化した。

そのことを何より雄弁に示しているのがローマ市民権の拡大です。

この市民権拡大の口火を切ったのが、他ならぬユリウス・カエサルでした。

彼は、それまで「アルプスのこちら側《チザルピーナ》」と呼ばれ、ローマ市民からは外国人扱いされていた、現代では北イタリアになる地方に住んでいたガリアにローマ市民権を与え、次いでは当時のローマで仕事するすべての医師や教師にもローマ市民権を与える。いや、それどころかカエサルは、つい少し前まで彼自身が敵として戦い、そして勝った「アルプスの向こう側《トランスアルピーナ》」に住むガリア人の指導者たちにも市民権を与え、さらには「古代ロー

アレクサンダー　カエサル

マの国会」とも言うべき元老院の議席まで与えたのです。

ローマにおいて、市民権を持つということは、たとえ人種や民族、宗教が違っていても、ローマの市民と同等の権利を与えられるということに他なりません。つまり、ローマの法によって、その人の私有財産と個人の人権は守られるということです。

ユリウス・カエサルに始まるローマ市民権の拡大は、その後も続き、三世紀のカラカラ帝の時代に頂点を迎えます。すなわち、帝国内部に住む自由民の全員がローマ市民権を持つほどになった。ここに至って「征服者」と「被征服者」の区別は完全に消滅したと言ってもいい。

事実、ローマ史をひもとけば、属州出身の皇帝たちは少しも珍《めずら》しくない。現在のスペインやフランスといった、当時からしても文明化の度合い、つまりローマ化の度合いの高かった地域はもとより、北アフリカ、シリア、ドナウ河流域といった後進地域からも皇帝が登場したのです。ローマは皇帝でさえも、その出身地や出自による差別はしなかったのです。

失敗と蹉跌《さてつ》のローマ史

こうした事実を見ていけば、「普遍帝国」ローマとはいかなるものであったかが、あなたにもお分かりいただけるでしょう。そして同時に、ローマのような形での帝国が以後は二度と出現していないことにも気付くはずです。

はたして、イギリス帝国はその植民地の人々にイギリスの市民権を拡大したり、そのうちの有力者に英国議席を与えたか。無論、そのようなことは一度として行なわれませんでした。イギリスはインドをただ単に支配し、インド人をイギリス市民としては遇しなかった。

では現在の「アメリカ帝国主義」において、はたして民族の違い、文明の違い、宗教の違いは許容されているか。

これもまた「ノー」と言わざるをえない。なぜなら、彼らが「最高の価値」と信じる民主主義体制を受け容《い》れない国家は、すべて敵と考えるのがアメリカだからです。

ローマの最高権力者となったカエサルはその施政方針を「寛容《クレメンティア》」という一言で表わしました。そして、その言葉のとおり、自分を攻め滅《ほろ》ぼそうとした敵をもカエサルは抹《まっ》殺《さつ》しなかった。これほどの寛容さは、あれから二千年が過ぎた現代の国々にさえも充分あるとは言えない。

このような現代世界の姿を見れば見るほど、私はローマ人に惹《ひ》かれてしまうのです。といっても、単なる懐《かい》古《こ》趣味からではありません。「昔のほうがよかった」「ローマ人のほうが現代人よりも優《すぐ》れている」という理由からローマ史に逃げ込んでいるつもりはないし、そんなことはしたくもありません。

私がローマ人に興味を抱くのは、彼らが人間性に対する幻想を抱かず、ということは、自分自身に対する幻想を抱くことなく行動していたからなのです。

ローマ人もまた人間である以上、失敗しないわけではない。いやローマ史を知れば知るほど、その歴史は失敗と挫《ざ》折《せつ》の連続であったとさえ言えます。

ただ、彼らが同時代の他の民族と違ったのは、みずからの失敗を認めたときにも改革を行なう勇気を失わなかったところです。

人間は誰でも自分の失敗を認めたくはない。まして、その失敗から脱出するための苦労など、できることならせずに済ませたいと思うものです。ローマ人とて、そう思わなかったわけではないでしょう。だが、彼らはそこで努力を放棄しなかった。

ローマが千年以上にわたって続いたのは、けっして運がよかったからでもないし、彼らの資質が特別に優れていたからでもありません。

ただ、彼らには自分たちのありのままの姿を直視し、それを改善していこうという気《き》概《がい》があった。だからこそ、ローマの繁栄はあれほど長続きしたのです。

となれば、このローマ人たちの歴史を学ぶことが懐古趣味であるはずがありません。どのようにしてローマ人が自己改革を行なうことに成功したかの実例が、千五百年後のマキアヴェッリにとって参考材料となったように、二千年後の現代の私たちにとっても参考になるのではないでしょうか。

もちろん、二千年も昔のローマの事例がそのまま現代に通用するわけではない。が、しかしヒントならば隠されていると私は考えるのです。

水平思考と垂直思考

今さら言うまでもないことですが、戦後半世紀にわたって右肩上がりの成長を遂《と》げてきた日本は今、大いなる混迷の中にあります。そして、この混迷を抜け出すには、もはや小手先の対策ではダメだということは、誰の目にも明らかになっています。

それなのに、なぜ抜本的な改革がいつまでも行なわれず、十年以上も泥沼の不況が続いてしまったのか。そのことを考えて、歯ぎしりしたくなる思いに駆《か》られるのは何も私だけではないはずです。

かといって私は、その理由を「日本人だから」ということで片付けたくはない。このままずるずると破滅の淵《ふち》に進むのが日本に与えられた運命だとは思いたくないのです。

では、いったいどうすればよいのか。

それにはまず「自分がどこにいるのか」ということを確認するのが何よりも先決と私は考えます。今、自分が置かれている状況に流されるのではなく、もっと視野を広げることで自分がどこに立っているのかを確認する。すべてはそこから始まると思うのです。

では、どうやったら視野を広げていけるか。

一つは、日本以外の他の国々がどのようにして同種の問題を解決したかを知ることであるのは言うまでもありません。これに関しては、情報化社会の今日、参考例に窮《きゅう》することはないはずです。だが、こうしたリサーチはいわば水平方向のリサーチでしかありません。

そこで大事になってくるのが垂直方向のリサーチです。

つまり、歴史を振り返っていくことによって、同種の苦境を乗り越《こ》えられた例を探す。

そして、水平方向のリサーチで達したことと垂直方向のリサーチで適切としたこととが合致《がっち》する点を見つける。

もちろん、その場合、何もローマ史だけが歴史であるはずがない。広大な帝国を作ったということであればシナの歴史もあるわけだし、近代ヨーロッパ史のほうが現代との結びつきは深い。

とは言っても、西欧的な価値観やイデオロギーが崩壊しつつある現在、ローマ人の生き方は宗教やイデオロギーとは無縁だっただけになお参考になるのでは、と私は考えているのです。

試行錯誤がローマを作った

では、ローマ人の生き方のどこが現代の私たちにとって参考になるのか。このことについて、もう少し触《ふ》れてみたいと思います。

たしかに結果だけを見れば、カエサルが現われて帝国が誕生するまでのローマは順調に版図《はんと》を広げていったように映《うつ》ります。

当初は小さな都市国家でしかなかったローマがイタリア半島に勢力を伸ばし、ついにはポエニ戦役に勝って当時の大国カルタゴを降《くだ》し、地中海を「我らが海《マーレ・ノストゥルム》」と呼ぶまでの勢力になる。さらには北ヨーロッパにまで勢力を拡大し、帝国を建設する……学校で教えられる世界史年表を見るだけでは、あたかもローマは幸運の女神に導《みちび》かれて、すくすくと発展したかのように見える。

しかし、実際のローマ史はけっしてそうではありません。むしろ、その正反対と言ってもいい。

かつてナチス・ドイツは自国民のことを「世界に冠《かん》たる優秀な民族」であると吹聴《ふいちょう》し、〝劣等民族〟の絶滅を図《はか》りました。戦前日本の指導者たちも日本は神国《しんこく》であると誇っていました。

しかし実際のところ、他の民族より圧倒的に優秀な民族などあるわけがない。いずれも人間である以上、その能力に大差はありません。五十歩百歩です。古代ローマ人と現代の日本人との間に、大きな違いがあるわけはないのです。

事実、紀元前一世紀にカエサルが現われるまでのローマ史を採《と》り上げても、そこには無数とも言える挫折と苦難の歴史が刻《きざ》まれています。

ローマ人はけっして最初から優れていたわけでもなければ、幸運に恵まれていたわけでもないのです。

たとえば、紀元前三九〇年に北方からやってきたケルト族の襲撃を受け、あっけなくローマは占領されてしまいます。

このとき、ローマという都市国家は滅びてもおかしくはなかった。歴史をひもとけば、そうやって滅びた都市は無数にあります。

ところが、このどん底から立ち上がることで、ローマは「真のローマ」になっていく。

ケルト人が去ってのち、彼らローマ人は、「蛮族」であるはずのケルト人に侵略を許してしまった原因がどこにあるかを考えた。

ローマ人の強さは、失敗はしても、それをかならず次の成功につなげようとするメンタリティにあるのですが、このとき彼らは敗因が自分たち自身にあったことを直視します。そして単に反省するだけでなく、それを、国論分裂という活力のロスを避《さ》けることを目的にした、政治改革という形に結びつけるのです。

こうして完成したのが、帝政に移行するまでのローマの政体として歴史上有名な、ローマ独特の「共和政」でした。

ギリシア人の歴史家ポリビウス*は、ケルト族襲来こそがローマが強大になる第一歩であったと記していますが、その言葉のとおり、屈辱《くつじょく》的な敗北をバネにして改革をなし遂《と》げたローマは、これ以後、着実に興隆の道を歩みはじめるのです。

しかし、一口に政治改革といっても、それはけっして簡単になし遂げられるものではない。これは今の日本も、古代のローマも変わりません。改革はかならず既得権者《きとくけんしゃ》の抵抗を呼ぶものであり、誰もが賛成する改革など、いつの時代にもありえないのです。

事実、ケルト人に襲撃されたローマが新生ローマになるのには、結局、二十余年の月日がかかっています。しかし、それだけの時間をかけながらも改革の取り組みを諦《あきら》めなかったからこそ、ローマはローマになったと言える。

本当の意味の改革とは、そう簡単に実現するものではない。時間と手間がかかるものなのです。しかし、だからこそ改革には価値があるとも言える。なぜなら、多くの人々はその手間を惜《お》しむがゆえに衰退していき、その手間を惜しまなかった者だけが未来を迎えることができるのですから。

ローマと日本の「大いなる混迷」

だが、ローマの苦難はこれで終わりではありませんでした。混迷は敗北の後にやってくるだけではなく、勝利の後にも訪れるということを示しているのが、他ならぬローマの歴史です。

紀元前三世紀、ローマは建国以来、最大の危機を迎えます。

イタリア半島と一衣帯水《いちいたいすい》の位置にあるシチリア島を、北アフリカの大国カルタゴが支配しようとしたことから、ローマは国家防衛のため、対カルタゴ戦争に踏み切ります。

これがいわゆるポエニ戦役と呼ばれるものなのですが、ローマにとってこの戦いは文字どおり、みずからの死活を懸《か》けたものでした。

この戦役の全容は、『ローマ人の物語』第二巻目のすべてを費《つい》やして書く必要があったくらいに、まるでチャンピオンと挑戦者の間に繰《く》り広げられる死闘にも似て興味つきない展開になるのですが、ここでは結果だけを述べれば、三度にわたって戦われたポエニ戦役を経て、ついにローマは勝利を収め、地中海の覇者《はしゃ》となるのです。ただし、問題はその後でした。

というのも、急成長を遂げたローマは、かえってそれによって混迷の度《ど》を深めることになったのです。それは下手《へた》をすれば国論分裂をも招きかねない深刻なものでした。

いったいなぜ、勝者であるはずのローマは壁にぶち当たったのか。

このあたりの事情を理解するには現代日本と引き比べてみると分かりやすいかもしれません。

では、現代日本の混迷はなぜ起こったか。

その細かな検証はさておき、歴史の大まかな道筋として捉《とら》えれば、今の日本が泥沼の中でもがき苦しんでいる原因は結局のところ、戦後の急速な経済成長にあったと見るべきでしょう。

つまり、あまりにも急激な経済の拡大が起こったためにかえって、政治・経済をはじめとする国内のシステムがその成長についていけなかった。そして、改革のタイミングを失い、旧態依然《きゅうたいいぜん》とした体制から抜け出せないうちにいたからこそ、不況のトンネルからの脱出も遅れたというわけです。

実は、ポエニ戦役以後のローマが抱《かか》えていた悩みも似たようなものでした。

というのも、急激に領土が拡大し、地中海の覇者となったまではよかったものの、それだけの図体《ずうたい》に見合うだけの「体質改善」が追いついていなかった。それゆえ急激な経済成長の陰《かげ》でさまざまな矛盾《むじゅん》が生まれ、それが政情不安や社会不安に向かってしまったというわけです。

その結果、ローマでは絶え間ない政争が行なわれ、その中で多くの犠牲者《ぎせいしゃ》さえ生まれます。まさに国家分裂の危機でした。

この大いなる混迷をいかにしてローマは切り抜けたか。

その答えは、のちほどゆっくり述べていくつもりですが、もし、このときローマが危機を突破できなければどうなっていたでしょうか。

その答えは言うまでもありません。経済的に豊かな国家の内部が乱れていれば、たちまち他国の干渉《かんしょう》を招くのは、昔も今も変わりがない。

おそらく、ローマはかつて自分たちが滅ぼしたカルタゴと同じ運命をたどっていたに違いありません。

後世の私たちは、ローマがこの危機を乗り越え、のちに大帝国に成長したことを知っています。

だからこそつい見過ごしてしまいがちなのですが、勝者はけっして最初から勝者であったのではない。無数の敗北や失敗を乗り越えてきたからこそ、彼らは勝ち残れたのであり、だからこそローマの歴史は混迷する現代日本に暮らす私たちにも無数の教訓やヒントを与えてくれるのだと思うのです。

一級品の男たち

さて、ここまで私は国家や民族の運命といった、どちらかといえば大上段《だいじょうだん》に構《かま》えた話をしてきましたが、もちろん歴史の面白さはそうしたマクロの部分だけではありませんし、「役に立つ」ことだけが歴史の取り柄《とりえ》でもありません。

ましてやローマの全史ときたら、素敵な男たちが次々と現われてくる波瀾万丈《はらんばんじょう》の物語です。

ドイツの歴史家モムゼン*をして「ローマが産んだ唯一の創造的天才」と言わしめたユリウス・カエサルはもちろんその筆頭ですが、カエサルだけのローマ史ではありません。先ほど紹介したポエニ戦役で天才ハンニバルを破ったスキピオ・アフリカヌス、あるいはポエニ戦役以後の「混迷の時代」に登場したスッラ、さらにはカエサル暗殺後、初代ローマ皇帝となったアウグストゥス……彼らはまさに一級品といってもいい男たちなのですが、この他にもユニークな人物、型破りな人間、あるいは仕事はできないけれども愛すべき男たちが無数に登場してくるのがローマ史です。

限られた紙数の中で、彼ら全員をみなさんに紹介することはもちろん不可能というものですが、「歴史とは人間である」ということをローマ史ほど実感させてくれるものはありません。

歴史とは、やはり人間が作るもの。だからこそ、面白いのです。

さあ、そろそろ前口上《まえこうじょう》はこのくらいにして、ローマ史本編の幕開《まくあ》けとまいりましょう。

ポリビウス　前二〇〇頃〜前一二〇頃。ギリシア生まれのギリシア人。ポエニ戦役の時代、人質としてローマに連れてこられたのがきっかけとなり、新興国ローマに興味を持つ。ローマの武将スキピオ・エミリアヌスと親交を結び、第三次ポエニ戦役のカルタゴ滅亡を現場で目撃。ポリビウスは祖国ギリシアがなぜ混迷し、ローマがなぜ興隆しつつあるのかという問題意識から、『歴史』を著《あら》わした。ローマ史に関する本格的な著作は、彼の『歴史』をもって嚆矢《こうし》とする。

モムゼン　一八一七〜一九〇三。十九世紀ドイツを代表する学者。一八五四年から刊行された彼の『ローマ史』（全五巻。ただし第四巻はついに書かれなかった）は、古代ローマ、ことにカエサルに新しい光を当てたものとして当時のヨーロッパで大反響をもたらし、一九〇二年にはノーベル文学賞を与えられた。モムゼンの本業はローマ法研究であり、その分野においても不朽《ふきゅう》の業績を遺《のこ》している。

第2章

かくしてローマは誕生した

賽《さい》は投げられた！

紀元前四九年一月十二日早朝、ユリウス・カエサルは、それまでの長い歳月、ローマ本国と北イタリア属州の国境とされてきたルビコン川のほとりに立っていました。

このルビコンは国境の川と言っても、我々が想像するような大河ではありません。実際に行った人なら誰《だれ》もが「これがルビコン……」と絶句するほどの小川でしかない。

しかし、その小川の岸に立つカエサルも、カエサルに付き従う第十三軍団の兵士たちも黙ったまま、しばらく身動き一つしようとしなかった。ルビコンの流れは狭く、渡るのは簡単でも、その川を渡るには勇気を必要としたのです。

なぜなら、このルビコンを越《こ》え、ローマ本国内に入ることは「祖国の敵」になることを意味したからです。当時のローマの法律では、武装した軍団が隊を組んで本国内に入ることは固《かた》く禁じられており、もしそれを行なえばクーデターと見なされることになっていたのです。

よって、この川を渡るならば、カエサルとその兵士たちには追討軍《ついとうぐん》を差し向けられることになる。それは、ローマ人どうしがお互いを殺し合う内戦の始まりを意味していました。

しかし、だからといって、カエサルはルビコンから後戻りすることもできなかった。すでにローマ共和政体では最高権威とされる元老院は「元老院最終勧告《セナートゥス・コンスルトゥム・ウルテ・イムム》」を発していたからです。

今日の言葉で言うならば非常事態宣言に当たるこの布告によって、カエサルはすでに元老院から追われる身になっていました。

たとえルビコンを渡らずとも、元老院に捕らえられればカエサルにはよくて国外追放、下手《へた》をすれば死刑の運命が待ちかまえていたのです。

かりに逃げおおせたとしても、その後の生涯を流浪の中で過ごさなければならなくなる。

「ここを越えれば、人間世界の悲惨。越えなければ、我が身の破滅」

ルビコン河畔《かはん》でカエサルが幕僚《ばくりょう》たちに語ったとされるこの一言には、そうしたカエサルの苦悩が込められていたのです。

しかし、カエサルという男は自分が置かれた現実からけっして目をそらさず、それでいて現実の重みに潰《つぶ》されることのない人間でした。

彼は後ろを振り返り、第十三軍団の兵士たちに向かって叫びます。

「進もう、神々の待つところへ、我々を侮辱《ぶじょく》した敵の待つところへ、賽《さい》は投げられた！」

カエサルが「創造的天才」と呼ばれるわけ

たとえ、この身は破滅しようとも、あるいはローマ人どうしが相争《あいあらそ》うという最悪の事態になろうとも、カエサルにはルビコンをどうしても渡らなければならないと考える「理由」がありました。

その理由とは、すなわち「このまま共和政を維持しつづけ、変わりつつある時代に適応することを目指した改革に踏み切らなければ、遠からずローマは滅《ほろ》びる」という危機意識に他なりません。

今はまだ隆々《りゅうりゅう》としているかのごとくに見えるローマではあっても、それは外見だけであって、すでに衰退の兆《きざ》しは見えはじめている。これを放置しておくわけにはいかない。これがカエサルの認識でした。

すでに以前よりカエサルはローマの政治体制の大胆な改革を考え、それを実行に移そうと努《つと》めてきたのですが、その前につねに立ちふさがったのが〝共和政の守護者〟を自任する元老院でした。

元老院はカエサルを「共和政の破壊者」と非難してやまず、それどころかついには伝《でん》家《か》の宝刀《ほうとう》とも言うべき最終勧告を発し、彼を国家の敵と認定したのです。

ここに至ってカエサルは、元老院との全面対決を覚悟します。

当初、彼が目指していた「体制内改革」は元老院の強硬姿勢によって、もはや道を閉ざされたも同然になった。ならば、元老院に正面切って戦いを挑《いど》み、実力をもってしてでもローマの改革を実践するしかないと考えた。

それがついに実行に移されたのが、このルビコン渡河《とか》だったのです。

つまり、カエサルと元老院との対立は単なる利害の対立といった低い次元のものではなく、ローマの国体、つまりはローマの将来を巡《めぐ》るものだったというわけです。

結果を先に記《しる》してしまえば、カエサルは元老院との対決に勝利を収めます。そして、その後のローマはカエサルの描《えが》いた改革のシナリオに沿う形で生まれ変わる。

この結果、生まれたのがローマ帝政であり、それから五百年もの間、ローマ帝国は続くことになるのです。この厳然たる事実を見れば、カエサルの〝賭《か》け〟は見事に勝利を収めたと言うしかありません。

このカエサルの業績を評して、ドイツの歴史家モムゼンは「彼こそローマ史上、唯一の創造的天才であった」と述べたことは前章でも触《ふ》れました。

「天才とは芸術家や学者に与えられる称号のはず」と考える日本の読者の多くは、モムゼンの言葉に違和感を覚えるかもしれません。

しかし、後世に残る大建造物を造った建築家が天才と呼ばれるのならば、五百年も続くローマ帝国の設計図を引いたカエサルも天才と呼ばれるにふさわしいとモムゼンは考えたのでしょう。しかも、カエサルの発明した帝国は古今東西に例を見ないものであったから、まさに彼の行なったことは〝創造〟であったわけです。

それはさておき、そもそもカエサルは、共和政のどこがローマにとって問題だと考えたのか。そして、ローマが共和政から帝政に移らねばならなかった理由はどこにあるのか。

この大問題を考えていくには、やはり遠回りではあっても原点に戻るしかありません。すなわち、ローマの共和政とはそもそも何であったのか。そして、ローマという国家はどのように築《きず》かれてきたのか。この歴史を探っていってはじめて、その答えは見えてくるはずです。

そこでまずは、ローマが独自の共和政を作り上げるまでの略史を、これから述べていくことにしましょう。

建国神話

現代の私たちから見れば、イタリア半島における都市ローマはまさに絶妙の位置にあります。

しばしば長靴にたとえられる細長い半島の、ほぼ中央に位置するおかげで気候も温暖だし、また、地政学の観点から見ても、ローマはイタリア全体の首都にはもってこいの場所にある。

こうして見ると、ローマは都《みやこ》となるべくして生まれた都市であるかのように思ってしまいます。

しかし、これは言ってみれば後知恵《あとぢえ》のようなもので、紀元前八世紀、この土地に暮らしはじめた人々にとっては、ローマの地政学的価値などは少しも頭にはなかったはずです。

というのも、彼らはこの地方の「食いつめ者」の集団で、他に住むべき土地、耕《たがや》すべき土地が見つからなかったから、やむなくローマを定住の地と定《さだ》めた。これがどうやら真相に近いようです。だが、ご先祖がそんなあぶれ者であったというのでは、その子孫たちはちっとも元気が出ない。そこでローマ人の間では次のような建国神話が信じられるようになる。

都市国家ローマが誕生したのは、紀元前七五三年四月二十一日のことであったと伝えられています。

この日は現代のローマでも盛大に祝われ、さまざまなイベントが行なわれるのですが、このローマを建国したのはロムルスという名の若者でした。

ロムルスは、アルバロンガの王族の子孫でした。アルバロンガはイタリア中部にあった都市国家なのですが、このアルバロンガ王家の血統をさらに遡《さかのぼ》れば、小アジアのトロイ、あの叙事詩『イーリアス』が「オデュッセウスの計略によって滅ぼされた」と伝えるトロイの王族にまでたどり着く。

つまりロムルスは、由緒《ゆいしょ》正しき血統の持ち主であったというわけです。

川に流された双子

しかし、そのロムルスの生誕はけっして祝福されたものではありませんでした。

というのも、ロムルスの母はアルバロンガの王女であったのですが、父王の死後、王位を継《つ》いだ叔父《おじ》によって、巫女《みこ》にさせられていたのです。王位を彼女の父から奪った叔父にとっては、彼女に子どもが生まれては都合《つごう》が悪い。そこで処女のまま一生を終える運命を与えたというわけです。

ところが、神事の合間に川のほとりでつい眠りこんでしまった王女の姿を見て、軍神マルスが一目惚《ぼ》れをする。天から下りてきたマルスは、寝ている王女が目を覚ます前に契《ちぎ》りを結んだというのですから、まさに神業《かみわざ》です。

こうして王女はロムルスとレムスという双子《ふたご》を産みます。

もちろん、この双子誕生を聞いて、叔父王が喜ぶはずもない。王女は捕らえられ、双子は籠《かご》に入れられ、今もローマ市内を流れるテヴェレ川に流されてしまうのです。アルバロンガはテヴェレの上流にあった、山間《やまあい》の都市国家でした。

狼に育てられたロムルスとレムス

さて、流された双子を救ったのは一匹の牝狼《めすおおかみ》でした。幼子たちの泣き声に気付いた狼が、乳を飲ませたというのです。

狼の乳を飲む二人の赤子《あかご》の像は、しばしば歴史の教科書に掲載されていますから、この話を知っている人は多いでしょう。

しかし、もちろん狼にそのまま育てられていたのでは、ローマの建国には結びつかない。まるで『ジャングル・ブック』の主人公の少年のように、そこはやはり人間との接触が不可欠になる。それで、狼の次にこの双子を育てることになったのは、土地の羊飼いでした。

ロムルスとレムスは、こうして人間の子として成長するわけですが、長《ちょう》じるにしたがって彼らはその生まれにふさわしく、羊飼いでは終わらず、羊飼いたちのボスになる。

そして、周辺のライバルとの抗争を通じて、ロムルスとレムス兄弟の勢力圏は広がっていくのですが、その過程で彼らは自分たちの出生の秘密を知ることになった。

彼ら兄弟が叔父王への復讐《ふくしゅう》を誓《ちか》ったのは言うまでもありません。

羊飼いたちから成る手下を引き連れた兄弟は自分たちを追放したアルバロンガに攻《せ》め込み、王を殺し、復讐を遂《と》げます。残念ながら、母はすでに牢死《ろうし》していたようです。

しかし、アルバロンガを征服しても、彼らはその土地に住まなかった。アルバロンガは山間にあるがために発展の余地は少なかったし、彼らの〝地盤〟はあくまでもテヴェレ川下流域だったからです。

そこで彼ら兄弟はこのテヴェレ川に沿う一帯に、新しい都市を造ることにした。これがのちにローマと呼ばれる都市になっていくのですが、しかし、このときに至って兄弟の仲は険悪になる。どちらが新しい都市の王になるのかを巡《めぐ》って、二人は対立します。

いったんは分割統治《とうち》ということで話が決まったのですが、それも束《つか》の間《ま》のことに過ぎませんでした。レムスが境界線を侵害したことから争いは再燃し、ついにロムルスはレムスを殺す。

これによってロムルスは唯《ただ》一人の王となり、彼の名から新都市は「ローマ」と名付けられることになった……というのがローマの建国神話のあらすじです。

ロムルスの「三権分立」

さて、こうした建国神話はたしかに面白くはあるけれども、正直な話、さほどユニークというわけではありません。王族の血を引く貴種《きしゅ》が英雄的活躍をして国家を作るという話は、洋の東西を問わず、けっして珍しくはない。

しかし、ローマの場合、ここからの物語が大いにユニークなのです。しばしば「作家のすべての特徴は処女作に表われる」と言われますが、ローマの特徴もまた建国時にすでに表われていると言ってもいいでしょう。

すでに述べたようにローマは若者のロムルスによって紀元前七五三年に建国されたと言われているのですが、このロムルスは王にはなっても権力を独占しようとはしなかった。彼は国政を、王、元老院、市民集会の三本柱によって支《ささ》えるという制度を定めたのでした。

すなわち、ローマの王は市民全員が参加する市民集会での投票によって決められる。王は終身制ではあったけれども、他国とは違って、王の子孫や血縁者が自動的に王になるのではない。あくまでもローマ市民の同意がなければいけないということにした。

さらにこれに加えて、この市民集会は王の政策に承認を与えるという権能を持っていました。

今日の議会とは違って、市民集会は独自に法を作る、つまり立法の権利は持っていなかったのですが、その代わりに王が何か新政策を行なおうとするとき、かならず市民集会に賛否を問わなければならないとした。また、王が戦争を始めたり、終わらせたりするときにも市民集会での承認が必要とされたのです。

このように王の権利はかなり制限されたものになっていたのですが、その王に対して政策の助言を行なうための機関として創設されたのが元老院でした。

共和政の時代に入ると、元老院は「ローマそのもの」と言っていいくらいの権威と権力を獲得するのですが、王政時代の元老院は単なる助言機関に過ぎません。

百人の長老たちが元老院議員という称号を与えられ、有力者としてのアドバイスをするというだけのことです。しかし、それでも忠告をする人間がいて、その人たちが公的に任命されているのであれば、王もそれほど好き勝手なことはできないという効果はあったに違いない。

もし、これが王の〝臣下〟ということであれば、耳に痛い諫言《かんげん》をする家来を王は殺すこともできるかもしれないのに、元老院議員という公的な立場があれば、そうはいかないというわけです。

現代の民主政体では国家権力を司法・行政・立法の三権に分け、それらが互いにチェックしあうことで権力の暴走を防ごうという三権分立のメカニズムを採用していますが、ローマの制度はもちろん現代式の民主制ではないにせよ、国家の権力を三分割するという点では似ていたのです。

なぜローマは「空き地」だったのか

しかし、それにしてもローマはなぜ、王、元老院、市民集会という、独特の三権分立システムを採用したのか。それはローマが建国されたときの事情と大きく関係していると見るべきでしょう。

ロムルスとともにローマ建国に参加したのは、三千人のラテン人と呼ばれる人たちでした。

ラテン人とはラテン語を話す人々という意味ですが、この当時のイタリア半島ではラテン人たちはけっして大きな勢力を持ってはいなかった。

北イタリア地方には*エトルリア人たちが住みついており、また南イタリアの沿岸地方にはギリシア人たちが通商都市国家を建設していました。

エトルリア人もギリシア人も、農牧生活を送るラテン人に比べれば、ずっと文明度も高かったし、もちろん経済においても軍事においても、ずっと上でした。にもかかわらず、エトルリア人もギリシア人も、中部イタリアに勢力を広げることに熱心でなかったところを見ると、この地方は征服してもさほどの実益がないと思われていたのでしょう。

ローマを建設したのは、そのマイナーなラテン人なのですが、実はこの三千人の建国者たちはラテン人の中でも「はぐれ者」の集団であったと思われるのです。

つまり何らかの理由で、出身部族にいられなくなったり、あるいは追い出されたりしたような連中がローマを作ったのではないか。しかも、この三千人のほとんどは独身の男たちであったとさえ推定できるのです。

なぜ、そのような推定ができるかの理由はひとまずおき、そのような荒《あら》くれ集団がようやく定住の地を見いだしたのが、いわば「空《あ》き地」として放置されていたローマであった。何だかお粗末《そまつ》な話ですが、事実はそのようなのです。

というのも、現在の考古学の発掘によれば、ローマが建国される以前、ここに都市らしきものがあった証拠は見つかっていないのです。

もし、ローマが人間が住むに好適の土地ならば、すでに相当に大規模な集落らしきものはあったはずなのに、そのような形跡は見当たらない。粗末な墓や住居の跡はあるのですが、とうてい都市とは言えないものです。

では、なぜロムルスたちがやってくるまで、ローマには都市が生まれなかったのか。

その理由の一つは地形にあったと思われます。

初期のローマは、大ざっぱに言うと七つの丘と、その谷間に当たる低地帯で構成されていました（左図）。近くにテヴェレ川が流れている関係で、丘の間の低地は湿地帯になっていたのですが、これは干拓《かんたく》して水はけをよくすれば住めるわけですから、さほどの問題ではない。

問題は七つの丘でした。

都市が造られる際、丘があるというのはけっして悪い要素ではありません。

たしかに登り降りは大変ですが、外敵からの防御を考えた場合、丘の上に住むのは利点になります。

実際、エトルリア民族は好んで高い丘の上に都市を建設していました。中伊の美しい街として日本人もその名を知っているペルージア、ゴシック様式の大聖堂《ドウオモ》で知られるオルヴィエートなどは、そのエトルリア起源の街で、いずれもが周囲からは孤立した高地に造られています。

ところが、これに対してローマの丘は低い上に、それぞれが近接している。これでは、たとえ一つの丘に立て籠《こも》っていても、他の丘を占領され、そこから攻撃されてはお手上げになってしまう。ロムルスたちが住みつくまで、ローマに都市が生まれなかったのには、そのような理由があったと思われます。

血気《けっき》盛んな若者集団

さて、こうした状況が分かってくれば、ロムルスがローマの政治体制を王、元老院、市民集会の三本立てにしなければならなかった事情が、ぼんやりとではあっても見えてくるのではないでしょうか。

たしかに初代の王になるだけあって、ロムルスは知恵も力量も衆《しゅう》に優《すぐ》れた人物ではあったのでしょう。しかし、リーダーのロムルスが命じれば、部下が自由自在に動くというわけではなかった。

何しろ、この三千人の多くは独《ひと》り身《み》で血気《けっき》盛んな連中です。

これが血のつながった部族であれば、まだ族長の権威で従わせることもできるでしょうが、彼らは寄り合い所帯のようなもの。そのような権威はありません。

そこでロムルスが考えたのが、彼ら「ローマ市民」にも発言権を与え、しかもその中の有力者である長老たちに元老院議員の肩書きを与えるということであったのではないか。またロムルス自身、自分がローマの初代の王になれたのは三千人の市民が自分を推《お》してくれたからだ、という実感も持っていたはずです。したがって、ローマの王政は一見、ユニークなものには見えても、その内容は実に現実的な選択の結果であったのです。当時のローマの状況からすれば、このような形になるのがごく自然でもあったし、将来の発展を図《はか》るためにもローマ市民たちの協力は絶対に必要であったからでしょう。

「サビーニの女たちの強奪」

さて、私は先ほど建国当時のローマには、荒くれの独身男性たちが多数いたのではないかという推測を述べたわけですが、その理由を説明しなくてはなりません。

その答えはロムルスと三千人の仲間たちがローマを建国して、最初に行なった〝事業〟と大いに関係があります。

ローマの地に腰を据《す》えたロムルスたちが最初に行なったのは、近隣のサビーニ族を祭《まつり》に招待することでした。

当時のラテン地方では祭の時期には、戦争を行なわないという掟《おきて》がありました。そこでサビーニ族たちは何の警戒もせず、新しくできたローマに一族を挙《あ》げて訪れます。

祭も酣《たけなわ》になり、サビーニたちが油断しきっているときに、事件は起こりました。ロムルスの命令一下、ローマの若者たちがサビーニの若い女性たちに襲いかかり、彼女らを無理矢理に連れ去ってしまったのです。

この前代未聞の〝暴挙〟の前にサビーニ族の男たちは妻や老人、子どもを守って自分の集落に戻るしかありませんでした。

しかし、このままサビーニ族とて黙っているわけにはいかない。サビーニの男たちは、娘たちの返還をあくまでも要求しました。

すると、ロムルスは「サビーニの娘たちはローマの男たちの妻になる」という回答を寄越《よこ》したばかりではなく、略奪した女の一人と彼自身が結婚式をさっさと挙げてしまった。要するに、祭は最初から花嫁調達のために独身男どもが立てた計略であったというわけです。

彼らローマ人たちにしてみれば、ようやく落ち着く場所を得たのだから、次には家庭を持ち、子孫の繁栄だというわけなのでしょうが、もちろんそんな身勝手な理屈にサビーニ族が納得するはずはない。そこでサビーニたちはローマに宣戦布告をします。ローマとサビーニの戦いは都合四回行なわれたとされていますが、そのほとんどはローマの優勢下で進んだ。このままでいけば、ローマ人たちはサビーニ族を滅ぼしていたのかもしれませんが、そこに〝事件〟が起こった。

というのも、四度目の戦いのさなか、突如、さらわれたサビーニの娘たちが現われ、双方に向かって「どうか戦争を止《や》めてくれ」と懇願《こんがん》したのです。

略奪された花嫁であるとはいえ、彼女たちにとってローマの男は自分の夫。それにローマ人たちも彼女たちに妻としての待遇を与え、けっして粗末にしなかった。ともに暮らすうちに彼女たちにも愛情が生まれていたのでしょう。彼女たちは夫と親兄弟が殺し合うのを見ていられなくなったのです。

この思わぬ仲裁役の登場に、ロムルスもサビーニの王も「ここは和平を結ぶのが得策」と考えて、抗争は終結します。

驚くべき和平提案

欧米の結婚式では、新郎が新婦を抱きかかえ、新居の敷居《しきい》をまたぐという習慣がありますが、実はこれは「サビーニの女たちの強奪」でロムルスが略奪した花嫁を抱きかかえて以来、ローマ人たちがずっと行なってきた習慣に発していると言われています。

この強奪事件は、のちにプッサンやルーベンス、あるいはダビッドなどが画題として採《と》り上げたほどの有名な事件なのですが、実はこの事件が残した影響はそれだけではありませんでした。

というのも、和平成立に当たってロムルスはサビーニ族に向かって「両部族の合同」

という提案を行なったのです。

通常の和平なら、お互いの勢力圏や権益を確認し合うものですが、そうではなくて、終始、優勢だったローマのほうがサビーニ族に対して「一緒にローマで暮らさないか」と提案したのです。

戦闘において、つねにローマに劣勢を強《し》いられていたサビーニなのですから、ローマとの対等合併であれば、それで失うものより得るもののほうが大きい。彼らが、ローマの提案を喜んで受諾したのは言うまでもありません。

しかし、それにしてもなぜロムルスは、このような提案をしたのか。

その最大の理由は、建国したばかりのローマの人口不足にあったと見るべきでしょう。人口が増えるということは、それだけローマにとっては兵力が増えるということ。建国当初のローマにとって兵士の確保は急務であり、サビーニの女たちをさらったのもそのためでした。

しかし、子孫の繁栄を待つというのでは、あまりに気が長い。そこでロムルスはサビーニの人々を自分たちの仲間に引き込むことにしたというわけです。

「帝国の原点」は、ここにあった

かくして、サビーニの一族はローマに移り住むことになりました。

ロムルスは七つの丘の一つ、クィリナーレを彼らの居住地として明け渡したばかりか、その王位をサビーニ王のタティウスと分け合うことにした。つまり、二人の王の共同統治です。

さらにロムルスはサビーニ族たちにローマ人と同じ権利、すなわちローマ市民権をも与えます。つまり、サビーニたちも市民集会での投票権を持つことになったわけです。またサビーニの有力者には元老院の議席も与えます。

この一見すると大盤振《おおばんぶ》る舞《ま》いの対等合併は、ロムルスにしてみれば建国初期のひ弱さをカバーするためのやむをえない方策であったわけですが、それは結果として大成功であった。

というのも、サビーニ以後も、ローマは自分たちが戦った相手をみずからの仲間に加えていくという路線を採ることになるからです。そして、このユニークな政策のおかげで新生間もないローマは勢力を拡大していくことになる。

これから約八百年後、ギリシアの歴史家プルタルコスは、最初は「嫁盗《よめと》り」がきっかけで始まったこのローマ人独特の同化政策を、次のように評することになります。

「敗者さえも自分たちに同化させるこのやり方くらい、ローマの強大化に寄与《きよ》したことはない」と。

ここで彼が述べている「ローマ」とは、ロムルス時代の小さな都市国家ではありません。紀元一世紀に生まれたこの歴史家が見ていたのは、地中海世界の覇者《はしゃ》となったローマ帝国に他なりません。

すなわち、ロムルスたちが苦肉の策で始めた、この「敗者をも同化させる」生き方こそが、のちのローマ帝国を産み出す原点となったというわけなのです。ローマ人が、ロムルス以来の伝統をどのように受け継《つ》ぎ、それを時代に応じてどのように適用していったかを、みなさんはこれから目撃していくことになるはずです。

なぜローマ軍は強かったのか

話を建国当時に戻しましょう。

三十七年にわたるロムルスの治世が終わった後も「敗者をも同化させる」ローマの発展は続きます。

細かな史実を追っていくことはここでは避《さ》けますが、三代目の王トゥリウス・オスティリウスはラテン人発祥の地、ローマ人にとっては祖先の地でもあるアルバロンガの征服に成功します。

これによって、ローマはいわば「ラテン人の本家」という地位を獲得するわけですが、このときも彼らはアルバロンガの住民をローマに移住させ、彼らに市民権や元老院の議席を開放する。他の部族なら、征服された民は殺すか奴隷《どれい》にするかなのに、ローマ人はそれを選ばなかった。アルバロンガの王こそ処刑はしましたが、アルバの民は仲間として迎え入れたのです。

ちなみに、このときアルバロンガから移住し、元老院の議席を与えられた有力家門の一つに「ユリウス家」がありました。このユリウス家の子孫の一人が、ユリウス・カエサル。カエサルもまた、「同化された敗者」の出身であったのです。

かくして、初代のロムルスから六代目の王セルヴィウス・トゥリウスまで、ローマは近隣部族との戦いを通じて勢力圏を拡大していくわけですが、その道のりはけっして平坦なものではありませんでした。いや、それどころか王政時代のローマは戦争に次ぐ戦争の連続でした。新参者であるローマが生き残るには、戦いは避けられなかったのです。

しかし、そうした戦いの連続であってもローマが順調に勝利を重ねていけたのは、その独特な政治体制にあったと見ることが可能でしょう。

形式上は王政であっても、その王は市民集会によって選出される。つまり、ローマ市民の意識ではローマは「王の国」ではなく、「我らが国」であった。

だからこそ彼らローマ人たちは戦争の連続にも耐《た》えていけたし、戦意も衰《おとろ》えることはなかった。彼らにとって戦争とは、自分たちの共同体を守るためのものでもあり、と同時に明日の繁栄を得るためのものでもあったからです。

軍隊とは結局のところ、その国の国民の心情を反映させたものでしかない。どの国もそのレベル以上の軍隊は持てない。これが現実です。

市民としての自覚を持った兵士たちが組織的に戦うローマ軍の前に、その種の自覚ならば劣る他の諸部族が敗《やぶ》れるのは当然の帰結であったとも言える。

「直接税」だった軍役の義務

ローマ人たちは、その彼らの歴史を通じて、傭兵《ようへい》、つまり金を出して他国人の兵士を雇《やと》うということをしませんでした。

ローマの政体は王政、共和政、帝政と移行していきますが、自国の防衛は自分たちで行なうべきものであって、他人に任《まか》せるものではないというのが、彼らの一貫した考えだったのです。

王政時代のローマでも、有力貴族であれ平民であれ、軍役《ぐんえき》を経験してはじめて一人前の市民になると考えられていました。ローマ市民であれば市民集会における投票権を与えられていたわけですが、その投票権は、市民にとっての「権利」です。しかし、権利とはかならず「義務」を伴《ともな》う。その義務とは、共同体の防衛に参加することであると考えられていたのです。「権利」と「義務」についてのこの考え方は、古代の都市国家《ポリス》型の国では共通していて、何もローマの独創ではありません。ギリシアのアテネも同じでした。

しかし、この考えに立つならば、軍役とは市民に課せられた「直接税」でもあったということにもなります。

税とは何か。

現代の税体系は複雑怪奇になってはいますが、煎《せん》じつめれば税とは国家を維持し運営していくための必要経費を、国民が負担するということに他ならない。そして、その中でも絶対に欠くことができないのが、国家防衛の費用です。

ローマの場合、国家防衛は市民自身が軍役に就《つ》くことで成されるわけですから、国防費を金銭やモノではなく、自分の体を張ることで払《はら》っていることになる。

実際、ローマでは帝政になっても、市民には現在の我々が所得税として払っているような形の直接税はありませんでした。ラテン語で言う「血の税」、すなわち軍役によって、充分に税は払っていると考えられていたからです。

読者の中には「軍役イコール税であれば、貧乏人も金持ちも同じ課税になる。かえって不平等になってしまわないか」と考える人がいるかもしれません。しかし、その心配は無用です。

六代目セルヴィウスの定めた軍制を例に採《と》れば、市民は資産の多寡《たか》によって六つの階級に分類されます。

そして、資産が多くなればなるほど、軍務の負担も重くなり、多くの兵数を提供することになっていましたし、さらに第一階級と第二階級の人々は重装歩兵や騎兵として参加しなければなりません。

当時はまだ、重装歩兵の、頑丈《がんじょう》ではあっても高価な武装や武具は自前で用意しなければならなかったのですから、経済的負担は小さくない。騎兵に至っては、馬も自前ですからなおさらです。

これに対して、軽装歩兵の軍務でよいとされた平民ともなれば、棒と投石器、オモチャではなく兵器であったにせよ、要するにパチンコの装備をするくらいで、軍装も自由でした。

また、財産がほとんどなく、その日暮らしに近いため、家を空《あ》けて出征することもかなわない「プロレターリ」(無産市民)は予備役《よびえき》になることはありましたが、事実上、兵役を免除されていました。

「国家防衛は市民の義務」という理念と、ローマの現実をうまくマッチさせた兵制を持っていたがゆえにローマの軍隊は、周辺の諸部族との戦いに連戦連勝を収めることができたと言えます。

王たちの横顔

ロムルスに始まる王政下でのローマはたちまち中部イタリアで頭角《とうかく》を現わしていくの

ですが、では肝心《かんじん》の内政のほうはどうだったか。

この点に関しても、ローマは実にユニークであったと言える。

すでに述べたとおり、ロムルスは市民集会によって王を選出するというシステムを作ったわけですが、この独自の体制をローマの市民たちは活用し、「適材適所」とも言える王選びを行なってきたのです。

この歴代王の治世を書いていけば、それはそれで面白いのですが、第六代セルヴィウスまでの王の横顔を簡単に紹介するだけでも、そのユニークさは分かっていただけるでしょう。

【第二代　ヌマ】ロムルスの死後に再発したラテン人とサビーニ人の内部抗争を解消するため、外部から〝スカウト〟された。
ヌマはサビーニ人ではあったが、ローマに移住しなかった一人で、その徳の高さと教養の深さは有名なだけでなく、人望も高かったのである。即位後は国内の秩序固めに重点を置いた政策を行なう。国勢の拡大路線で終結したロムルスの後としては、実に適切な人選であった。

【第三代　トゥリウス・オスティリウス】ロムルスと同じラテン系のローマ人。それゆえか、ローマはふたたび拡大路線に転ずる。
すでに述べたとおり「ラテン人の本家」アルバロンガを征服し、アルバ人をローマに同化させたのがこの人。

【第四代　アンコス・マルティウス】ローマに帰化したサビーニ族出身。テヴェレ川の対岸に要塞《ようさい》を構築。また、テヴェェレ河口の町オスティアを征服し、そこをローマの外港にする。

ここまでの王はラテン、サビーニ、ラテン、サビーニの、いわば「たすきがけ人事」とも見られないわけではありませんが、第五代になってまったく新しい展開が生まれます。

【第五代　タルクィニウス・プリスコ】タルクィニウスは生粋《きっすい》のローマ市民ではなく、ギリシア人とエトルリア人の両親を持つ男であった。

混血児の彼はみずからの運を開くためにローマに移住し、公証人として成功を収める。みずから王に立候補し、当選。王になってのちは積極的な公共工事を行ない、ローマのインフラを整える。市民からは広く支持された。

【第六代　セルヴィウス・トゥリウス】先王タルクィニウスがその才能を愛して引き立てたエトルリア人。生まれは定《さだ》かではなく、奴隷の子とも言われる。先王が暗殺されたときに、市民集会の議決を待たずに、元老院の議決のみで就任。軍制（イコール税制）を整備したばかりか、ローマ軍の戦法も確立した。治世四十四年の間、ローマ軍は連戦連勝であった。

「尊大なタルクィニウス」

さて、初代のロムルスから六代目のセルヴィウスまでの事績を見れば、ローマの市民たちは王の選択において、なかなか巧妙な人選をしてきたことがお分かりいただけたでしょう。

しかも、五代目のタルクィニウス、六代目のセルヴィウスで分かるとおり、ローマ人はけっして血筋や生まれなどを気にしなかった。セルヴィウスなどは、生まれも定かではないエトルリアの孤児でした。

まだ少年期に過ぎないローマが生き残るためには、民族感情などはひとまず措《お》き、あくまでも能力主義に徹するしかないと、ローマ人たちは考えたのかもしれません。それで選択も現実的になり、また選ばれた王たちもその期待に応《こた》えていったのです。

しかし、どんな制度であろうと、制度には制度の持つ「寿命」というものがあります。最初はうまくいっていたシステムでも、時代が変われば、弊害《へいがい》のほうが頭をもたげてくるというものなのです。

ローマの王政も、例外ではありませんでした。

ロムルスが考えた王と元老院と市民集会というローマ式の三権分立は、若きローマを発展させるバックボーンになりました。

だが、その結果、ローマの勢威が拡大し、国内経済も安定を見せてくるようになると、事情が変わってくる。

というのも、いくら国権を三つに分けたとはいえ、王政である以上、ローマの統治権はやはり王にあるわけです。

その王が自分の権力を濫用《らんよう》しようとすれば、王位は終身制であるがために、それを止める術《すべ》はありません。「市民から選ばれた王」という自覚を持たない王が現われて、王としての権力を振り回せばどうなるか――その実例が七代目の「尊大なタルクィニウス」となって早くも現われることになるのです。

血塗《ちぬ》られた即位劇

「尊大なタルクィニウス」は、その名の示すとおり、先々代の王タルクィニウス・プリスコの息子に当たります。と言っても、ローマ市民に自分の信念と政見を訴えて、堂々と当選した父とはまるで違い、彼は「王殺し」によって王座を得た男でした。市民集会の議決も、元老院の承認も得なかったことは言うまでもありません。

と言っても、王殺しの実行犯は実は彼自身ではなかった。セルヴィウスの息の根を止めたのは、他ならぬ彼の娘トゥーリアだったのです。

事《こと》の起こりは、セルヴィウスが自分の二人の娘を、先王タルクィニウスの息子たちと結婚させようと考えたことにありました。

セルヴィウスにとって、タルクィニウスはエトルリアの孤児であった自分を引き立ててくれた恩人。その恩に報《むく》いたいという気持ちがあったのかもしれません。

ところが、この結婚は思わぬ禍根《かこん》を残すことになる。

セルヴィウスには気の強い娘トゥーリアと、それとは正反対の大人《おとな》しい娘がいました。一方のタルクィニウス家にはやはり気の強い野心家の息子タルクィニウスと、もう一人、性格の穏《おだ》やかな息子がいました。

セルヴィウスはわざと性格の違う者どうしを結婚させます。結婚によって、それぞれの短所が補《おぎな》えるようにと考えたのでしょう。

しかし、その親心は通じなかった。トゥーリアは自分の夫の覇気《はき》のなさを嫌い、自分と似たような性格を持つ義弟のタルクィニウスを誘惑した。それからしばらくして、穏やかな性格の持ち主二人が謎《なぞ》の死を遂《と》げ、トゥーリアとタルクィニウスは再婚するのです。

この二人の結婚に対して、王セルヴィウスは何も言いませんでした。愛娘《まなむすめ》の死にショックを受けたのかもしれません。

さて、この似た者どうしの夫婦の中で主導権を握っていたのは、妻トゥーリアのほうでした。トゥーリアは夫タルクィニウスを焚《た》きつけて、王位への野望に火を付けます。

すでにセルヴィウスの統治は四十年にも及び、彼も老いてきた。

だが、ローマの王位は世襲ではありません。市民集会での選挙を経ないでは、王にはなれないのですが、選挙に打って出ても当選するとは限らない。ならば、実力で王になって、私を王妃にしてくれと彼女は夫に迫ったのでした。

もともと野心家でもあったタルクィニウスは、自分の後援者たちを引き連れて元老院に乗り込み、そこで王を弾劾《だんがい》する演説をする。

「生まれも定かではない人間を王に戴《いただ》くのは、ローマの恥ではないか」と言ったというのです。そもそも彼の実父であるタルクィニウス・プリスコも生粋《きっすい》のローマ人ではない。そのことを棚《たな》にあげての弾劾演説でした。

そこに駆《か》けつけてきたのが王セルヴィウスでした。しかし、セルヴィウスが行動を起こす間もなく、タルクィニウスは王を元老院の階段の上から突き落とした。

しかし、それでも王は死ななかった。傷つき、苦しみながら王宮に戻ったセルヴィウスの息の根を止めたのは、誰あろう、実の娘トゥーリア。彼女の駆る馬車に轢《ひ》かれたからだと伝えられています。

スキャンダルはなぜ起きるのか

こうしてクーデターで王座をモノにしたタルクィニウスは反対派の元老院議員を殺し、

以後、元老院の承認も求めず、市民集会に賛否を問うことなく政治を行ないます。

ここにおいてロムルスの定めた制度は完全に崩壊してしまったことになりますが、この専制君主は軍事面の才能だけはあった。ゆえにローマ市民たちは陰《かげ》で「尊大なタルクィニウス」と呼ぶことはあっても、それ以上のことはできなかったのです。

しかし、二十五年に及んだ彼の統治もその後期に近づくと、徐々に陰りを帯《お》びるようになっていきます。

そのきっかけとなったのは、エトルリア民族の衰退でした。

「尊大なタルクィニウス」はエトルリアの血を引く人間であったので、ローマで彼を王に担《かつ》ぎ上げたのもエトルリア系の市民でした。

ローマが発展するにしたがって、ローマには商売や技術に長《た》けたエトルリア系の市民が流入してくるようになった。ローマの新興階級として急速に力を持つようになってきた彼らは、自分たちに利益誘導をしてくれることを期待して、タルクィニウスを王座に就《つ》けたのでした。

王位に就いたタルクィニウスも、エトルリア系市民を優遇するばかりかエトルリア本国との外交関係も強めていきます。ために「ローマはエトルリア人のものになった」と嘆《なげ》く人も増えてきたほどだった。

ところが、そのエトルリアがちょうどこのころから衰退の兆《きざ》しを見せはじめます。エトルリア民族は北イタリアで急速に勢力を伸ばしていたのですが、その衰退もまた早かったのです。

このエトルリア勢の衰退は、タルクィニウスにとっての後ろ盾《うしろだて》が揺らぎはじめたことを意味しました。

いつの世でもスキャンダルというものは、その人物が強大であるうちは襲いかかってこないものです。

だが、少しでも弱みが表われてくると、そのタイミングを狙《ねら》ったかのように直撃してくる。現代でも政府や大企業のトップが実績を上げ、数字を出しているうちは誰も怪文書をまいたりもしないし、スキャンダルも出ない。しかし、人気が落ちたり業績が少しでも不調になると、それが一変するのと同じです。

タルクィニウスの場合、そのスキャンダルの火種を作ったのは実の息子でした。

王の追放

事の起こりは、タルクィニウスの一人息子セクトゥスが、親族コラティヌスの妻ルクレツィアに横恋慕《よこれんぼ》をしたことにありました。ここから、王の追放劇は幕を開けることになるのです。

セクトゥスは夫コラティヌスの留守を見計《みはか》らって、ルクレツィアのもとを訪れた。親族でもある彼を、ルクレツィアや家族は歓待し、家に泊めることにしたのですが、そのセクトゥスが夜陰《やいん》に乗じて、彼女の寝室に忍びこんだのでした。

セクトゥスは強引な手段で思いを遂《と》げたのですが、愚《おろ》かなことには傷心のルクレツィアを残して、彼はさっさと帰ってしまったのです。目的さえ達成できれば、あとはお構いなしというのですから、無分別《むふんべつ》にもほどがあるというもの。よほど感受性《センシビリティ》に欠ける男であったに違いありません。

一人残されたルクレツィアは彼が帰るや否《いな》や、召使いに持たせて戦場にいる夫のもとに急ぎの手紙を送ります。

異変を知って駆けつけたのは、夫コラティヌスと父のルクレティウス。そして夫の友人のルキウス・ユニウス・ブルータスと父の友人のヴァレリウスの四人でした。

彼ら四人の前でルクレツィアは、短剣で自分の胸を刺《さ》し自害をするのですが、息絶える前に「どうか私の仇《かたき》を討《う》ってください」と男たちに懇願《こんがん》する。男たちがその実行を誓《ちか》ったのは言うまでもありません。

ルクレツィアの葬儀が終わるや、動き出したのはブルータスでした。

ブルータスは召集した市民の前で、この蛮行を非難すると同時に、セクトゥスの父が先王を暗殺して王位を簒奪《さんだつ》した人物であることを聴衆に思い出させた。そして、王と王の一族をローマから追放することを提案したのでした。

これまでは強大な力の前に、王への不満を隠していた市民も、このブルータスの演説で怒りを爆発させる。ブルータスはさらに市民兵結集の呼びかけも行ない、これにも市民は同意します。

事の急なる展開を戦場で知らされたタルクィニウス王は、ただちに手勢《てぜい》を引き連れてローマへと向かうのですが、彼の到着にもかかわらずローマの城門は開かない。

自分が追放されたことを知った王は、エトルリアへと落ちのびます。かつて父王をみずからの手で殺したトゥーリアはすでにローマを逃げ出していて無事でしたが、そもそものきっかけを作った息子セクトゥスは逃亡の途中、死にます。かつて彼が侮辱《ぶじょく》した人間の手によって殺されたと伝えられています。

少年期の終わり

紀元前五〇九年、ブルータスによるタルクィニウスの追放劇でローマの歴史は大きな転換点を迎えることになります。この事件を契機に、二百四十四年間、七代続いた王政は終わり、共和政時代が始まるのです。

追放されたタルクィニウスは、その業績を見ればけっして悪王とばかりは断定できない。

政治はあくまでも結果論です。いかに動機は善意に満ちあふれていても、その結果が国家や市民の不利につながるなら、それは悪政であり、逆に動機は不純でも、結果が良ければ善政と判断するしかない。これが公人と私人の、評価の基準の違いでもあります。タルクィニウスの場合、彼の率《ひき》いた戦争はかならず勝ったし、それはもちろんローマに益《えき》をもたらしたのも事実だったのですからね。

しかし、何事にも潮時《しおどき》というものがあるように、ローマの王政も潮時にさしかかっていたのでしょう。一人の王に任《まか》せるにはローマはあまりにも大きくなりすぎていたのです。

現代人から見れば、最初から「前時代的」「反動的」と断罪されがちな王政ですが、王政が悪であるとはかならずしも言えません。

国家がまだ幼くて小さいころには、王が中央集権的に統治したほうが機動性にも長《ちょう》じ、効率もあがるというもの。誕生間もない国家にとっては何よりも生き残りが最優先事項であって、人々の間で議論を尽《つ》くしているゆとりなどはないのです。

振り返ってみれば、七代続いたローマの王は驚くほどに「適材適所」であったという感想を私などは持ちます。それだけロムルスの定めた制度がよかったということでしょう。

しかも、それぞれの王はみな長命でした。自分の考えを実行に移し、その成果を見るだけの時間があれば、微調整も利《き》くし、方向転換もできる。また次代の王にとっても、先王の業績を踏まえて新政策が実行できるわけですから、これはローマにとって幸福であったと言えます。

だが、その幼い国家も成長し、規模が大きくなってくると、かつてのように王の決断に委《ゆだ》ねてばかりはいられなくなる。システムは昔と同じでも、外界の環境が変われば、そのシステムはかえって弊害《へいがい》を産むことにもなるのです。

当初は小さかったローマも「尊大なタルクィニウス」の時代には、かなりの規模になっていました。

市民の数が増えてくれば、かつてのような一枚岩の団結もむずかしくなり、利害の相反する勢力が現われてくるようになるわけだから、それを調整するための機関が必要になります。王一人が何もかも決めていたのでは、フォローすることだけでも充分ではなくなってくる。

タルクィニウスの「支持母体」がエトルリア系市民であったことに対して、他の市民たちが不満を持っていたと書きましたが、そうした不満はタルクィニウスが王でなくても、いつの日かは噴出していたに違いないのです。

結局のところ、ローマの王政が倒れたのは「尊大なタルクィニウス」個人の問題というよりは、ローマにとって王を戴《いただ》く時期はすでに卒業していたと見るべきなのでしょう。小さな都市国家であったロムルスの時代は昔話になり、今やローマは新しい時代を迎えようとしていました。人間の一生で言うならば、若く、夢に溢《あふ》れた少年期は終わりを告げ、迷いは多くても体力ならば負けない青年期を、いよいよローマも迎えることになったのです。

エトルリア人　エトルリア人の起源については、いまだ謎《なぞ》とされているのだが、早くから鉄器の製造法を知っていて、イタリア半島に彼らが定着したのも、半島中部にある鉱山が目当てであったと考えられている。古代エトルリアには十二の都市国家があったが、突出した力を持つ国家はなかったので、エトルリア全体で協調行動を取ることがなかった。このことが、のちにエトルリアが衰亡《すいぼう》する致命傷となったのである。

第3章

共和政は一日にしてならず

「愚か者」の革命

紀元前五〇九年、尊大なタルクィニウスを追放し、王政を廃止するに至った中心人物はルキウス・ユニウス・ブルータスでした。

ルキウスの母は、タルクィニウスの姉だから、つまり王と王を追放したブルータスとは叔父《おじ》と甥《おい》の関係にありました。

王家につながる人物が王を追放するというのは、一見すると奇異《きい》に見えるかもしれません。しかし、権力のそばにいればこそ、見えてくる事実も少なくないのです。

ブルータスとは本来は渾名《あだな》で「馬鹿者《ばかもの》」という意味。つまり、王政時代のブルータスは周囲からは「愚《おろ》か者」と軽蔑《けいべつ》されていた男だったのです。

そこでいつしかブルータスが通り名になったのでしょうが、本当のブルータスは愚かでも何でもなく、自分の置かれた状況をよく理解し、耐《た》えるべきときには耐えるという判断力を持っていたし、さらには、いざというときに果敢《かかん》に行動に打って出るだけの実行力を持っていた。そして長い間、権力の近くで王政の実態をじっと観察していくうちに、「もはやローマに王政は適《てき》していない」と見てとったのだと私は考えます。

改革者は、往々にして体制側と目《もく》される人の中から現われるものです。

たとえば、日本の明治維新も、体制側であるはずの武士階級が起こした「革命」でした。逆に、滅《ほろ》びゆく幕府に最後まで付き従った新選組《しんせんぐみ》は、体制打倒に走ったとしても当然な農民階層の近藤《こんどう》勇《いさみ》、土方歳三《ひじかたとしぞう》らによって率《ひき》いられていたのです。改革、保守という色分けはけっして簡単にはできないという証左《しょうさ》です。

ちなみに、これより四百六十年ののちにカエサルを暗殺することになるのもマルクス・ブルータスという名前の男ですが、この二人のブルータスの間には血のつながりはありません。

しかし、共和政の創始者と同じ家名を持つことから、カエサルを殺したマルクス・ブルータスが「自分には共和政の守り手となるべき運命が与えられているのだ」と考えたとしても不思議はない。人間とはしばしば、正しいのか誤りかは別にしても、想いならば込められる大義名分がなければ、大きな行動などは起こせないものなのです。

王から執政官へ

王を追放することに成功したブルータスは、ローマ市民を集めて「今後、ローマはいかなる人物であろうとも王位に就《つ》くことは許さず、いかなる人物であろうともローマ市民の自由を侵《おか》させない」と誓《ちか》わせました。

とはいえ、権力者を追放してしまえば、それですべてが良く行くというわけではありません。

十九世紀の経済学者パレートが指摘しているように、「人間はありとあらゆる統治《とうち》形態を考え出したが、支配階級の存在しない統治形態だけは考え出せなかった」のですから。

階級なき社会を目指した社会主義革命の結末を持ち出すまでもなく、どんな社会にもリーダーは不可欠です。リーダーの存在しない、全員が平等な社会とは、結局のところ、誰も責任を負《お》わない無責任社会になってしまうからなのです。

よってローマも、追放した王の代わりを務《つと》めるべき指導者を置く必要があった。そうでなければ、ローマ市民の自由を守るというのは、ただのかけ声、スローガンに堕《だ》してしまう。

そこでブルータスが考えたのは「執政官《コンスル》」という最高指導者の地位でした。執政官は王と同じく、市民集会で選ばれ、ローマの内政における最高権力を握《にぎ》ると同時に、有事においては指揮官として軍隊を率いる。

と言ってもホワイトハウスで〝戦争指導〟をするアメリカ大統領とは違って、ローマの場合は実際に最前線で指揮を執《と》るのが常《つね》でした。したがって共和政における執政官とは首相兼、統合参謀本部長兼、軍団司令官という官職であったわけです。

このように大きな権力と重い責任を与える一方で、ブルータスは執政官が将来の王にならないための歯止めを設《もう》けます。

その制限とは、「執政官はかならず市民集会によって二人選ばれ、その任期は一年にする」ということでした。

再選は許されても、かならず一年ごとに選挙の洗礼を受けるのであれば、王のようには振る舞えないだろうというわけです。

しかもブルータスは、執政官を二人制にすることで、さらに保険をかけた。

二人の執政官には上下関係はなく、それぞれには拒否権が与えられていました。つまり、一方の執政官が何かを決定しても、もう一方がそれに賛成しなければ、それは政策として実行しえないというわけです。これならば執政官の独断によってローマの政治が動くという危険も相当程度には抑止できることになる。

こうして生まれた新しい官職・執政官の初代に就任したのは、ブルータスと、自殺したルクレツィアの夫コラティヌスでした。

共和政のカギを握る元老院

ブルータスは最高指導者の権力をなるべく制限しようと執政官の制度を考えたわけですが、もちろん、任期一年で二人の並立制というシステムには大きな弱点もある。そのことは彼自身も知っていました。

まず第一に、わずか一年しか任期がないのでは長期的な政策立案とその実施が望めなくなるということ。

執政官よりももっと任期が長いアメリカ大統領でさえ、次の選挙が気が気でないというのに、わずか一年では腰を据《す》えた政策など望むべくもない。いきおい選挙を考えた人気取り政治に走ってしまうのは目に見えています。

そこでブルータスが考えたのは、元老院機能の強化でした。

ロムルスが創立した元老院は当初、定員百人でスタートしました。その後、第五代目の王タルクィニウスによって定員が倍増されたのですが、さらにブルータスはこれを三百人に増やします。新議員には、ローマの新興勢力に属する有力家門の家長が選ばれました。

ではなぜ、元老院を拡大・強化することが、共和政の安定につながるのか。

その理由の一つは、元老院の持つ特性にあります。

ローマの元老院議員たちは現代の国会議員とは違って、その任期は終身制でした。つまり、元老院議員たちは選挙の洗礼を受ける必要もなく、したがって人気取りに努める必要もない。また、長い間、国政にタッチしていれば、おのずからローマが抱《かか》えている問題点が何であるかも分かってくるというものです。

元老院は王政の時代から「ご意見番」的な機能を持っていたのですが、この元老院の

〝重み〟を増すことで政治の安定性を確保したいというのがブルータスの狙《ねら》いだったのです。

議員定数の削減が叫ばれている現代の日本からすれば、元老院の定員増はかえって非効率ではないかと思う人があるかもしれません。しかし、ローマに限って言えば、定員の大幅増には意味があった。

なぜなら、三百人にまで拡大された元老院は、当時の有力者をほとんど網羅《もうら》することになったからです。元老院議員の地位は世襲ではありません。家柄《いえがら》も重要ではありましたが、その識見《しきけん》、力量、行動力、人望なども審査の対象になる。

したがって、ローマの貴族階級、つまりエリート階層の中でも、主《おも》だった人材はすべて元老院に集まるということになった。元老院とはローマにおける、「人材のプール」になったのです。

また、執政官候補は元老院議員が出馬するのが通例でしたし、次の執政官に誰《だれ》を推薦するかも元老院内の〝世論〟が決めることになった。

それに、かりに元老院以外から立候補した人間がいる場合も、元老院は有力な対抗馬を出して、落選に持っていくこともできた。しかも一年間の任期を終えた執政官は、ふたたび元老院という〝古巣《ふるす》〟に帰ることになるのですから、そうそう正面切って元老院と喧嘩《けんか》ができるわけはない。

ということは、制度としては市民集会から選ばれるとはいえ、執政官になりたければまず元老院の支持がなければ始まらないし、任期中も元老院と良好な関係を保《たも》ったほうが得策であるということになるのです。ましてや再選を望むのであれば、なおさらのこと。

だからこそ元老院を強化・拡大することは、執政官の独断や暴走を防ぐことにつながってくる。しかも元老院という後《うし》ろ盾《だて》を持つことによって、執政官の権威にもさらに箔《はく》が付くわけだから一石二鳥だというのが、ブルータスの〝読み〟でした。

自民党と元老院の共通点

こうした元老院と執政官の関係は、ひじょうに回りくどく、分かりにくいように見えるかもしれません。しかし、日本人、少なくとも現在、四十歳以上の日本人にとっては、実はこうした政治のあり方は馴染《なじ》み深いはずです。

というのも、戦後の日本には「日本版元老院」とも言うべきものが長く君臨《くんりん》していたからです。

それは、かつての、あえて〝かつての〟と付けますが自民党です。

いわゆる五五年体制を堅持していたころの自民党はまさしく元老院と似た働きをしていました。

憲法上の規定を見れば、日本の総理大臣は国会議員の指名を受けた者が就任することになっています。また建前上《たてまえじょう》は総理大臣は日本のリーダーであり、内閣の首班《しゅはん》なのだから、その政策は独自に決定できるはずです。

しかし現実の政治はどうであったのか。

内閣総理大臣になろうと思えば、まず自民党員でなければどうにもならないし、国会指名よりも何よりも、自民党の総裁になることが先決したのです。

さらに、そうして首相になれたとしてもフリーハンドで自分の政策を実行できるわけではありません。最高権力者といっても、自分の出身母体である自民党の意向を無視することはできない。無視でもすれば、法案は否決されてしまうから。

その意味では、五五年体制の自民党は日本における元老院の役割を果《は》たしたと評価することは可能でしょう。

ただ、そこで指摘しておかねばならないのは、ローマの元老院は、共和政が始まってからカエサルがルビコンを渡るまでに限っても、およそ四百五十年にわたって機能を果たしつづけたのに対して、自民党が野党から「一党独裁」と指弾《しだん》されようとも、政権党として機能してきたのは半世紀にも満《み》たないという事実です。

それに、今の自民党が「人材のプール」であると思う人は、もはやどこにもいないでしょう。

「ノーブレス・オブリージュ」

ではいったい、なぜローマの元老院は数百年にわたって、その役割を果たすことができたのか。

その第一の理由はやはり何と言っても、日本の国会議員とは違って、元老院の場合は一度議員になってしまえば、選挙の洗礼を受けずに済んだということが大きい。選挙がなく、終身その議席が保証されると聞くと、現代人はすぐに「特権階級」という言葉を連想し、そのような人々が私益よりも国益を重視するはずはないと考えてしまいがちですが、そうと限ったものではないのです。

そもそも選挙がなければ、現代の国会議員のように地元に利益誘導をしたり、ドブ板選挙に努《つと》めたりする必要もない。ましてや選挙資金集めに汲々《きゅうきゅう》とすることもありません。その意味では、現代の国会議員よりもローマ時代の元老院議員のほうが、政治家としての精神と時間の使い方ならばずっと自由であったのです。

さらにもう一つ、現代の国会議員との決定的な違いには、ローマの元老院議員たちは真の意味での「貴族精神」の持ち主であったということもある。

「ノーブレス・オブリージュ」は、日本語に意訳するならば「エリートとしての責務《せきむ》」という意味の言葉ですが、ローマのエリートたちは文字どおり、このノーブレス・オブリージュの見本のような人たちでした。

共和政に移行して以後もローマは戦争に次ぐ戦争という、それ以前と少しも違いはない歳月を過ごすことになるのですが、その際に戦場に真《ま》っ先《さき》に駆《か》けつけ最前線で指揮を執《と》るのは他ならぬ彼らだった。彼らは元老院議員としてローマの将来に関わる政策を論議するだけではなく、兵を率《ひき》いてローマを守るのも自分たちの責務だと考え、それに少しの疑いも抱《いだ》かなかったのです。

このノーブレス・オブリージュの精神は、ローマが帝政に移行していくにつれ、徐々に失われてはいくものの、元老院が長くその機能を果たしていく上でのバックボーンとなったのだけは確かでした。

「父たちよ、新たに加わった者たちよ」

ところで、ローマに戦争の危機があれば最前線で指揮を執るという、ローマのエリートたちの責務感は、もう一つの派生的効果を元老院に与えました。

ローマの元老院議員たちは有事において、ローマ軍団の先頭に立って戦うことが多かっただけに、戦死者もまた少なくなかった。

共和政のローマは毎年のように戦争を行なっていたのですから戦死者も多く、ゆえに元老院議員のメンバーはつねに変動し、結果としては動脈硬化が起きる危険性を低く留《とど》めていたのです。

ちなみにブルータスによる共和政移行後は、元老院での演説では冒頭に「パートレス、コンスクリプティ」と述べるのが習慣になっていました。直訳すれば「(建国の)父たちよ、新たに加わった者たちよ」という意味になります。

王政時代の元老院は建国に携《たずさ》わったローマの父たちとも言える有力者と、その子孫のみで構成されていたので、冒頭には「パートレス」と述べるだけだったのですが、元老院の定員拡大で「新たに加わった者たち」と付け加えられるようになったのです。

王政時代からの議員と新参の議員を区別するこの呼び方は、いかにも旧弊《きゅうへい》な態度に思われそうですが、実は逆の効果があったのではないかと私は考えています。

というのも、かならず演説に「新たに加わった者たちよ」という呼びかけを加えれば、それを聞く人たちは「元老院の門戸《もんこ》は開かれているのだ」というイメージを持つからです。

言葉の持つ力というのは、このように馬鹿にしたものではありません。

事実、その後の歴史を見れば、元老院は「コンスクリプティ」、つまり新参者たちをつねに受け容《い》れてきたと言っても過言ではありません。

終身制と組織の新陳代謝という、ともすれば矛盾《むじゅん》する要素を併《あわ》せ持つことができたからこそ、元老院は数世紀にもわたって機能しつづけることができたのでしょう。

若者たちはなぜ「抵抗勢力」になったのか

さて、ここまでに見てきたことでも分かるように、ブルータスの改革は単にロムルスが定めた「王、元老院、市民集会」という三極体制の、王を執政官にすげ替えただけのものではありませんでした。

ローマの政治体制は、王による統治体制を改めて、元老院を中心とする、少数のエリートによる集団指導体制へと、質的な転換を行なったと見るべきなのです。

こうした政治のあり方は「寡頭《かとう》政体」とも呼ばれます。

政治・軍事の最高権力が執政官に集まるという点だけを見れば、ローマの政治は執政官による統治に見えなくもない。あるいは市民集会によって執政官が選ばれるという点だけを見れば、民主政体と勘違いされるかもしれません。

しかし、ローマの共和政はたった一人が政治を独占する独裁制でもなければ、市民の総意に基《もと》づく民主政体でもない。

ローマの政治の実権を握るのは、元老院という少数のエリート集団であり、ゆえに「寡頭政体」と呼ぶのが最もふさわしいのです。

だが、こうして政治形態を変えれば、すべての問題が魔法のように片付くというほど、改革は簡単なものではない。なぜなら、あらゆる改革にはそれを阻止《そし》しようとする抵抗勢力が現われるのが常だからです。

改革者ブルータスにとって、それは思わぬ形で現われることになりました。革命が起こったときに、かつての「旧体制」を懐《なつ》かしみ、王政復古《おうせいふっこ》を目指す運動はどこでも起こるものですが、ローマの場合、それは既得権《きとくけん》を持った老人たちではなく、若者たちの中に発生することになったのです。

元老院による寡頭体制が確立したことは、ローマの有力家門に生まれた若者たちに一種の閉塞感《へいそくかん》を与えました。若くて野心のある青年たちにとっては、元老院入りの順番をおとなしく待つなど耐えられないことであったのです。

これが王政の時代ならば、たとえ経験も実績もない若者であろうと、王の眼鏡《めがね》にかなえば抜擢《ばってき》される可能性もあった。しかし共和政になってしまえば、そのようなチャンスはなくなる。こう思った若者たちは、追放されたタルクィニウスを呼び戻し、王政復古をしようと考えたのでした。

この陰謀に加担《かたん》し、血判書にまでサインをした若者たちの中に、自分の二人の息子が含まれていようとは、さすがのブルータスも想像はしなかったでしょう。だがそれは事実でした。

ただちに開かれた市民集会で、この若者たちの裁判が行なわれました。民衆は執政官ブルータスの複雑な胸中を思いやり、彼の息子たちをローマから追放することを提案します。

国家反逆罪に対する罪は死刑。しかし、父が息子たちの死刑を執行するのはあまりにも無惨《むざん》と民衆は考えたのです。

しかし、これに対してブルータスはあえて執政官ではなく、家長として振る舞うことにした。

ローマの家長には、子どもの生殺与奪《せいさつよだつ》さえも含む、強力な家長権が与えられていました。もし、家名を汚《けが》すようなことを家族の誰かが行なえば、法によらずとも家長は死刑を宣告することができた。この家長権をブルータスは行使したのです。

彼は被告席に立つ二人の息子に、三度続けて罪の有無を問うた。そして、彼らがうなだれて何も答えないのを見て、刑の執行を宣告したのです。若者たちはその場で衣服を脱がされ、鞭《むち》で打たれたのち、斧《おの》で首を切られた。

「ブルータスはその光景を、表情も変えずに最後まで見届けてから立ち去った」と史書は伝えています。

戦争の連続

ブルータスがわが子に死刑を宣告したのは、単に家名を汚されたという怒りからでは、もちろんありませんでした。

たしかに若者たちの王政復古計画は、「子どもの火遊び」程度のものだったかもしれない。だが、たとえ小さな火であっても消しておかねばならないほど、ローマの共和政はまだ危《あや》ういものであった。だからこそ、ブルータスは彼らに対して断固とした処置を執《と》らねばならないと考えたのです。

このブルータスの予感は的中しました。ローマから追放された先王タルクィニウスが、王位奪還《だっかん》に動きはじめたのです。彼は若者たちの王政復古計画が失敗に終わったのを見て、実力行使の道しかないと考えるようになった。そして考えるだけでなく、それを実行に移しはじめたのです。

タルクィニウスには、勝算がありました。というのも、彼はエトルリアの血を引く男であり、そのエトルリア人たちは急成長したローマの存在をかねてから疎《うと》ましく考えていたからです。

またエトルリア人もタルクィニウスに援助の手を差しのべることにした。何しろ、タルクィニウスは王としては不適格でも、将軍としての才能は証明済みでしたから、エトルリアの都市国家の中に彼に協力する国も現われたのは、むしろ当然すぎるほどのことだったのです。

すでに衰退期に入っていたとは言え、エトルリアはいまだ北イタリアに大きな勢力を持っていましたし、その国力はローマとは比較にならないものでした。ローマの市民から見れば、エトルリア人はみな国王に見えたというのですから、ローマとエトルリアの国力の差は推《お》して知るべし、です。

しかも悪いことには、このタルクィニウスとエトルリアの不穏《ふおん》な動きを見て、それまではローマと同盟関係にあった周辺部族までが動きはじめます。言うなれば「火事場泥棒」をしようというわけです。

この結果、共和政を樹立して以後のローマはほとんど毎年のように戦争をしなければならなくなったのでした。

その詳細については、『ローマ人の物語　I』を読んでいただくとして、これら一連の戦争でローマが払《はら》った犠牲《ぎせい》はけっして小さくはありませんでした。

ブルータスはエトルリア軍との最初の戦いで、王の長男と刺《さ》し違《ちが》えて戦死。さらに再度来襲したエトルリア軍はローマを完全に包囲し、ためにローマには一粒の小麦も入ってこなくなった。

しかし、存亡の危機に直面するや全市民が一致団結するのが、ローマでもあります。ローマはエトルリア軍に勝利を収めることはできなくても降参することもなかった。

「左利《き》きのムティウス」

この二度目のエトルリア軍襲来のときには有名な「左利《き》きのムティウス」のエピソー

ドも生まれました。

　圧倒的なエトルリアの包囲網を崩《くず》すためには、もはや正攻法ではむずかしい。

　こうなれば敵の王を殺すしかないと考えたのは、ガイウス・ムティウスという青年でした。彼は、エトルリア軍を率《ひき》いるキュージの王ポルセンナを殺すために、単身、敵陣に乗り込みます。

　だが、その試みはあえなく失敗し、捕らえられてしまう。

※　※

　捕えられたムティウスは、王の前に引き出された。それでいながら、彼は、胸を張って王に言った。

「私は、ローマ市民。名はガイウス・ムティウスという。敵の王を殺そうとして果せなかったが、死ぬ覚悟は充分にある。運命を甘受《かんじゅ》するのはローマ人の特質でもある。ローマの若者たちは、あなたへの終わりなき戦いを宣告する。戦場でことを決するのではない。私の後にはもう一人、その一人も果せなかったら別の一人と、戦いは我々とあなたの間でのみ続行されるのだ。

　王も覚悟されるがよかろう」

　怒ったポルセンナは、拷問《ごうもん》にかけても背後関係を探ろうとしたが、若者は一段と声を張り上げた。

「臆病者《おくびようもの》だけが自分の肉体を大切に思うのだ！」

こう叫んだ若者は燃えているたいまつを左手でつかみ、それをみずからの右手に押しつけた。人間の肉の焼ける臭いが、あたりを満たした。ポルセンナは、若者に向かって言った。

「もうよい。お前は私に与えるよりも大きな痛手を、お前自身に与えた。お前の剛胆《ごうたん》さを賞賛するとしよう。私の民《たみ》の中にも、お前のような若者がいれば大したものだが。お前を、何の条件もつけずに自由にする。さあ、立ち去れ」

ガイウス・ムティウスは、これ以後「左ききのムティウス」と渾名《あだな》されるようになる。焼けただれた右手が、使えなくなったからだ。


（『ローマ人の物語　I』より）

※　※

このエピソードののち、エトルリアのほうから和平が申し込まれます。ポルセンナにしても、ローマが一致団結して王政復古を拒《こば》む以上、タルクィニウスのための戦争を継続しても得るところは少ないと判断したのでしょうが、エトルリアの将軍でさえ驚くほど、ローマ人の愛国心と戦意は高かった。

この後もタルクィニウスは何度もローマに対して戦いをしかけるのですがローマは屈せず、彼の野望は潰《つい》えることになったのです。

共和政の弱点とは

こうして、きわどくではあってもローマは何とか共和政を守り抜くことができました。周囲すべて敵、と言ってもいい状況で彼らが生き残れたのは、何と言ってもローマ市民に「共和政を守る」という意識が横溢《おういつ》していたからに他なりません。

苦しい状況ではあっても、ローマ人たちは上から下まで一致団結して、けっして屈《くっ》することがなかった。

だからこそ、勝利を収めることができなくても彼らは負けなかった。

ところが、戦争をようやく乗り切ることに成功するや、この一致団結は崩壊してしまい、今度は貴族vs.平民という階級対立が表面化してきます。

もちろん、こうしたことは何もローマだけに限った話ではありません。

しかし、ローマの場合、この対立がその後の百年間にわたって続くことになったのですから、ある意味では戦争以上に深刻な危機であったと言えるのです。

しかし、それにしても、王政時代のローマでは貴族と平民との対立はさほどの問題にならなかったのに、なぜ共和政の時代になって、対立が激化したのでしょうか。

その第一の理由は他でもない共和政の仕組みにありました。

すでに述べたように、ローマの王政はロムルスの定めた「王、元老院、市民集会」の

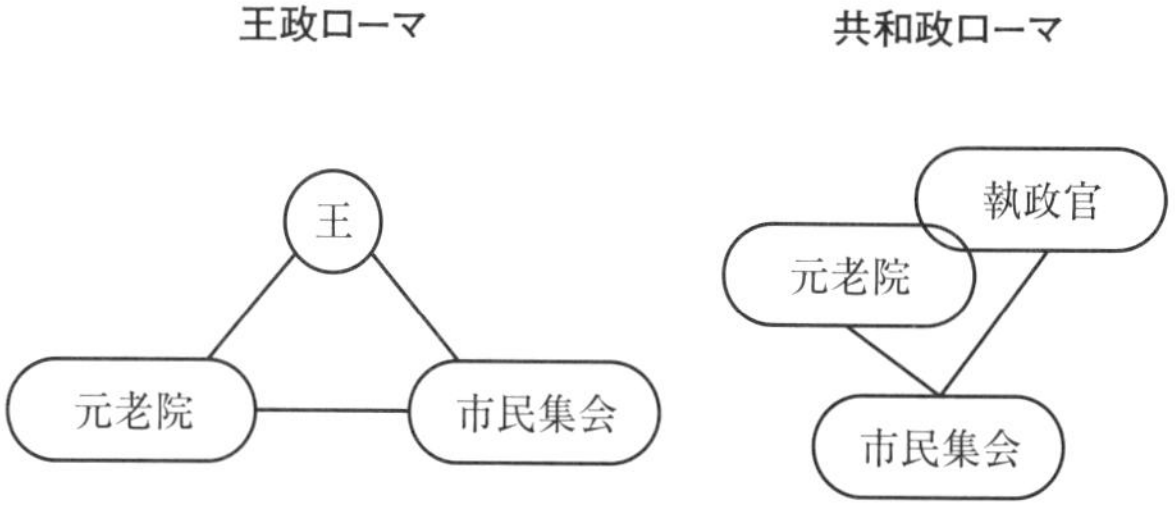

三極構造の形になっていましたが、市民集会で選ばれた王が元老院の助けを受けながら統治するというこのシステムでは、貴族と平民との対立はあまり深刻にはならなかった。

というのも、たしかに王政下では貴族を元老院議員にしたわけですが、この元老院は単に王に対して助言・勧告を行なうだけの機関であり、権威はあっても権力はありませんでした。しかも、王の在位期間が長くなれば、王は元老院を頼らなくなるという傾向にありました。

これに対して、ローマ市民権を持つ者なら誰でも参加できる市民集会のほうは、王の打ち出す政策や和戦を承認する権利を持っていて、王にとっても重要な機関であったのです。

したがって、相対的に見れば貴族の権力は制限されたものになっていて、平民が貴族に対して不満を抱くということも少なかったのです。

ところが、こうした構図が共和政によって大きく変わることになる。

すでに述べたように、ブルータスによって元老院は王政時代とはまったく異《こと》なる重要性を持つようになりました。

元老院が「人材のプール」になったことで、ローマの最高指導者である執政官と元老院との結びつきが強固になった。いや、それどころか、執政官と元老院はタッグを組んだも同然になった。

となれば、いきおい元老院とは無縁の平民階層が不満を覚えるようになるのは当然のことでしょう。

かつての王政では、王と元老院、市民集会がいわば三本の柱であり、それらが三つ巴《どもえ》になることで権力のバランスが取れていたのに、共和政ではそれが執政官＝元老院と市民集会という二本の柱になってしまったのです（前ページ図）。三本脚のテーブルはあっても、二本脚のテーブルはない。ローマの政局は共和政になってかえって不安定になってしまったのです。

平民たちの不満

さらに、こうした対立関係に拍車をかけたのが相次ぐ対外戦争でした。

繰り返して述べてきたように、古代のローマにはひとたび有事が起こると貴賤《きせん》の区別なく、ローマ市民として団結するという美質がありました。このおかげで、共和政ローマはエトルリアや周辺部族との戦争を乗り切ることができたのです。

ところが、有事の間は貴族と力を合わせて戦い抜いた平民たちは、戦争によって自分たちの生活がさらに苦しいものになっていた現実に気が付いたのです。

ローマでは王政の時代から、直接税の代わりに軍役に就《つ》くことが義務とされていました。したがって、戦争が始まれば、財産の乏《とぼ》しいプロレタ－リを除けば、貴族も平民も手弁当《てべんとう》で戦場に赴《おもむ》くことになっている。無論、その間は家業を行なうことはできなくなる。

しかし、同じ手弁当であるとは言っても、貴族たちは広大な農園を経済基盤にしていますから、たとえ家を長期にわたって空《あ》けたとしても、生活に困るわけでもありません。

これに対して、平民にとっての経済的影響はかなり深刻です。収入がないために借金を返済できなくなり、貸し主から奴隷同然にこき使われるようになった人間さえ少なくなかった。これでは何のためにローマ防衛の戦いに参加したのか分からないという不満が出てくるのは当然でした。

この問題に加えて、平民たちが不満を募《つの》らせていたのは土地分配を巡《めぐ》る問題です。

ローマはプルタルコスも指摘したように「敗者をも同化させる」という特質を持っていましたが、しかし戦争に勝ったからといって相手の部族をみな同化させるわけではない。その点においてローマ人は原理主義者ではなく、ケース・バイ・ケースのリアリストでした。

一概には言えませんが、戦争に勝ったとき、多くの場合、ローマは敗者の側の土地を一部没収し、公有地にするのが常《つね》でした。こうして増えた公有地は、ローマ市民に貸し付けられることになっていた。

平民たちは、この公有地貸し付けに対して不満を抱いたのです。

ローマ人は本来、農牧民族ですから、他の民族に比べて土地に対する思い入れは強い。彼らにとって、資産といえば、それはとりもなおさず土地を意味しました。

分配される公有地は、もちろん農牧地として使われるのですから、彼らにとってその土地の質は何よりも重要です。ところが現実には、豊かな土地は貴族に貸し与えられ、自分たちには地味《ちみ》の悪い土地しか回ってこないと平民は疑いを持つようになったのです。

ここでもまた貴族と平民の対立は激化し、平民たちは元老院と執政官の行なう政治に対して不信感を抱くことになりました。

建国初の「ストライキ」

結果から言えば、この貴族と平民の対立は共和政開始への移行時からおよそ一世紀の間、解決されることはありませんでした。

平民たちは、元老院がいっこうに自分たちの納得する政策を打ち出してくれないことに怒り、ローマ始まって以来の「ストライキ」さえ、一度ならず行なった。すなわち、軍役に就くことを拒否して、ローマの丘に立て籠《こも》ったのです。

平時のストライキならばともかく、外敵がローマの近くに迫ってきている中での兵役拒否なのですから、さすがの元老院も放置しておくわけにはいかない。

そこで元老院や時の執政官たちは、さまざまな形で平民たちの不満を解消しようとしました。

しかし、こうした打開策が功《こう》を奏《そう》したかといえば、答えはノーでした。

平民たちを悩ませていた借金問題を解決するために執政官が提出した法案は、貴族が主導権を握る市民集会で否決されてしまった。

市民集会はローマ市民ならば誰でも参加資格はあっても、軍役負担の重い貴族は平民たちよりも多くの票数を持っていたからです。

さらに、平民の権利を守るには明文化された法律が必要ということから、当時の先進国であったギリシアに調査団が派遣されたこともありました。

こうして作られたのが「*十二表法《じゅうにひょうほう》」と呼ばれるものだったのですが、蓋《ふた》を開けてみるとその内容は旧態依然《きゅうたいいぜん》としたものであったので、これまた平民たちの怒りを買うだけのことで終わります。

何しろ、十二表法では貴族と平民の結婚すら禁じているのですから、平民が侮辱《ぶじょく》されたと思うのは当然のことでした。

「拒否権」こそ、権力の中の権力である

しかし、長引く対立と混乱の中でも、まったく成果がなかったわけではない。

護民官《ごみんかん》の創設は、その一つでした。

紀元前四九四年に作られた護民官の制度は、その名のとおり、平民階級の権利を守るためのものです。護民官になれるのは平民階級の出身者のみ。しかも、その選出は貴族も出席する市民集会ではなく、平民しか出席の権利のない平民集会によって決まる。任期は一年、当初の定員は二人でした。

この護民官には二つの特権が与えられました。

第一に、護民官は執政官の下した決定に対して拒否権を行使することができる。

第二に、執政官さえ持っていなかった〝肉体の不可侵権〟とでも言うべき特権が与えられていた。すなわち、いかなる人間であろうと、護民官に肉体的危害を与えたり、暗殺したりしてはならないということである。言うまでもないことですが、これはもちろん貴族階級の護民官に対する攻撃を念頭に置いたものでした。

この二つの権利のうち、何と言っても重要なのは拒否権です。

日本人はあまりピンと来ないのですが、あらゆる特権の中で最も強力なものと言えば、この拒否権に他なりません。拒否権を持つか持たないかによって、その人物の権力は天

と地ほども違ってくると言っていい。

たとえば、これは後代の例になりますが、イギリスの立憲君主制度がいつ確立したかのメルクマールになっているのも、この拒否権です。

立憲君主制の確立以前から、イギリスの国王は「マグナ・カルタ」その他によって特権を制限されてきたわけですが、一つだけどうしても王が放棄しなかったのが、この拒否権でした。

つまり、議会や内閣があげてきた政策のうち、どうしても承諾できないものについては国王はこれを拒否できる。この拒否権があるうちは、いくら議会の力が強かろうと、イギリスは国王が中心の絶対君主制の国家であったわけです。

ところが時代を経るにつれて、イギリスでは国王が拒否権を行使しなくなる。

といっても、国王が拒否権放棄の宣言をしたのではありません。

国王のほうが行使を控えるようになっただけのことであったのですが、「伝家《でんか》の宝刀《ほうとう》」である拒否権が使われなくなったことで、はじめてイギリスは議会中心の立憲君主国家になった、国王は「君臨《くんりん》すれども統治《とうち》せず」の象徴的存在になったと欧米の学者たちは考える。拒否権こそ、権力の中の権力であるからに他なりません。それを納得するには、国連の安保理常任理事国のアメリカ、イギリス、ロシア、中国、フランスの五ヶ国が、なぜ国際政治面で力を持っているのかを考えるだけで充分でしょう。

なぜ階級対立は解消できなかったか

さて、護民官の創設によって、一時的には平民の不満も解消されたかのように見えたのですが、それも長くは続きませんでした。

というのも、そもそも護民官に与えられた拒否権には実は条件があって、戦時には行使できないことになっていたのです。

危機管理の面から見れば、国論の統一は不可欠なのですから当然な条件ではあるのですが、その当時のローマは戦争に明け暮れていました。よって、護民官の拒否権は事実上使われる機会のない権力になってしまったのです。

こうして、ふたたび平民の不満は高まることになりました。

しかし、それにしてもこの時代の歴史を振り返ってみると、延々《えんえん》と貴族、平民両者の対立が果てしもなく続いたと言うしかありません。平民たちの側が、自分たちの経済状況の改善や公有地問題の解決を訴えると、それを貴族が潰《つぶ》しにかかる。そこでまた平民が怒り……という感じです。

同じ都市国家ではあっても、これがギリシアのアテネなら、ある時期は平民側が主導権を握って民主政が行なわれ、逆に貴族側が有利になれば貴族政治になるといったぐあいに、さながら振り子が両極を揺れ動くような動きになるのですが、ローマではそうならない。いわば泥仕合《どろじあい》のような様相で、いつまで経《た》っても出口が見えないといったありさまなのです。

こうした状況になったのには、いくつかの理由がありました。

まず、第一に挙《あ》げなくてはいけないのは、平民、貴族双方ともが「市民としてのプライド」を持っていたということにあります。

敵がローマを襲おうとしていると聞けば、これまでのいきさつも忘れてともに戦うのがローマの市民たちでした。

平民のストライキがそれほどの効果を上げなかったのも、そのためであったのです。兵役拒否を叫んで立て籠っていた平民たちも、いざ「敵、来たる」の報を聞くやただちにストを解除し、戦場に駆けつけてしまうのだから、ストライキも不徹底に終わってしまうというわけです。

剣を捨て、鍬《くわ》を持った独裁官

しかし、それでも貴族のほうが自分たちの地位や権利に安住していたのなら、平民たちの不満も爆発したかもしれない。ところが、この貴族たちはすでに触れたとおり、ノーブレス・オブリージュの気概《きがい》に満ちていたのですから、始末が悪い。

ローマではすでに述べたように、通常、二人の執政官がそれぞれ軍団を率《ひき》いてローマ防衛に当たることになっていました。しかし、改めて兵学の基本を持ち出すまでもなく、危機において命令系統が二つあれば、何かと混乱も起きやすい。

また執政官には同僚の決定に対する拒否権もあったのですから、もし二人の執政官の意見が合わなければ、政治は麻痺《まひ》してしまいます。

そこで、しばしば危機を乗り越《こ》えるための特例措置として置かれたのが、独裁官《ディクタトール》の制度です。

独裁官は二人の執政官が指名する臨時職です。定員はもちろん一人。この独裁官には、政体を変えること以外なら、あらゆることに決定権を与えられていたので、その決定には誰でも従わなければなりません。まさにオールマイティの力を与えられていると言っても過言ではなかった。

かといって独裁官はあくまでも特例であるには変わらない。そこで、この独裁官の任期はわずか六ヶ月と定《さだ》められていました。

あるとき、この独裁官にキンキナートゥスという名の貴族が指名されたことがある。彼は普段は鍬《くわ》を握って農地を耕すという生活を送っていたのですが、執政官からの指名とあれば断わるわけにはいかない。

そこで、鍬を捨て、戦場に赴《おもむ》いたのですが、彼の指揮よろしきを得てローマ軍はわずか十五日で敵を退《しりぞ》けてしまった。

本来なら、彼の独裁官としての任期はあと五ヶ月と半分残っています。このまま独裁官として、任期いっぱい務めたところで誰も文句は言えない。ところが、この人物は与えられた任務を果たすや、ただちに独裁官の位《くらい》を返上してしまい、ふたたび農作業に戻ってしまったのです。

こんなノーブレス・オブリージュの見本みたいな貴族がいては、平民とても「腐《くさ》りきった貴族を打倒しろ」とは言えない。平民と貴族の対立が決定的な局面まで達しなかったのには、こうした事情もあったのでした。

ローマ人たちの「義理人情」

貴族と平民との対立がローマでは激化しなかった、もう一つ重要な理由は、ローマの場合、貴族たちには強力な「支持基盤」があったという点が挙げられます。

ローマでひとかどの貴族であると認められるには、広い農地を持ち、豊かな資産を持っているだけでは不充分でした。もう一つの要件として、その貴族が「パトローネス」として、どれだけ多くの「クリエンテス」の面倒を見ているかが問われたのです。

これを語源にした英語に置き換えれば、パトロンとクライアントとなるこの関係は、ロムルスが建国した当時からあったと見る学者もいるほど、その起源は古いのですが、それだけに簡単に定義しにくい性質のもの。

それでも要約すれば、パトローネスである貴族が、自分のクリエンテスである平民たちの面倒を見、その代わりにクリエンテスは貴族に対して忠誠を誓う。こういうことになるのですが、まず頭に置いてほしいのは、この両者の関係は単なる利害の結びつきではなかったということです。

もちろん、利害関係がまったく存在しなかったわけではありません。

現代日本の多くの政治家と同じく、ローマの貴族たちもクリエンテスからの相談や陳情をひっきりなしに受けていました。

就職問題、結婚相手の紹介、訴訟《そしょう》問題から、果ては借金の申し込みに至るまで、ありとあらゆる相談を貴族は受け、その解決に力を貸さねばなりません。これは「十二表法」でも明記されていた、いわば公的な義務であったのです。

かつて田中角栄《たなかかくえい》氏の目白邸の玄関には、陳情・相談に来る選挙民が溢《あふ》れかえっていたそうですが、ローマの貴族たちも毎日、起床後の一、二時間クリエンテスたちの話を聞くのが日課であったと伝えられています。

では、こうした恩義に対して、クリエンテスたちはどのように応《こた》えていたのか。

たとえば、自分のパトローネスが何かの公職に立候補する。そうするとクリエンテスたちは、その選挙会場に行って、市民としての一票を投じる。

また、戦争が起こると貴族には資産額に応じた兵力提供の義務があるので、大きな資産を持っている大貴族なら多数の兵士を集めなければなりません。その際、進んで兵士になってくれるのも彼らクリエンテスなのです。

しかし、パトローネスとクリエンテスの関係はけっして「金《かね》の切れ目が縁《えん》の切れ目」にならない。ここが重要です。両者の間を結びつけるのは利害ではなく、「信義《フィデス》」であるというのがローマ人の考え方でした。

したがって、たとえパトローネスが落ち目になろうと、どこまでも付いていくのがクリエンテスとしての道義であり、また逆もしかりだったのです。

事実、ローマの法ではパトローネス、クリエンテスのどちらかが告発されたとき、別の一方に証言を要求しないということになっていました。

現代と同じく古代ローマの法廷でも、偽証《ぎしょう》は罪とされます。

しかし、もし証言者と被告がパトローネス＝クリエンテスの関係にあったとしたら、証人に法廷で真実を述べよと強要すれば、それは信義を捨てよと命令するのに等《ひと》しい。だが、かといって信義を最優先して、偽証を許すこともできない。

そこで国家の法と個人間の信義の板挟《いたばさ》みが生ずる危険をあらかじめ取り除こうと、こういう規定ができていたというわけでした。

つまり、たとえ相手が犯罪者であろうとも、信義を貫《つらぬ》くのがパトローネスの道であり、クリエンテスの道であるというのがこの両者の関係でもあったのです。

カエサルはなぜ「右腕」を失ったか

ちなみに、こうしたパトローネスとクリエンテスの関係は何も地縁、血縁に限ったことではありません。何か大きな恩義を被《こうむ》ることがあれば、その人は恩義を与えてくれた人のクリエンテスになる。そして、その関係は子孫にまで及ぶと考えられていました。こうした、目に見えない人間関係のネットワークが密《みっ》に張《は》り巡《めぐ》らされていたのがローマの社会であったのです。

これよりずっと後の時代、カエサルがルビコンを渡ろうとしたときのことです。カエサルのもとから逃げる兵士が一人もいなかった中、ただ一つの例外があった。それはカエサルの副官のラビエンヌスです。

ラビエンヌスは、おそらくカエサルが最も信頼していた部下であったでしょう。ガリア制覇行でも自分がフォローできないことは、つねに彼に一任しています。そしてラビエンヌスも、カエサルを心から尊敬していたに違いありません。

しかし、ラビエンヌスはカエサルの部下であると同時に、カエサルの敵になってしまったポンペイウスのクリエンテスでもあった。ポンペイウスとラビエンヌスの関係は先祖代々のものでした。平民ラビエンヌスの出身地は、貴族ポンペイウスの所領地に属していたのです。

ポンペイウスはひそかにこのラビエンヌスに使者を送り、自陣営に寝返るよう説得します。ラビエンヌスの苦悩は想像するにあまりありますが、彼は結局はクリエンテスとしての信義《フィデス》をまっとうする道を選ぶのです。

ラビエンヌスのこの決断をカエサルは非難していません。カエサルがのちに書いた『内乱記』でも、彼の離反《りはん》については一言も非難がましい言葉は書き残していません。それどころか、ルビコン渡河前夜、ひそかにカエサル陣営を出たラビエンヌスの荷物を、後で届けさせているほどです。ラビエンヌスの苦悩は、貴族階級に属するとはいえ、同じローマ人であるカエサルには理解できたからでしょう。

貴族と平民との間が明確に「断絶」していたギリシアとは違い、ローマの社会ではこの両者は信義という糸で結びついていたのです。

だからこそ、平民たちは貴族に不満はあっても、それが階級闘争にまでは過激化しなかったのです。一口に貴族と平民の対立とは言っても、その貴族の後ろには彼らをパトローネスと仰《あお》ぐ平民たちがいて、だからこそ抗争の解決は容易ではなかったのでした。

アテネの改革、ローマの改革

ローマ市民としての義務感、そしてパトローネス＝クリエンテスの関係、これらの事情に加えて、もう一つ忘れてはならないのがローマ人が本源的には農牧民族であったという事実です。

キンキナートゥスの話でも分かるように、ローマでは貴族階級であってもみずから農耕を行なうことはけっして恥ずかしいことではなく、また珍しい例でもなかった。この点において、「土いじりのような仕事は奴隷がやること」としていたアテネの市民とは大いに違います。

こうした農牧民族としてのメンタリティは後の時代になっても残ります。共和政・帝政を問わず、時代の変遷には関係なく、ローマ人は、さして裕福でなくても市内と郊外の両方に、経済力に応じた家を持つのが普通でしたが、その場合、農牧地に囲まれた郊外の家のほうが本宅で、市内の住居はいわば仕事のための住まいといった意識であったようです。

農業や牧畜といった、土地と深く結びついた生活をするということは、よく言えば慎重、悪く言えば鈍重というメンタリティを形成してくる。

ローマ人の歴史を勉強していてつくづく感じるのは、ローマでは改革が、けっして一足飛びでは行なわれないということ。長い時間をかけ少しずつ改革を積み上げていく、彼らの姿は時として歯がゆささえ感じることもある。

彼らに比べれば、同じ都市国家でありながら、やはりギリシア人のほうがずっと過激で急進的です。ここでギリシアの政治史を述べるゆとりはありませんが、たとえばアテネの歴史だけを見ても、まるで統治形態の見本市《みほんいち》のように王政、貴族政、民主政、独裁政と、ネコの目のように政治のあり方が変わっていく。こうした、いわば思い切りのよさはローマ人にはありません。

だが、それによってローマ人が、改革に臆病《おくびょう》な保守的な民族であると即断するのは間違いというもの。ひとたび改革を行なうと決めたら、試行錯誤を重ねながらも鈍牛《どんぎゅう》のように着実に前進していく。だからローマは改革のスピードこそ遅かったけれども、その成功を長期にわたって維持することができた。この点において、急成長は遂《と》げたものの衰退も早かったギリシアとは対照的です。

しかし、そうは言っても、一世紀にわたる貴族と平民の対立は、やはりあまりにも長すぎた。なぜなら、ローマを取り巻く環境は、そうした試行錯誤をいつまでも許すほど穏《おだ》やかではなかったからです。

「カミルスの予言」

紀元前三九〇年、共和政体への移行からおよそ一世紀が過ぎた時期に起こった「ケルト・ショック」もまた、貴族と平民との対立がそもそもの原因でした。

ローマがこの当時、全力を挙げて取りかかっていたのが宿敵とも言えるエトルリアの有力都市ウェイの攻略でした。独裁官カミルスの下、十年にわたる戦いを経て、ようやくウェイが陥落したのは前三九六年のことでした。

ウェイ陥落はローマにとって大いなる朗報ではあったのですが、それは同時に抗争の再開をも意味しました。戦時には一致団結していたローマ市民が、ふたたび貴族と平民の二派に分かれて対立を再開したのです。

しかも、このときの抗争は大都市ウェイを手に入れたがゆえに、さらに深刻なものになった。

というのも平民側が立派な町並みを持つウェイをローマ第二の首都にしようと提案したからです。この提案が、「貴族が幅を利《き》かせるローマは嫌だから、ウェイに我々を移住させてくれ」という意図を持ったものであったことは言うまでもありません。

この平民の提案に対して、反対の先頭に立ったのは独裁官だったカミルスでした。

「我々の今日があるのはローマの神々の加護があったからこそ。その神々の住まうローマを見捨てることなど許されない」と彼は演説したのです。

このカミルスの演説を聴《き》いた平民たちは、カミルスを激しく憎むようになります。

カミルスは武将としては有能だったのですが、もともと平民たちの評判は悪かった。それまでローマでは夏の間だけ戦闘を行ない、冬は休戦するのが慣例だったのに、彼はその慣例を破って冬にも戦闘を行なったからです。

帰宅も許されなかった冬の宿営生活を忘れてはいなかった平民たちは、このカミルスの演説を聴いてますますいきり立った。そこで彼を追い落とすため、告発という手段を使います。「ウェイ攻略で得た戦利金の使途《しと》に不明朗な点がある」という理由を挙げて告発したのです。

この告発を受けたカミルスは、自主亡命を選択する。

ローマには「自主的に国外退去した者は罪に問われない」という定めがありました。市民集会で行なわれる裁判に臨《のぞ》めば、自分はかならず有罪にされてしまうと考えた彼は、ローマから離れたのです。

うるさがたのカミルスがいなくなったことを知り、平民たちが快哉《かいさい》を叫んだのは言うまでもありません。平民たちは続々とローマを離れ、新天地となるウェイへと移住を始めました。

だが、この住民大移動から時を置かずして、カミルスの予言は的中することになる。ローマの神々を捨てたローマ人は建国以来、最悪の事態を迎えることになったからです。

「森林の住民」の侵入

ケルト人は、もともとローマ人から見れば「アルプスの向こう側」、すなわちヨーロッパ内陸部の森林地帯を住み処《すか》としていた民族でした。ローマ人は彼らを「ガリア人」と呼んでいました。そのケルト人たちが、まるで水がしみ出してくるようにアルプスを越えてイタリア半島にも移り住むようになったのは紀元前六世紀のころです。

しかし、このケルト人たちの存在は、ローマにとってほとんどと言っていいほど脅威ではなかった。

というのも、ケルト人とローマ人の間にはエトルリアという大きな障壁があったからです。

ケルト人は勇猛果敢《ゆうもうかかん》で知られる民族ですが、その彼らにしても北イタリア一帯を制覇していた大国エトルリアの防衛網を突破することはできなかった。そこでケルト人はイタリア半島の付け根あたりから南に下りてくることはなかったのです。

ところが、ローマはみずからエトルリアという〝防波堤〟を決壊させてしまった。

すでに述べたように王政時代からローマは北のエトルリアと攻防戦を繰《く》り広げてきました。かつてのエトルリアはローマとは比較にならない富や力、技術を持っていたのですが、ローマが発展していくのと入れ替わるかのように衰退の時代を迎えていきます。

ウェイの陥落も、こうした流れの中で起きたことなのですが、「力の空白は侵略を招く」とは古今東西、変わらぬ真実です。エトルリアの弱体化をケルト人たちが見逃《みのが》すはずはありませんでした。

紀元前三九〇年の夏、ケルト人は大挙して南下を始めます。彼らは次々とエトルリアの諸都市を攻略し、ついにローマ国境にまで達したのです。

ローマ、燃ゆ

「ケルト人、現わる」の報に、ローマはパニック同然になりました。何しろ、平民たちの移住でローマ軍の兵力は半分近くにまで落ちている。しかも、歴戦の勇将であるカミルスは自主退去をしていて不在です。

それでもローマの指導者たちは軍団を何とか編成して、ケルト人を迎え撃とうと試みたのですが、それは失敗して、ローマ軍は粉砕され、ついにローマは蛮族《ばんぞく》ケルト人の手に落ちてしまったのです。ロムルスによる建国から三百六十三年目の出来事でした。

この「ケルト・ショック」によってローマ人が味わった屈辱は筆舌《ひつぜつ》に尽くしがたいものがありました。

蛮族に囲まれて行き場を失った市民は、市内のカピトリーノの丘に籠城《ろうじょう》することにした。ローマを構成する七つの丘の中で、このカピトリーノが最も高かったからです。

しかし、カピトリーノの丘は市民が立て籠るにはあまりにも狭すぎた。

現在のローマでは、この丘は「カンピドーリオ」とも呼ばれているのですが、その頂上に立つと、この丘がいかに小さなものであるかにきっと驚かされるはずです。

丘の上の平地部には現在、コンセルヴァトーリとカピトリーノという二つの美術館が向き合う形で建っています。かつては最高神のユピテルとその妻ユノーの神殿が建っていたのですが、なるほど、神殿か美術館を建てるくらいにしか使い道がないと思ってしまうのが、このカピトリーノの丘なのです。

この小さな丘に、ローマ市民たちが全員逃げ込めるわけもありません。結局、この丘には徹底抗戦のために、若者と壮年期の男たち、そして彼らの妻女のみが籠城することに決まりました。

元老院議員であっても、高齢者は認められなかったと言います。

籠城が許されなかった人々の運命は、言うまでもありません。残されたローマ人に対して、ケルト人は暴虐《ぼうぎゃく》の限りを尽くしたと史書は伝えます。ケルト人によって同胞が殺され、住み慣れたローマの町が燃えていくのを、カピトリーノの籠城組はただ見ているしかなかったのです。

どん底からの再出発

七ヶ月に及ぶ籠城の末、ローマ人はケルト人と和平を結びます。

といっても、これはローマ人たちの抵抗が英雄的だったからというわけではありません。本来、森の住人であったケルト人にとって、都市の占領はさほどの魅力がなかったというのが最大の理由でした。

彼らはローマ人たちが差し出した三百キロの金塊を受け取ると、さっさと引き揚げていきました。後に残されたのは、わずかに生き残ったローマ人たちと、廃墟《はいきょ》と化したローマの町並みだけだったのです。

三世紀にわたって成長を続けてきたローマは、ふたたびゼロからの出発をすることになります。いや、この敗北を機に、それまで同盟者だった周辺諸部族までがローマを狙うようになったのですから、ゼロどころかマイナスになったと言ったほうがいい。

どん底に突き落とされてしまい、そこから二度と立ち上がることができず、歴史から消え去った民族は少なくありません。

ところがローマはそのどん底から、二十年もの歳月をかけたにしろ再起します。紀元前三七〇年前後にはローマ市内も元どおりとまではいかずとも、それなりの復興をし、またローマ軍は防衛体制を立て直し、国境もひとまずは安全になる。

これだけでも大した成果であるのは間違いないのですが、ローマが違ったのは単に復興をなし遂げただけでは終わらず、そこからさらに政治体制の改革に乗り出したところにありました。

再起のための優先順位

誰でも敗北を喫《きっ》した直後は、いろいろと敗因を反省するものです。

しかし、そこから曲がりなりにも立ち直ってしまえば、「のど元過ぎれば」の状態になり、そうした反省はどこかに行ってしまい、肝心の改革はおろそかになってしまう。

ところがローマ人の場合は違った。

ローマ史の研究者たちがしばしば指摘するように、ローマ人は問題点を抽出《ちゅうしゅつ》する能力のみならず、問題解決に当たっての優先順位の付け方にも優《すぐ》れていました。

たとえ、問題のありかが分かったとしても、複数の問題を同時に解決できるわけもない。しかし、人は時として、それらを同時に解決しようと焦《あせ》って失敗したり、あるいは最初に片付けるべき問題を後回しにしたために、かえって状況を混乱に導《みちび》いたりもする。

だが、ローマ人の場合、そういったミスはなかなか犯《おか》さない。たとえ時間はかかろうとも、一つ一つの課題を優先順位に従ってクリアしていくことで確実にゴールにたどり着く。

この場合も、まさにそのとおりに進みます。

ケルト人が去ってからのローマにとっての優先順位は、何よりもローマの復興であり、その次が周辺諸国を制圧しながらの防衛体制の確立。

共和政であろうと、王政であろうと、国家にとって生存と安全の確保が最重要課題であるのですから、まずそれを脇目《わきめ》も振らずに片付ける。内政改革は後回しでかまわないという潔《いさぎよ》い割り切り方です。

防衛体制の再構築は、ローマに帰還したカミルスが中心になって進められました。その生涯を通じて五度も独裁官を務めることになったカミルスはみずから軍を率《ひき》いて、周辺部族と戦い、彼らをふたたびローマの同盟国にしていきます。彼の戦績は常勝と言ってもいいほどで、それによってローマの防衛体制を再構築したこの人物は、ロムルスに次ぐ「第二のローマの建国者」とまで言われるほどになるのです。

しかし、ローマが本当に立ち直れるかどうかは、ここから先にかかっていました。優先順位は最後であっても、ローマの将来を考えたとき、最重要課題である政治改革がまだ手付かずで残っていたからです。

「リキニウス法」の驚くべき内容

すでに第1章で述べたように、ギリシア人の歴史家ポリビウスは、後年の「大ローマ」を成す原点は、このケルト・ショックにあるとしています。

たしかにポリビウスの言うとおり、ケルト人の襲来で一度は壊滅《かいめつ》寸前になってからのローマは、迷い多き青春期がようやく終わり、自分の進むべき方向を確認できた若者のように見える。

迷いが吹っ切れた人間の強さと同じものを、この時代のローマに感じるのは私だけではないでしょう。

ローマ人はケルト・ショックを振り返って、一世紀も続いた貴族と平民の抗争こそがローマを廃墟にした根本要因であることを直視しました。いや、直視したばかりでなく、その抗争を根本的に解消するためには、ドラスチックな改革をしなければならないと覚悟を決めた。

こうして生まれたのが紀元前三六七年のリキニウス法です。この法が成立したことで、ローマの共和政は本格的にスタートしたと言っても過言ではありません。

まず強調しておきたいのは、この法律を提出したのは平民出身のリキニウスですが、それに賛成票を投じたのは、元老院議員の多数を占めていた貴族たちであったということです。この一事を見るだけでも、いかにローマ人の意識がかつてとは違っていたかが分かりませんか。

しかも、驚くべきはその内容です。

このリキニウス法の目的は言うまでもなく、貴族と平民の対立解消にあります。だが、その目的を達するために彼らローマ人が行なった改革は、まさに英断としか言いようのないものでした。

普通なら、貴族と平民との対立をなくそうとすれば、両者が対等になるよう考えるものです。たとえば、執政官なら定員は二人なのですから、一人は貴族に、もう一人は平民に割り当てるというのが〝常識的〟な発想でしょう。

ところが、ローマ人はそうした形の平等は採《と》らなかった。

その代わりに彼らが選んだのは「全面的な開放」という道でした。つまり、共和国政府のすべての官職について、貴族であろうと平民であろうと、ローマ市民ならば誰でもなることができるとしたのです。

これは今日使われる言葉で言えば、「機会の平等」ということに他なりません。

すべての官職を貴族と平民に機械的に振り分けるというのであれば、それは「結果の平等」です。結果の平等はたしかに、一見すれば〝差別〟の解消に役立つようにも見えます。しかし、それをやれば、かえって貴族と平民の〝区別〟はいつまで経ってもなくならない。

ローマにとって大事なのは、形式だけの平等ではなく、ローマ市民としての連帯の確立にある。ローマ人たちはこのように考え、それを断行したのです。

元老院開放

ローマ人の政治改革は、元老院という〝聖域〟にも大胆に踏《ふ》み込むことになりました。

それまでローマの元老院は、まさに貴族たちの牙城《がじょう》と言うべきものでした。能力による選別はあったとはいえ、実際に貴族しか元老院に加わることができなかった。

その元老院の議席を、重要な公職に就いた経験のある者であれば平民にも与えて、「新たに加わった者たち《コンスクリプティ》」として迎えることにしたのです。この改革はリキニウス法制定の数年後に成立します。

この元老院改革によって、ローマは真の意味での「寡頭政体」へと移行したと言えるでしょう。

新制度の下では、平民たちの代表である護民官ですら、その任期が終われば元老院議員になれる。言ってみれば、労組の委員長が退任後、役員会議に加わるようなもの。しかも、その地位は世襲ではないから、平民を加えたからといって〝新しい貴族〟を作ることにはならない。なんという知恵でしょうか。

歴史家の中には、この改革は民衆の抵抗をガス抜きするための〝悪知恵〟に過ぎないと批判する人もあります。でも、私はそうは思いません。

なぜなら、貴族のみならず平民からも広く人材を募《つの》ってこそ、はじめて元老院は「人材のプール」としての機能を果たせるようになるからです。そして、たった一年しか任期のない執政官という制度を支えていくには、能力に優《すぐ》れ、長期的な視点で政治を考えられる人たちがいなくてはなりません。

共和政のカギはやはり、元老院にあるのです。

融和の神殿

リキニウス法の制定が、当時のローマ人にとってもいかに喜ばしい出来事であったか。

そのことを示すのが古代ローマの中心部に当たる「フォロ・ロマーノ」に造られた、コンコルディア神殿です。

今では柱一つも残っていませんが、このコンコルディア神殿はリキニウス法の制定を記念して建造されました。

同じ多神教の日本人も、さまざまな神様を神社に祀《まつ》って拝んで、一神教徒の欧米人を驚かせてはいます。中にはロボットがご神体の神社、飛行機がご神体の神社などというものさえ、あると聞きます。

しかし、その日本人でもローマ人には及ばない。

コンコルディアとは英語の concordance《コンコーダンス》 の語源ともなる言葉ですが、その意味は英語と同じ「融和、一致、調和」です。つまり、コンコルディア神殿に祀られている神は、目には見えない、融和・一致という概念であるというわけです。コンセプトそのものを祀るという発想は、ローマ人ならではの発想でしょう。

それはさておき、このコンコルディア神殿が造られた意図は言うまでもありません。長年にわたって、国内の世論を二分させてきた貴族と平民の対立を解消し、これからは両者が融和、協調して国家ローマのために尽くしていくのだという理念の具体化として、神殿が新たに設けられたというわけです。

コンコルディアの神は女神だとされているそうですが、以後のローマはこの女神の微笑に守られながら発展していき、ついには「地中海の覇者」と称されることになるのですが、これについては次の章で述べていくことにしましょう。

十二表法　古代ローマ唯一の成文法（本書第9章参照）。その名のとおり、十二条の条文から成るが、その大部分は後代に伝わっていない。制定当初からあまりにも評判が悪く、改定に次ぐ改定が行なわれたゆえと推定される。

第4章

「組織のローマ」、ここにあり

イタリア半島統一

紀元前三六七年に成立した「リキニウス法」で、およそ一世紀にわたった貴族と平民の対立は解消へと向かうことになりました。

元老院議員をはじめとする国家の要職すべてを平民出身者にも開放することで、貴族と平民という階級の違いは事実上、意味を持たなくなった。

能力と実績があれば、元老院議員にもなれるということは、見方を変えれば、平民をエリート階級に取り込むことに他なりません。平民の代表とも言える護民官でさえ、その任期後には元老院入りが可能なのですから、これでは階級対立という事態は起こりにくい。

それどころかローマでは、貴族と平民の結婚さえ合法化されます。この結果、貴族と平民を隔《へだ》てる壁はますます低くなっていった。

こうしたローマ人の決断は、何度も繰《く》り返し強調しますが、驚くべき英断であったと言うしかない。どこの社会でもかならず起こると言ってよい階級対立を、こうした「取り込み方式」で解消しようとしたのはローマのみでした。

そして、その選択が結果として正しかったことは、この後のローマ史が明らかにしていきます。

リキニウス法制定からおよそ百年後の紀元前二七〇年、ローマはイタリア半島を統一します。

ほんの一世紀前、ケルト人という〝蛮族《ばんぞく》〟によって、あわや滅《ほろ》ぼされかけた民族がイタリアの覇者《はしゃ》となれたのも、貴族と平民の「融和《コンコルディア》」があったからに他ならないと言っていい。階級対立の解消は単に国家分裂の危機を防いだばかりか、かえってローマを強くするという結果につながったのです。

なぜ、アテネは衰亡《すいぼう》したか

ここでは詳《くわ》しく触《ふ》れることは不可能ですが、古代ギリシア文明の代表選手としてもよいアテネは、さまざまな試行錯誤の挙《あ》げ句《く》に、民主政という政治形態を選びます。つまり、アテネの人々は貴族を退《しりぞ》け、平民に権力を与えるという二者択一を行なったということになります。

その結果、アテネでは全市民に参政権が与えられたばかりか、国家の要職さえも抽選で任命するという、これ以上はないくらいの平等社会になった。抽選ならば、毎年、同じ人が政治の中心にありつづけることは不可能になる。アテネの市民たちは、貴族のようなエリート階層がふたたび生まれることを徹底的に嫌ったのです。

だが、その結果、アテネはどうなったか。

ペリクレスという稀代《きたい》の名政治家がいなくなると、ギリシアはたちまちに衆愚政《しゅうぐ》に凋落《ちょうらく》してしまいました。

三十年にわたってアテネ政界に君臨《くんりん》したペリクレスは、民衆派の頭目《とうもく》ではありましたが、その実、民主政を盲信していなかった人でした。民主政の欠点も知り抜いていたからです。

もし、リーダーが大衆に迎合《げいごう》することだけを考えていたら、民主政治はたちまち衆愚政治にと堕落《だらく》してしまいます。かといって民主政のリーダーが世論を無視すれば、たちまち失脚の憂《う》き目《め》に遭《あ》う。これもまた事実です。

それだけに民主政体の舵取《かじと》りはむずかしいのですが、この点において、ペリクレスは天才的な能力があった。彼は大衆の味方であるかのように振る舞いつつ、その実、「国家のためには必要」と自分が信じる政策を次々と実行していった。まさにペリクレスは、一筋縄《ひとすじなわ》ではいかない、したたかな政治家でした。

この練達《れんたつ》な政治家に導《みちび》かれた結果、アテネの国力も権威も増し、アテネはギリシアの政治・経済の中心になっただけでなく、文化でも中心になることができたのです。

事実、後世の私たちが憧《あこが》れと尊敬を込めて回顧する「ギリシア文化」とは、このペリクレスの時代を頂点とする、たかだか二世紀の間になされた結果でしかありません。

しかし、このアテネの繁栄もペリクレスの失脚と死を境《さかい》に、急速に失われていくことになる。

強力な指導者を持たないアテネは、宿敵スパルタとのペロポネソス戦役のさなかでも国論がまとまらず、ついにギリシアの中での覇権《はけん》を失ってしまいます。これ以後のアテネは、たしかに文化の中心地ではあったけれども、往年の輝きは二度と戻ることはありませんでした。

ローマ人が学んだ「歴史の教訓」

ここから先は私の想像に過ぎませんが、ローマの人々が国家の要職を平民に全面開放するという決断をしたのは、こうしたアテネの失敗をつぶさに観察した結果ではないかと思うのです。

事実、アテネとスパルタが激突するペロポネソス戦役が勃発《ぼっぱつ》したのは、紀元前四三一年。ペリクレスが失脚し、アテネ政界の混迷が始まったのがその翌年のこと。そして、アテネがスパルタに敗《やぶ》れ去ったのが紀元前四〇四年です。

リキニウス法の制定は、それからおよそ三十年後の出来事なのですから、この決断をした人たちの頭には、アテネの歴史が「近現代史の教訓」として強く刻《きざ》まれていたに違いありません。

何しろ、当時の地中海世界においてギリシアは一大先進地域であり、そのトップランナーだったのがアテネでした。そのアテネが民主政の暴走を許したがゆえに凋落したという事実は、ローマの指導者たちにとっての共通認識になっていたのです。

ペリクレスと同じ時代に生きたギリシアの歴史家ツキディデスは、ペリクレス時代を総括して次のように記《しる》しました。

「外観は民主政だが、内実はただ一人が支配する国」

おそらくローマの人々も、それと似た感想をアテネに抱《いだ》いたのではないでしょうか。

市民がみな等《ひと》しく政治プロセスに参加するという民主政は一見理想的に見えながら、それを機能させようとすれば、優《すぐ》れたリーダーが不可欠という矛盾《むじゅん》を秘めている。もし、よきリーダーを得られなければ、たちまち民主政治は百家争鳴《ひゃっかそうめい》の衆愚政治へと堕落してしまうのです。

だが、困ったことに、優れたリーダーがつねにいるとは限らない。

むしろ事実はその逆で、めったに現われないと考えたほうが現実的。

事実、あれほど文化・芸術において人材に恵まれていたアテネでさえ、ペリクレスに続く政治家は出なかったのですから。

ローマの人々はこうしたアテネの教訓から「一人の人間の力量に頼る社会は危ない」という事実を、改めて確認したのではないでしょうか。

だからこそ、貴族と平民の対立を解消するのに、ローマはアテネと同じ道、つまり民主政を選ばなかった。その代わりに彼らは「人材のプール」としての元老院を全面開放することで、寡頭政《かとう》を強化し発展させる道を選択したのでしょう。

つまり、一人の天才に頼るのではなく、衆知《しゅうち》を集めることで、たとえ地味ではあっても堅実なコースを選んでいく。これこそがリキニウス法に始まる、一連の政治改革のコンセプトではなかったか。私はそう考えるのです。

組織のローマ

平民からも優れた人材を集め、その人材を元老院を中心とした統治体制の中で活用していくというローマのやり方を、今日の私たちの言葉で表現するのなら、「組織力」という一語に集約されるのではないでしょうか。

会社の経営にしても、ワンマン企業はたしかに機動力に優れているし、革新的な試みを行なうのには向いています。だが、こうした企業の弱点は、もし経営者が不慮《ふりょ》の事故で倒れたり、あるいは社内抗争によって退陣したりしたら、すべてが元《もと》の木阿弥《もくあみ》になるという点にあります。

これに対して、「そこそこの人材」を適材適所に配置していくタイプの企業はたしかに華《はな》やかさもないし、発展のスピードも遅いでしょう。だが、全社が一丸となってゴールに向かって進んでいこうと考えれば、こうした組織のほうが確実に目標を達成できるという利点もある。このやり方なら、たとえ社長や管理職が代替《だいが》わりしても、それによって組織そのものがダメージを受けることが少ないからです。

まさにローマは、後者のタイプでした。

すでに述べたように、リキニウス法制定から一世紀でローマはイタリア半島を統一します。しかし、その統一の進度はけっして、鮮《あざ》やかでもなければスピーディでもない。「天下統一」と言うと、私たちは戦国時代の織田信長《おだのぶなが》や豊臣秀吉《とよとみひでよし》といったヒーローを思い浮かべますが、この時代のローマにはもちろん信長もいなければ秀吉もいない。いや、派手なところは少しもなかった家康《いえやす》的人物さえ見当たりません。

しかし、その代わりにローマには「組織としての強さ」があった。この組織力ゆえに、ローマはイタリアを統一できたのです。

たとえば戦争についても、この時代、ローマには名将として地中海世界に名を轟《とどろ》かせたような人はいない。ただしその代わりにローマには、天才的ではなくても、堅実な指揮ができるという人材ならばたくさんいたのです。

なぜなら、ローマにおいては軍団を率《ひき》いるのは執政官の役割であり、その執政官は一年任期と定められています。とは言っても、戦争は一年で終わるとは限らない。だから、執政官の任期が限られているのは欠点ではあるのですが、その一方で利点もある。

というのも、軍団を指揮するにはもちろん資質も必要ですが、実戦経験がなくては始まらない。

その点、一年ごとに〝新人〟が登用されるチャンスがあるということは、それだけ軍団指揮官の層が厚くなることに他なりません。たとえ戦場で執政官が倒れたとしても、ローマの元老院はただちに後任の指揮官を経験者から選ぶことができるというわけです。

長大な『ローマ史』を書いた歴史家ティトゥス・リヴィウスは、その著書の中で「愉《たの》しき寄り道」として、もしローマ軍とアレクサンダー大王の軍隊が戦えば……というシミュレーションを試みた上で、「組織力に優《まさ》るローマ軍が最終的には勝ったのではないか」と結論付けています。

もちろん、これはあくまでも「歴史のイフ」であって、これが正解であるとは限りません。ことにリヴィウスはローマ人なのですから、身びいきの部分、なきにしもあらずです。

しかし、その理由として彼がこう述べているのには注目を払《はら》うべきでしょう。

「一人一人の戦士は、各々《おのおの》の運によって生きたり死んだりする。ただし、ローマでは一人の戦士の死は、国家の損失にはただちに結びつかないで済む」

このリヴィウスの言は、「戦士」を「指揮官」に置き換えたとしてもそのまま通用する。そしてまさにこの点こそが、ローマの強さであったというわけです。

なぜローマ人に「信賞必罰《しんしょうひつばつ》」は不要だったか

「組織のローマ」を語る際に欠かせないもう一つのことは、ローマではたとえ戦闘で敗れた場合でも敗軍の将を罰《ばっ》しなかったということです。

これによって、たとえローマ軍が敗戦に敗戦を重ねても——これは後に述べるハンニバルとの戦いで実際に起こったことでしたが——指揮官が払底《ふってい》することはなかったのです。また、その当人にしても、失敗経験を次の戦闘に生かすことができる。つまり、敗戦が次の勝利につながっていくという効果もありました。

しかし、これはあくまでも結果論であって、ローマ人たちはそこまで考えて、敗将を裁《さば》かなかったというわけではありません。

というのは、そもそもローマ人の観念からすれば、敗将を解任したり、あるいは処罰したりする必要など、最初から考える必要もなかったからです。

すでに述べたことですが、共同体意識の強かったローマでは、何よりも名誉が重んじられた。いったん有事となれば、貴族も平民もすべてをなげうって国家防衛に当たるのがローマ人でした。貴族と平民の抗争が、なかなか決着を迎えなかったのもそのためでした。

そのローマ人にとって、自分の与えられた任務をまっとうできず、敗戦の責任者になることは、ローマ市民としては最も重い恥辱《ちじょく》に他ならない。これが当時のローマ社会の常識であったのです。

それなのに死ぬほどの恥ずかしい思いをしている指揮官を改めて裁くまでもないではないか。こう考えたからこそ、ローマでは敗将の責任は問われなかった。すでに彼は、敗将となった時点で、恥という罰を与えられているのですから。

アメリカ流のマネジメント理論書の第一ページには大きなゴシック文字で「信賞必罰《しんしょうひつばつ》」という言葉が書かれていますが、それを見ると私はつい冷やかしたくなってしまうのです。

なるほど、名誉心なんて薬にしたくもない現代組織の運営なら、信賞必罰は重要にして不可欠なルールでしょう。しかし、このルールをわざわざ持ち出さなくても済む組織だって、現に存在していたのをご存じですか、と。

何もそれは古代ローマだけに限ったことではありません。かつての日本の武士たちもまた同じでした。ただし、失敗を捲土重来《けんどちょうらい》で回復しようとするローマ人と違い、武士の場合、腹を切って自分で自分を裁いたのですが。

二つのネットワーク

リヴィウスをして、「アレクサンダーをも退《しりぞ》けたに違いない」と言わせたローマの組織力は何も、共和政だけに負《お》っていたわけではありません。リキニウス法以後のローマには、同時代の他の国が持っていない二つの大きな〝武器〟がありました。

一つは、モノや人を動かす上でのネットワークとしての道路網。

そしてもう一つは、ローマを中心とする、国家間のネットワークとしての「ローマ連合」。

この二つのネットワークの力で、ローマはイタリア半島の覇者になり、そしてしばらく後には地中海世界の覇者にもなるのですが、実はこの二つは同じコインの表裏をなしているのだと見ることができます。別の言い方をするならば、道路網がハードウェアならば、「ローマ連合」がソフトウェアであったということになる。

第2章でプルタルコスの言葉を紹介したのを覚えておられるでしょう。

歴史家プルタルコスは、ローマが他を圧して大になった理由を次の一言に要約しました。

「敗者さえも自分たちに同化させる彼らのやり方くらい、ローマの強大化に寄与したことはない」

この美質はロムルスの時代にすでにサビーニ族との同化において現われていたのですが、それは王政から共和政へと移った後も変わることがなかった。いや、むしろ彼らはその特質をさらに強化したと言ってもよい。

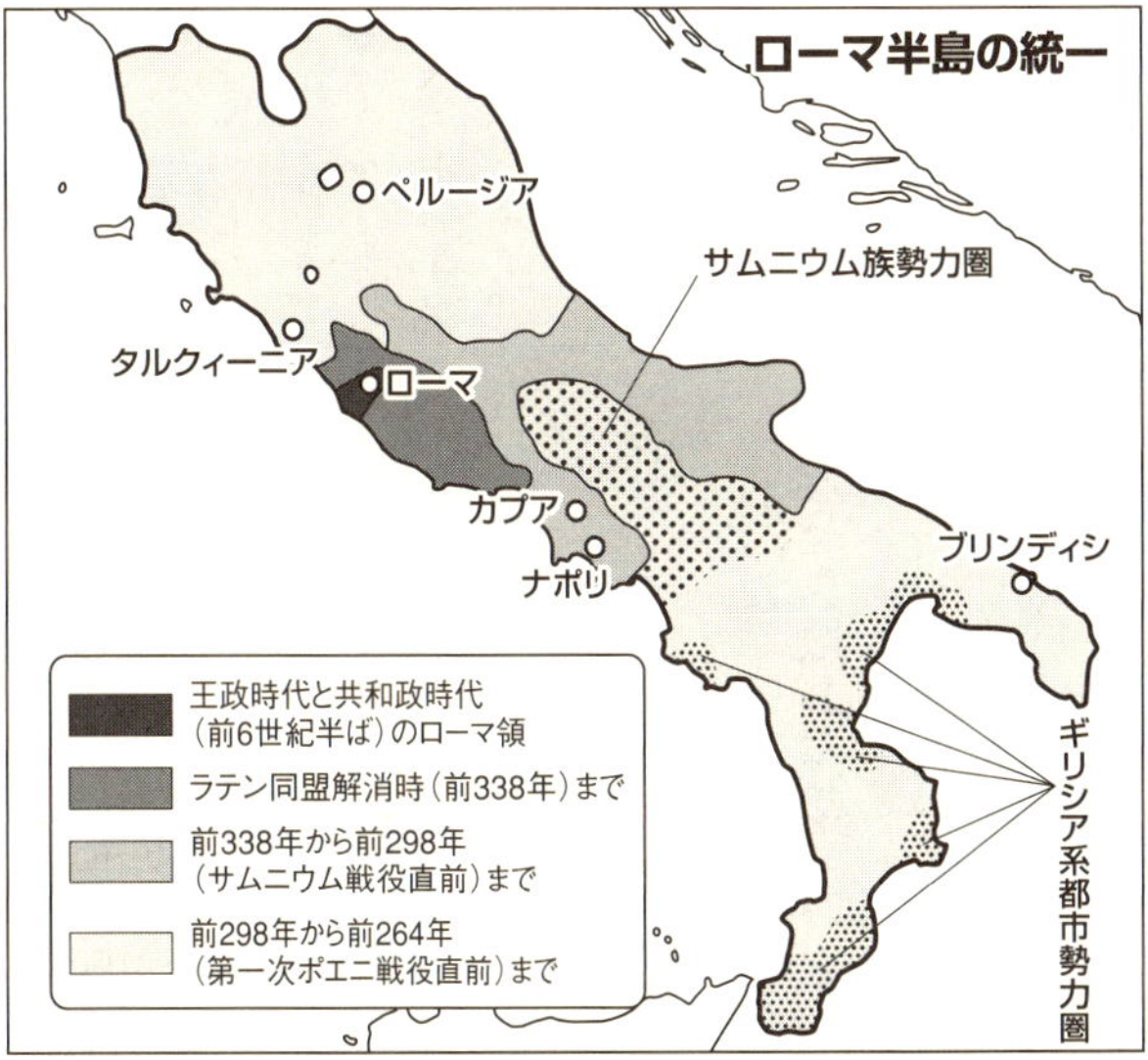

イタリア半島を統一する過程でローマは、イタリア半島中部の山岳地帯を本拠にしていたサムニウム族と戦い、さらにはイタリア南部で大きな力を持っていたギリシア系都市国家と戦うことになります。

それらの戦いは、けっして楽ではありませんでした。いや、むしろ苦戦と言ったほうがいいかもしれない。サムニウム族との戦いでは、彼らのゲリラ戦法の術中に陥《おちい》り、ローマ軍は降伏を余儀なくされる。「カウディウム*の屈《くつ》辱《じょく》」と呼ばれるこの敗北は、長らくローマ人の記憶から消えることがなかったほどです。

また、ギリシア系都市国家との戦いでは、北部ギリシアから招聘《しょうへい》してきたピュロス*という名将によって、ローマの軍団は連敗を喫《きっ》することになる。ローマは首都防衛のために、プロレターリ（無産市民）の召集という、前例のない緊急手段をも余儀なくされたほどでした。

しかし、そのような苦汁《くじゅう》を嘗《な》めさせられた敵に対しても、ローマ人は怒りにまかせて滅ぼしたりもしなかったし、また奴隷《どれい》にもしなかった。その代わり彼らは、こうした旧敵対者をみずからが主宰する「ローマ連合」の一員に加えていったのです。

といっても、それは何もローマ人たちが、この時代には現われていないキリスト教の「博愛精神」に目覚めたからでは、もちろんない。

彼らがこうした選択をしたのには、かつて自分たちが味わった苦《にが》い経験が大きく影響していたからでした。

ラテン同盟はなぜ失敗したか

建国以来、ローマは徐々にとはいえ、その勢力を伸ばしてきたわけですが、そこでつねに悩まされてきたのが同盟部族の離反《りはん》でした。

ローマ人は王政の時代からすでに近隣のラテン部族たちと同盟を結んでいました。言葉も同じ、信仰する神も同じなのですから、同盟を組むにはこれ以上安全な相手もない。

そう思って始まったのが「ラテン同盟」であったのですが、この同盟はローマが望んだほどの効果を上げられなかった。

というのも、そもそもこの同盟はローマが盟主《めいしゅ》になって始まったものの、盟主であるローマの力がその当時ではまだ突出《とっしゅつ》したものではなかったからです。ローマ以外のラテン族がこの同盟に参加しているのはあくまでも参加することで利益が得られると踏《ふ》んだからに他ならない。

盟主ローマの力が充実し、他の部族との戦争で勝っている間は、戦利品の分配も受けられるとあって、彼らはローマに従っていました。しかし、ローマの力が衰《おとろ》えるとただちに離反が起きる。

実際、ローマが王政から共和政に移行したときも、さらに「ケルト・ショック」によってローマが灰燼《かいじん》に帰《き》したときも、疲弊しきっていた当時のローマを誰よりも先に攻めたのは、彼ら同盟者であったのです。ことにケルト人が引き揚げた後のローマは、二十年にもわたってかつての同盟者との戦いに奔走《ほんそう》する羽目に陥《おちい》ってしまったのです。

この手痛い体験を通じてローマが学んだのは、いかに同じラテン部族の血を引く仲間どうしの同盟であっても、その同盟を支《さき》えるのは友情や信義などといった抽象的なものではなく、軍事力なのだという現実でした。

そこでリキニウス法制定から約三十年後、ローマは新しい同盟関係作りに着手します。

これが二十世紀の歴史家アーノルド・トインビーをして「政治建築の傑作」と言わしめた「ローマ連合」の始まりでした。

保守も徹底すれば、革新に至る

それ以前の「ラテン同盟」と、新しく作られた「ローマ連合」との違いはさまざまにありますが、何よりも重要な点は、ローマの力を同盟国に認識させ納得させることにありました。もっと直截《ちょくせつ》に言ってしまえば、外交交渉によって同盟関係を築《きず》くのではなく、まず戦争に勝ってから敗れた彼らを同盟に加えるというのが、ローマの採《と》った道でした。

こう書くと、「要するにローマ連合とは、勝者による敗者に対する押しつけではないか」と思われるでしょう。事実としてはそのとおりです。

しかし、歴史を振り返れば、人類の長い歴史において、戦争における敗者に待っているのは隷属《れいぞく》の運命でしかなかった。財産を没収された上に、被征服民として征服者の支配を受けるのは当たり前で、奴隷として売却されたり、下手《へた》をすれば民族そのものが滅ぼされたりすることさえ珍しくなかった。それから考えれば、ローマの採った同化方式は「敗者に寛容すぎる」と評することさえできるのです。

だが、もちろんローマ人は寛容でありたいと思って、こうしたのではありません。

「敗者をも同化させる」という古来からの生き方に忠実でありたいと考え、さらに現実の利得をも冷徹に判断した上での結論が、ローマ連合だったというわけです。「保守主義を徹底していけば、一大革新が起きる」好例とも言えるでしょう。

ローマ連合とは

そこでローマ連合の成り立ちを簡単に説明しておきましょう。

ローマ連合は大きく分けて、五つの要素で構成されています。

第一の要素は、連合の中心であるローマ。これは言うまでもないでしょう。

第二の要素は、かつてのラテン同盟に属していた国々。ということは、つまりケルト・ショックの際に、いったんローマから離反したものの、ふたたびローマの軍門に降《くだ》った国々です。

普通なら、この離反国たちに対して懲罰を下すところなのに、ローマは違った。その代わりにローマが彼らに与えたのは、完全な形でのローマ市民権でした。つまり、ローマ本国の人々とまったく同様の参政権や財産権を保証することにした。

もちろんローマ市民権には、その権利とセットになった形で兵役の義務があるわけですが、それもまたまったく平等です。有事の際にはローマの兵士と同じに出陣しなければならない。

つまりは完全なローマとの併合というわけなのですが、ただし、この併合が完全対等合併という形で行なわれたところに、ローマならではの特色があります。

「敗者をも同化する」ローマ人たちは、一度はローマに反旗を掲《かか》げ、しかも敗れたという過去をいっさい問わなかった。かつては敵対者であった人たちが、ローマの公職に就《つ》くための被選挙権さえも与えた。実際、この人たちの中からはのちにローマの執政官になった人もいるほどですが、こうしたことを平然とできるところにローマ人の強さがあったのです。

第三の要素は、「ムニチピア」と呼ばれる国々。

現代イタリア語で「ムニチピオ」と言うと、地方自治体を指す言葉ですが、ローマ連合に属するムニチピアもローマから自治を許された国々です。

このムニチピアに属す人々を、ローマはいわば「準《セミ》ローマ市民」として扱《あつか》うことにした。

と書くと、あたかも二流市民のように思われるかもしれませんが、実態はそうではありません。

というのも、ムニチピアの住人は、ローマ市民権こそ与えられないが、普通の生活においてはローマ人と同じ法的権利を認められていたし、ローマ人との結婚も自由だった。彼らになかったのは投票権や被選挙権だけであり、それはムニチピアが自治体である以上、当然とも言える措置だったのです。

しかも、ローマはこのムニチピアの人たちにも順次、ローマ市民権を与えていったのですから、これもまた、一時ではなく徐々にではあっても「敗者の同化」に他なりません。

旧敵に市民権を与えた「ローマの知恵」

「ローマ連合」第四の要素は、ラテン語で「ソーチ」と呼ばれる同盟国です。ここにはローマ連合ができた後でもローマと戦った諸国が含まれます。

先ほどのサムニウム族や、ナポリを筆頭とするギリシア系都市国家はみなローマとの戦いに敗れ、「ソーチ」として連合入りをすることになる。

しかし、軍門に降ったソーチに対して、ローマはまったく寛容でした。

これらソーチはローマから、完全な自治を許されていたし、ローマは彼らに同化を求めることもなかった。統治形態、文化、宗教……すべては以前と同じでかまわないとしたのです。ことにギリシア人の建国から始まったナポリなどでは、ギリシア語が日常的に用いられていましたが、それもOK。要するに、敗戦国としてではなく、完全な独立国として遇するというわけです。

ただし、「ローマ連合」の一員である以上、条件はもちろんある。

それは「もし、ローマ連合が戦争を起こすときには、同盟国として兵力を提供する」ということです。逆に言えば、この義務を果たせば、ソーチはローマに対して税金や貢《こう》納金《のうきん》を納《おさ》める必要もないというわけですから、これもまた寛大な条件と言えるでしょう。

さらに驚くべきことにローマは、ソーチの支配階級に対して、ローマ市民権の取得を積極的に勧《すす》めました。

ローマの市民権を取るということは、ローマ市民の一人として、ローマの国政に参画《さんかく》してくれと言うことに他ならない。この場合、自国の市民権を捨てる必要はなかったので、いわば二重国籍ということになるのですが、ローマはそうしたことも気にしなかった。

このローマの措置がいかに驚くべきものであるかは、現代の世界に置き換えて考えてみれば、すぐに分かるはずです。

たとえば第二次大戦後のアメリカが敗戦国の日本やドイツの国会議員に対して、「アメリカの市民権を取って、我が国の選挙に投票してください」とか、「やる気があれば、選挙に立候補してくださっても結構」と言ったでしょうか。もちろん、そんなことをアメリカも言わなかったし、また、それ以前の強国、たとえば大英帝国もやらなかった。

ところが、ローマはそれを平然と行なった。

ローマ人は「同盟国とは離反するものである」という現実を冷静に見極めた上で、どうすればそれを最小限に抑《おさ》えられるかを考え、ためらうことなく実行に移すことができた人たちでした。

「ローマ連合」の結束を固めるためには、面子《めんつ》にこだわる必要がどこにあろうか。そう考えたからこそ、彼らはローマ市民権をソーチの支配層にも分け与えることにしたのです。

コローニアなくして同盟なし

「ローマ連合」を構成する最後の要素は、「コローニア」です。

コローニアとは英語のコロニー、すなわち植民地と訳されるラテン語なのですが、コローニアは近現代の植民地とは趣《おもむき》を異にします。ために私はコローニアを「植民都市」と訳していますが、「植民地」と訳した場合の誤解を防ぎたかったからです。

イギリスやオランダなど、近代ヨーロッパ諸国の植民地とは、要するに現地の労働者を働かせ、マルクス流に言うなら収奪《しゅうだつ》するためのものですが、ローマのコローニアはそうした経済的な目的で造られたのではありません。

すでに述べたように、ローマは連合加盟国に対して、さまざまな恩典《おんてん》を与え、さらには大胆な同化政策を行なうことで同盟国の離反を未然に防止しようとしたわけですが、それですべてが解決できると思うほどのお人好《ひとよ》しではなかった。どんなに工夫をこらしたとしても、同盟は同盟であって、離反しない保証はないのです。

そこでローマ人が考えたのは、戦略上重要と考えられる土地に、〝要石《かなめいし》〟を配置していくということでした。つまり、ローマの市民団をそこに移住させ、ローマ人が暮らし、防衛する町を建設するということです。

コローニアに限らず、当時のイタリアの町はみな城壁に囲まれた要塞《ようさい》でもありました。したがって、もし周辺の同盟国が不穏《ふおん》な動きをしたとしても、重要拠点をコローニアという形で押さえられていては、軽挙妄動《けいきょもうどう》はできない。また、かりに離反したとしても、ローマ市民の住む「コローニア」が砦《とりで》の役目を果たして立ちはだかる。それで敵に待ったをかけている間に首都ローマから軍団が出撃するというわけです。

「コローニア」の中にはローマ市民ではなく、同盟国の人々が入植した「ラテン植民地《コローニア・ラティーナ》」と呼ばれるものもありました。しかし、このラテン植民地にしても目的は同じで、この種の植民地に入植するのは、ローマとの利害一致を自分たちにとってもメリットと考える、ローマ側にすれば信頼に足りる人々に限られていたのです。

ちなみに、このコローニアを戦略要地に置くという「政略《ストラテジア》」は、帝政時代に入っても有効な手段として活用されることになります。

現代の西ヨーロッパ主要都市には、ローマ帝国時代のコローニアをその起源にしているものが少なくありません。

フランスのパリもリヨンも古代のコローニアだし、ライン河中流のケルンに至っては、コローニアをドイツ語読みにした名前を使っているほど。二千年近く前のコローニアが現在も都市として機能していることを見れば、ローマ人の地勢を読む目がいかに適切であったかは明らかというものでしょう。

なぜローマ人は街道を造ったのか

さて、以上がローマ連合のあらましなのですが、これがローマ防衛のいわばソフトウェアであるとすれば、ハードウェアとしての働きをしたのが街道網でした。人間や車馬が頻繁《ひんぱん》に行き来することでできる自然の道ではなく、最初から計画を持って街道を敷設《ふせつ》するのは、何もローマ人の独創ではありません。紀元前五世紀のペルシア帝国にはペルシア湾から地中海へと至る街道が整備されていて、歴史家ヘロドトスを驚かせています。

しかし、街道を単なる物資や人の輸送のためだけに利用するのではなく、もっと有機的に利用するというアイデアを考え出したのは、しかも、それをネットワーク化すれば飛躍的な効果が上がることに気が付いたのも、ひとえにローマ人の発明と言えるでしょう。

ローマの街道敷設は紀元前三一二年、つまり山岳民族のサムニウム族との戦争のさなかに始まります。最初に着工されたのは、今もイタリアに残る「アッピア街道《ヴィア・アッピア》」です。ローマの財務官であったアッピウスの立案、監督によることから名付けられたアッピア街道は、それまでの地球上の道路とはその目的をまったく異にしていました。

なぜなら、この街道の第一目的は、ローマ連合を強化し補完することにあったからです。

ここまで見てきたとおり、ローマは同盟関係を結ぶ前には戦争をしても、その後は力で押さえ込むのではなく、ローマへの同化を通じて同盟国との関係を強化する道を選びました。

そこで実際の武力配備にしても、ローマは自分が制覇した土地にあえて駐留《ちゅうりゅう》軍を置かなかった。軍を置くということは、すなわちその土地が支配されている地であることを昨日までの敵に認めさせることに他ならず、その種の感情は以後の同盟関係にマイナスに働いても、プラスにはならないと考えたからです。

となれば、もし戦争や紛争が起これば、基地から急派するしかないという結論になる。といっても、この当時のローマ軍の駐屯《ちゅうとん》地は首都ローマにしか存在しない。したがって、どうすれば一刻も早く目的地に到着できるかがカギになる。

そこで生まれたのがローマ街道のアイデアだった。つまり、史上有名なローマの街道の第一の目的は、軍用道路であったというわけです。

なぜ、敗者は勝者を恨むのか

しかし、街道を敷設する目的はこれ一つではありません。

私がローマ史を勉強していて驚嘆するのは、ローマ人たちが何か事《こと》を行なう場合、それが単一の目的だけで行なわれていないという点です。この場合もまさしくそうで、街道敷設にはもう一つの大きな理由があった。

それは人間やモノの移動を通じて、「敗者の同化」路線をさらに推進していこうということだったのです。

軍用道路としての機能性を第一義に考えれば、街道は首都であるローマを起点とした直線に近いコースを採《と》るのが最も合理的であるのは言うまでもありません。

だが、実際のローマの街道が敷設されているルートを見ると、かならずしもそうではない。それが端的《たんてき》に分かるのは、政略的、軍略的に重要な地となると、その町の中央を街道がかならず通るようにしているという事実です。

もしも軍団の敏速な移動のみを考えた軍事道路としての効率性を優先するなら、わざわざ沿道にあたるすべての町の中央を通す必要はない。その近くを通すとしても、そこから町の中央部に支線を引くほうがずっと合理的だし、コストも下がるに決まっている。

だが、ローマ人はそうはしなかった。

なぜなら、一つの目的のために完璧《かんぺき》に造られた街道ならば、他の目的への転用も完璧に可能だからです。

敏速な軍団移動が可能になるよう、ローマの街道は基本的に石畳による舗装《ほそう》がなされていました。また、もし雨が降ったり雪が積もったりしても、その水は道の両側を走る排水溝から流れ出るようになっていたので、天候の悪い時期でも利用が可能です。そのうえローマ式の街道は車道と歩道が区別され、騎馬や馬車が全速力で走っているときでも歩行者が邪魔になることはない。

もちろん、こうした設計は軍事道路としての用途を念頭に置いたからではあったわけですが、ここまで整備された道路ならば、物資や旅行者の往来にも最適であるのは言うまでもない。そして、人や物資の移動が増大すれば、必然的にその街道が走る周辺一帯の経済が活性化していくのも必然です。

敗者が勝者に対して不満を覚えるとすれば、考えられる理由は二つあります。

一つは、勝者によって自治権が奪われる場合。これについてローマは、地方自治体のムニチピアや同盟国に、内部での自治権を認めることで対策をすでに施《ほどこ》しているので不満がたまる危険は最小限に抑えられている。

とすれば、残るはもう一つの理由、すなわち経済上の困窮です。もし、敗者が自分たちは搾取されていると思うようになれば、いかに政治的自由があろうとも不満は鬱積《うっせき》する。

ローマの街道敷設は、この経済的不満を解決するための方策でもありました。ローマと同盟国との物流が増えていけば、今で言う広域経済圏の形式につながるわけですから、おのずから地元経済も活性化してくる。ローマ人の側に立てば、多少は回り道になっても町の中心部を貫《つらぬ》く形で道路を敷設する理由がある、ということだったのでしょう。

運命共同体の必要性

そのうえ、街道が運ぶものは物資だけではありません。

ローマ人の文化や風習もまた、地方へと流れていくことになる。これもまた同盟の強化にとっては必要不可欠なことでした。

なぜなら、覇者が覇者でありつづけるには、単に武力があればいいというものではない。それと同時に、リーダーとして尊敬されうるかということも重要になってくる。

そのことを端的に象徴しているのは、ギリシアのスパルタの凋落《ちょうらく》です。

スパルタは紀元前四〇四年、ペロポネソス戦役でアテネを降伏させ、ギリシアの覇者となるのですが、そのスパルタの覇権はわずか三十年しかもたなかった。その理由はいくつも挙げることはできますが、何より大きかったのは、スパルタは敗者をも惹《ひ》きつける魅力に欠けていた、という点です。

今日でも「スパルタ式」と名が伝えられているとおり、スパルタの人々はあらゆるものを犠牲にして、軍事国家を作るために全エネルギーを傾けてきました。

幼い子どもは六歳になると親元から引き離され、三十歳までは共同生活を行ない、そこで戦士としての訓練に明け暮れる。その後になれば家庭生活を送ることはできるのですが、その暮らしぶりたるや質実剛健《しつじつごうけん》の一語に尽《つ》きる。なにしろ、堕落の原因になるとして私有財産を認めないことから始まって、文学も芸術も歓迎されない国だったのですから。

これならたしかにスパルタは強くなって当然です。だが、こうしたスパルタ人のライフスタイルに憧《あこが》れ、それを真似《まね》しようと思う国家がどこにあるでしょう。スパルタの覇権が意外なほどに短命に終わったのは、つまるところ、ここに問題があったというわけなのです。

話を戻せば、ローマ連合が機能するには、何よりもまずローマと同盟国、言い換えるならば勝者と敗者が運命共同体を形成することが不可欠であることに、ローマ人は気付いていました。

それには口先だけの友好を唱《とな》えていては意味がない。物心とものの交流があってこそ、はじめて勝者と敗者は融合していく。ここに気付いたローマ人の知恵はやはりすごいと素直に感嘆するしかありません。

すべての道はローマに通ず

紀元前三一二年に始まったローマ街道の敷設は、前一世紀の共和政時代で本国イタリアの網羅が完了。帝政時代に入ってからは、ヨーロッパ、中近東、北アフリカにまたがった帝国全域を網羅していくことになります。その結果、ローマ帝国全域に張《は》り巡《めぐ》らされた街道は、主要幹線路だけでも三七五本、その全長は八万キロを越え、砂利《じゃり》舗装《ほそう》が主の支線や私道まで加えれば、総延長は三十万キロにも達するまでになりました。

ここまでローマ人を道路敷設に駆り立てた原動力の一つが、建国以来、連綿《れんめん》と続いてきた「敗者をも同化する」というローマの遺伝子であったと言うしかない。

国家防衛から考えれば、街道網の敷設は両刃《もろは》の剣でもある。

なぜなら、たしかに古代版高速道路と言うべきローマ街道があったおかげで、ローマの軍団はあらゆる辺地《へんち》に急行することが可能になった。しかし、自軍が高速に移動できるのならば、敵もまた高速に移動できることになる。「すべての道はローマに通ず」（ラ・フォンテーヌ）なのだから、首都ローマはすべての方向からの敵に警戒しなければならないということになります。

もちろん、ローマ人とて街道を建設することが、防衛上ではマイナス面になる危険にも気が付いていたはずです。しかし、それでもなお彼らは街道網を充実させることを選択した。

この点において対極的なのが、古代シナ帝国です。

古代のシナにも、もちろん街道が存在しなかったわけではない。しかし、シナでは街道を張り巡らせることよりも、強大な防壁、すなわち万里《ばんり》の長城《ちょうじょう》を築くことのほうにエネルギーを注《そそ》いだ。

人の往来を絶《た》つ防壁と、人の往来を促進する街道……同じく古代帝国と呼ばれるローマとシナではあっても、両者の「生き方」はまったく違ったと言うしかありません。そして、ローマ街道網は「パクス・ロマーナ」につながったのに対し、万里の長城はシナに「パクス」（平和）をもたらしはしなかったのです。

「組織のローマ」を揺るがした男

リキニウス法の制定に象徴される平民への公職開放、ローマ連合の創設、さらにはそれと表裏一体をなす街道網の敷設……ケルト・ショックを契機として、ローマは「組織のローマ」への道を歩むようになったと言うことができませんか。

しかも、ローマの場合、組織と言ってもそれは自己完結型の閉鎖組織ではなかった。ローマ人たちは、つねに組織を外に向かって開放しようとした。これこそがローマをローマたらしめた特色であったと思います。

すなわち、貴族の牙城《がじょう》であった元老院を平民にも開放し、ローマ連合によって敗者にローマ市民権を分け与え、そして街道網を敷きつめていくことで連合内部の人やモノの流れを活性化させる……これらの要素が有機的に結びついたところにローマの強さがあった。

その原点となったのは、何度も繰り返しますが「敗者をも同化する」という建国以来の遺伝子であったわけです。

とはいえ、このローマが〝地中海の覇者〟となり、さらには大帝国を作るに至るまでには、まだまだいくつもの試練を乗り越える必要がありました。

そして、その最初の試練は、ローマのイタリア統一が終わるや否《いな》や、といった感じで現われてくる。

ローマによるイタリア半島統一が完成したのは、紀元前二七〇年。それからわずか六年後、ローマは、当時は地中海第一の海軍国家であったカルタゴと戦端を開きます。以後、間は空くにせよ百三十年間にわたって続くことになるポエニ戦役の始まりです。

このポエニ戦役において、ローマは最強のライバルに出会うことになってしまった。

その男の名はハンニバル。

ハンニバルは、ローマを単に危機に陥《おとしい》れただけではありませんでした。彼の存在そのものが、ローマ人の生き方に対する挑戦状であったと言ってもけっして言いすぎではない。

なぜなら「組織のローマ」が、この男ただ一人によって、十七年もの長い間、翻弄《ほんろう》されつづけることになったからです。

一人の天才よりも組織としての強さを求めたローマが、この危機をいかにして乗り越えたのか……その話は次章で述べることになるでしょう。

カウディウムの屈辱　紀元前三二一年、カウディウムの谷におびき出されたローマ軍はサムニウム族の策略に見事にはまり、何日も谷に閉じこめられた。食糧《しょくりょう》が尽《つ》き、ローマ軍は降伏するが、その際、サムニウム族はローマ兵を武装解除したばかりか、彼らの甲冑《かっちゅう》をも脱がせ、下着姿にした。そして、その姿のまま槍《やり》ぶすまの間を歩かせて、ローマ兵を嘲笑《ちょうしょう》したのであった。

ピュロス　前二八〇年、南イタリアのギリシア系都市国家ターラントは、ローマの南下を恐れて先制攻撃を計画。そこで「雇《やと》われた」のが北部ギリシアの王国エピロスの王ピュロスだった。名将ピュロスは同年に行なわれた緒戦、そして翌年の戦闘でもローマ軍を圧倒したが、ローマは講和に応じず、徹底抗戦を決意。前二七五年、ピュロスとローマ軍はマルヴェントで再戦するが、今度はローマが勝利した。長期にわたる外征で、戦意を阻喪《そそう》していたピュロスは、この敗戦を機に撤退する。前二七二年、ターラントは攻略され、前二七〇年にローマはイタリア半島を統一する。

第5章

ハンニバルの挑戦

カルタゴは「平和国家」か？

紀元前三六七年のリキニウス法制定を契機に、ローマは飛躍のときを迎えることになりました。

内部においては貴族と平民の融和が進み、外においてはそれまでの緩《ゆる》やかなラテン同盟は解体し、ローマを中心とする強固なローマ連合が発足します。

けっして派手ではないものの、着実に以後のローマは勢力拡大を進め、紀元前二七〇年、ついにはイタリア半島統一をなし遂《と》げる。「ケルト・ショック」から数えれば、百二十年目のことでした。

一度はケルト人の襲来によって存亡の危機に直面しながらも、ローマがイタリアの覇《は》者《しゃ》となれたのは、やはり組織としての強さ、システムとしての強さを確立することができたのが大きい。

しかし、苦闘と試行錯誤の末にイタリア半島を制覇したローマに、休息の時間は許されませんでした。半島統一からわずか六年後、ローマは「ポエニ戦役」に突入することになるからです。

しばしば日本では「通商国家ではあったが、軍事大国ではなかったカルタゴの存在が、

カルタゴの銀貨（上）とローマの銅貨（下）。
ともに前3世紀ごろのもの

地中海の覇権《はけん》樹立を目指すローマにとって邪魔であった。そこでローマが起こしたのがポエニ戦役である」といった解説がなされることが多い。

だが、これは史実をあまりにも無視した解釈と言わねばなりません。

たしかにカルタゴは通商に長《た》けたフェニキア民族の国家であり、同じく通商の民であったギリシアが凋落《ちょうらく》したのちの地中海世界で、カルタゴが群を抜いた経済大国になっていたのは事実です。

しかし、そこで「通商国家イコール平和主義」と考えるのは、あまりにも現代に引き寄せすぎた見方と言わねばなりません。

こうした論を立てる人たちは、貿易大国カルタゴの興亡を現代日本の姿と重ね合わせたいという思いがあるのでしょうが、貿易大国の現代日本が平和国家だからといって同じ貿易大国のカルタゴも平和国家であるとするのは、あまりにも歴史を無視した論議と言わざるをえない。

実際のポエニ戦役の経緯《けいい》は、それとはまるで逆です。

当時のローマは地中海世界の中では新興国もいいところ。

ようやくイタリア半島を統一したまではよいけれども、もとが農牧民族ですから航海術さえ、ろくに知らない。ましてや海を渡ってカルタゴを征服しようなどとは、夢にも考えたことはない。そのような時代に、ポエニ戦役は始まったのでした。

それまでのローマはカルタゴから不平等条約を押しつけられ（紀元前三四八年）、サルデーニャとコルシカ二島以西、つまり西地中海全域での通商を禁じられていました。「カルタゴの許可なくしてはローマ人は海で手も洗えない」と当時のカルタゴ人たちが言ったと伝えられているほど、地中海世界においてカルタゴの力は圧倒的で、ローマはその足元にも及ばないと思われていたのです。両国の経済力の差は、この二国の通貨を見るだけでも明らかです（163ページ図版）。

「自衛戦争」として始まったポエニ戦役

では、なぜ大国カルタゴと新興ローマとがポエニ戦役を戦うことになったのか。

ローマの側から言えば、これはまったくの自衛戦争でした。

紀元前二六四年、第一次ポエニ戦役の舞台となったのは、ブーツを思わせるイタリア半島のつま先に、今にも触《ふ》れそうな位置に浮かぶシチリア島でした。

イタリア半島とシチリアとを隔《へだ》てているメッシーナ海峡は、最も狭いところではわずか三キロの幅しかない。そのシチリアの西半分をかねてから支配していたカルタゴが、その勢力を東に進め、全島を支配下に置こうとしたのが、すべての始まりでした。

もし、シチリアすべてがカルタゴのものとなれば、ローマおよびローマ連合諸国の防衛体制は瓦解《がかい》する。

そもそも三方を海で囲まれている上に、目と鼻の先のシチリアまで拠点とされては、イタリア半島は遠からず、海運でもナンバーワンのカルタゴの支配下に置かれる——ローマ人たちがそう考えたのも無理はなかったのです。

しかし、当時のシチリアは西半分をカルタゴ、東半分をギリシア系のメッシーナとシラクサが支配していましたが、カルタゴは論ずるまでもなく、メッシーナもシラクサも「ローマ連合」の一員ではありません。

よって、メッシーナからカルタゴ襲来に対処するための援軍派遣を求められたときも、当初、ローマの元老院は出兵をためらい、最終決断を市民集会に一任したほどでした。

それでも出兵することになったのは、やはりローマ連合の安全保障のためには不可避という判断が働いたからに他なりません。

ですから、この決定をしたローマの人々も、まさかこの派兵がカルタゴとの全面対決に発展し、しかもそれが百三十年も続くとは予想だにしなかった。ローマの関心事は、ただ単に目前《もくぜん》の危機を乗り越《こ》えることにしかなかったのだから。

ところが、このポエニ戦役がカルタゴの滅亡という形で終了したとき、ローマは地中海の揺るぎない覇権国家になっていました。

地中海はローマ人にとっての「我《マーレ・ノストゥルム》らが海」となり、都市ローマは「世界の首都《カプトゥ・ムンディ》」と讃《たた》えられるようになったのです。このような展開になろうとは、もちろんポエニ戦役を始めたころのローマ人たちは夢にも思わなかったに違いありません。

ディテールにこそ歴史の醍醐味はある

では、いったいなぜイタリア半島の新興国であったローマが、大国カルタゴを降《くだ》して地中海の覇権国家へと飛躍することができたのか――おそらく読者の多くは、そのことに興味を持つでしょう。

しかし、初めにお断わりしておかねばなりませんが、その「解答」を限られた紙数の中で書けと言われても、私は「そんなことは不可能」と答えるしかありません。

なぜなら、歴史とは生身の人間たちが動かすものであり、その登場人物たちの動きを一つ一つ追っていくことによってはじめて、歴史を読む愉《たの》しさも醍醐味《だいごみ》も生まれてくる。

さらに言えば、戦争とは偶然の連続でもあります。戦場では誰《だれ》も予想もしなかった出来事がしばしば起き、それが時として勝敗を左右する。

そうしたディテールにはいっさい言及せず、あたかも自然科学でもあるかのように因果関係を数行で要約してみせるのは、なるほど学者にとっては大事な任務かもしれません。しかし、二千二百年昔のローマやカルタゴの男たちに惚《ほ》れ込み、物語のディテールを一つ一つ追いかけて行きながら『ローマ人の物語』を書いている私には、そのようなことは殺されてもできません。

ことにポエニ戦役に関する部分は、ローマの史家リヴィウスもその著書『ローマ史』の三分の二以上を割《さ》いているくらいで、ローマ史のハイライト・シーンとも言うべき部分です。私の『ローマ人の物語』でも、この百三十年にわたる戦争の流れを書くのに単行本一冊を要しています。

そのポエニ戦役の物語を、要領よくコンパクトに書くことなど私にはとうていできかねる話ではあるのですが、ポエニ戦役を一つの観点から振り返るというのであれば、何とかなるかもしれません。

すなわち、大国カルタゴと戦うに当たって、「組織としてのローマ」がいかに対処したか、という観点です。

ローマは、経済力においても軍事力においてもカルタゴに及ばなかったばかりではありません。人材という点でも、カルタゴにはハンニバルという稀代《きたい》の名将がいた。いわば「ないない尽《づ》くし」だったローマが、ただ一つだけ持っていたのは組織力だけ。

ローマにとってのポエニ戦役とは、その組織力の真価が問われる戦争でもあったのです。

陸のローマ、海のカルタゴ

ラテン語で「フェニキア人との戦争」を意味するポエニ戦役で、ローマとカルタゴは三度にわたって死闘を繰《く》り広げます。

第一次ポエニ戦役【前二六四〜二四一年】

主戦場はシチリアとその近海。すでに述べたように、もとはといえばローマにとって防衛戦争であった。この戦いの結果、ローマは地中海西半分の制海権を獲得。

第二次ポエニ戦役【前二一八〜二〇二年】

古代屈指の名将ハンニバルがイタリア半島に攻《せ》め入ったことによって始まる。戦域はイタリアのみならず、スペイン、アフリカにまで拡大し、歴史家によっては「史上最初の世界大戦」と呼ぶ人もあるほどの大戦争であった。講和によって、カルタゴ海軍は解体。

第三次ポエニ戦役【前一四九～一四六年】

戦場はカルタゴ本国。この戦争の結果、カルタゴは滅亡。以後、一世紀にわたってカルタゴの首都は無人の地となった。

これら三つの戦いのうち、何といっても歴史的に重要な意味を持つのは第二次ポエニ戦役でしょう。

第一次ポエニ戦役でローマ軍は、建国以来はじめて海を渡ります。それまで自前の軍船はおろか、商船さえ持っていなかったローマ人が、カルタゴの大海軍と戦い、しかもそれに勝ったのですから、これもまた注目すべき出来事であるのは間違いありません。

しかし、その後の歴史に対する影響力という面で見れば、第一次ポエニ戦役の重要性は比較的小さい。

というのも、カルタゴ海軍に勝ったからといって、ローマが陸軍国から海軍国に転向したというわけではなかった。保守的なローマ人たちは、あくまでも自分たちの力量は陸上においてこそ充分に発揮されると心得ていたのです。

ここでは詳《くわ》しくは述べられませんが、この第一次ポエニ戦役の海戦では、玄人《くろうと》のカルタゴが素人《しろうと》のローマの奇策に振り回されたという面もあるし、またローマの側も素人ゆえの失敗をいくつも重ねています。

さらに、ローマの勝利の陰《かげ》には「同盟国《ソーチ》」である南イタリアのギリシア系都市国家の支援があったことも見逃《みのが》せません。ギリシア民族は昔から海の民であり、彼らの助けがあったからこそ、ローマは急造ではあっても海軍を創設することができたのです。

ところが、この構図が第二次ポエニ戦役では逆転します。

陸では圧倒的に強いはずのローマが、こともあろうにハンニバルのイタリア半島侵入を許し、しかも、それから足かけ十七年にわたって「本土決戦」を強《し》いられてしまったのです。

なぜ、「陸のローマ」が苦戦を強いられたか。そして、この経験からローマ人は何を学んだか――

これらを知ることは、その後のローマ史を理解する上でも重要不可欠になってくるはずです。

「ローマの常識」へのアンチテーゼ

第二次ポエニ戦役は、ローマ対カルタゴというより、ローマ対ハンニバルの戦争であったと言うべきでしょう。

まったくローマはこのカルタゴの武将一人に十七年の間、翻弄《ほんろう》されつづけたのでした。

ローマの防衛網の盲点を衝《つ》いた「アルプス越え」という前代未聞の戦術に始まり、イタリア半島攻めに入ってからのハンニバルは、まさにローマの軍団を手玉に取りつづけたと言っても過言ではありません。

何しろ、アルプスを越えた時点でハンニバルの軍勢は、歩兵二万と騎兵六千の合計二万六千人でしかなかった。対するローマは、ローマ連合もあわせてその動員能力は何と七十五万。

数がモノを言う陸戦において、ハンニバルの軍団は死地に赴《おもむ》いたも同然であったはずなのに、ローマ軍は何度戦っても敗《やぶ》れてばかりいた。

ローマ人たちにしてみれば、「そんな馬鹿《ばか》な」という心境だったに違いありません。

何しろ、国を愛し、名誉を重んじる市民兵によって構成されているのがローマ軍団の誇り。

士気の高さ、兵隊の質においては他のどの国の軍隊にも引けを取らない。対するハンニバル軍といえば、たしかにアルプスを越えてきた強者揃《つわものぞろ》いかもしれないが、そのほとんどは傭兵《ようへい》の、いわば寄せ集めの軍隊でしかない。

しかも、その寄せ集めの軍隊を率《ひき》いるハンニバルは、イタリアに進攻した当初はわずか二十八歳の若僧なのですから何をかいわんやです。

ローマの共和政では、このような若者が指揮を執《と》ること自体、考えられない話だったのです。

終身制を旨《むね》とする元老院体制では何よりもまず経験が重視された。つまり、年功序列制です。そもそもローマの寡頭政《かとうせい》は、独裁者を産み出さないために編《あ》み出されたシステムですから、実力主義を排するのが当然の措置と言えました。

したがって、軍団を率いる執政官になるには、たとえ能力ある人物でも種々の官職を経《へ》てからでなければ無理で、どんなに早くても四十歳まで待たなければならなかった。逆に言えば、四十歳を過ぎなければ軍団を指揮する大役は無理と思われていたのです。

つまりハンニバルとは、これらの「ローマの常識」をことごとく否定する存在としても、ローマ人にとってはショッキングな敵であったのでした。

カンネの戦い

第二次ポエニ戦役三年目の紀元前二一六年、ローマが満を持して臨《のぞ》んだカンネの戦いでも、ハンニバルの強さは圧倒的でした。

その前年、ローマは中部イタリアの地トランジメーノで、ハンニバルの奇襲を受けて二個軍団をそっくり失っていました。カンネでの決戦は、ローマにとってはトランジメーノの雪辱《せつじょく》という意味合いもあり、絶対に負けられない戦いでもあった。

そこでローマは同盟国の兵士を含めて八万五千という空前の大軍を編成した。対するハンニバル陣営は、ガリア人（ケルト人）の傭兵二万四千を加えても、せいぜい五万でしかない。「組織のローマ」としては、これ以上考えられないという必勝の態勢でカンネに乗り込んできたつもりだったのです。

ところが、このカンネでもローマ軍は、ハンニバル軍に文字どおり粉砕されてしまったのです。

古代の史書によれば、この戦いにおけるローマ側の死者は七万に達したとも言われています。一方、ハンニバル側の犠牲はわずか五千五百人。まさに完敗です。

ローマの大軍は、ハンニバル一人によって壊滅させられたと言っても、言いすぎではありませんでした。

それは、二千二百年を経た今日でもカンネの戦いが、世界中の陸軍士官学校で講義の題材になっていることでも分かります。カンネでハンニバルが見せた戦術の妙《みょう》は、技術面では比べようもないほどに進歩している現代陸軍の士官候補生にとっても、学ぶべき点が多いとされているのでしょう。

なぜハンニバルは強かったのか

では、なぜ、ハンニバルは数では劣勢の軍を率いていたにもかかわらず、ローマの大軍を打ち砕《くだ》くことができたのか。

その秘密を知るには、やはり現代の陸軍士官学校の講義と同じく、カンネにおける両軍の動きをつぶさに点検していくのが本道《ほんどう》というものでしょう。しかし、それを書きはじめたら、それだけでこの章は終わってしまう。

ですから、ここではその要点をごくごく簡単に述べるにとどめるしかありません。

ハンニバルがローマ軍を圧倒できたのは、何も新兵器を持っていたからではありません。ハンニバルが象を引き連れてアルプスを越えてきたことは有名ですが、現代の戦車に相当する象は、寒いイタリア半島での戦いではほとんどと言っていいほど役には立っていません。

ハンニバル

では、ハンニバルの何が違っていたのか。具体的に言えば、それは騎兵の活用でした。

ローマに限らず、古来から戦争では歩兵は歩兵どうし、騎兵は騎兵どうしで戦うのが定法《じょうほう》でした。双方とも同じ種類の兵が戦うのですから、当然のことながら、そこでは質よりも量がモノを言う。つまり、陸上の戦闘では兵士の数が多いほうが圧倒的に有利とされた。

この常識を覆《くつがえ》した最初の人物が、マケドニアのアレクサンダー大王であり、その戦い方を継承したのが他ならぬハンニバルであったのです。

アレクサンダーが創案しハンニバルが受け継《つ》いだ戦法とは、騎兵の持つ機動力を最大限に生かすというものでした。

つまり、味方の騎兵をそのまま敵の騎兵にぶつけるといった単純な使い方ではなく、騎兵の持つスピードを活用することで敵を背後から攻撃したり、あるいは敵陣を分断したりする。こうした騎兵の動きによって敵陣が乱れるや、そこに歩兵を投入し、最終的には敵を包囲し殲滅《せんめつ》する……こうして文章で書き表わすと、何だか簡単なように思えるかもしれませんが、これを実戦で応用して勝利を収めるのは容易なことではありません。

というのも、実際の戦闘はこちらの思惑どおりに動くものではなく、臨機応変《りんきおうへん》の対応が必要になってくるからです。

アレクサンダーやハンニバルが名将と言われるのも、「騎兵の機動性の活用」を軸《じく》にしながらも、実際の戦闘では騎兵を歩兵にぶつけるだけではなく、逆に歩兵団を敵の騎兵にぶつけるといった、さまざまな対応をすることができたからに他なりません。

アレクサンダーはそのことを次のように述べています。

「戦闘とは、激動の状態である。ゆえに、戦場でのすべての行為は激動的になされねばならない」と。

天才とは「無から有を産み出すことができる人物」と思われがちですが、実際は違います。昔から目の前にありながら、誰も注目しなかったことに注目し、かつそれを活用できるのが本当の天才というものです。

アレクサンダーやハンニバルは、その意味においてまさしく天才でした。

なぜなら、彼らはどの軍隊も等《ひと》しく持っている歩兵や騎兵でも、その用兵一つでまったく違うタイプの戦争ができることを身をもって示したリーダーなのです。

ローマが多くの兵を動員し、カルタゴ軍を量で押し潰《つぶ》そうとしても失敗したのは、このように考えていけば当然の結果。ローマは「古い戦争」を行ない、ハンニバルは「新しい戦争」をしていたのですから。

なぜローマ軍は変われなかったのか

さて、ハンニバルに何度も完敗を喫《きっ》したローマは、深刻なこの事態にどう対応したか。そこが問題です。

ハンニバルが挑《いど》んでくる「新しい戦争」に対抗するということを考えるならば、誰もが考えるのが騎兵力の増強です。ところが、ローマはその道をあえて進みませんでした。

一つには、騎兵を増やそうにも増やしようがなかったという事情もあります。

当時のイタリアでは騎兵が乗るべき馬を調達しようにも、アペニン山脈の山岳地帯にわずかに馬を産するのみ。

しかも、かりに馬が手に入ったとしても、騎兵をすぐに増やせるわけではない。というのも、この時代には鐙《あぶみ》が発明されていなかったので、馬を乗りこなしながら武器を使うには、自分の両脚で馬の胴体を強く締め付けるというテクニックをマスターしなければなりません。このような技能は子ども時代から馬に親しんでいなければ、とうてい身に付くものではない。

したがって、騎兵といえば、よほど裕福な貴族の子弟か、でなければ良馬の産地ゆえの騎馬民族にまかせるものと相場が決まっていました。ローマの兵制では、騎兵は最も裕福な階層の市民に割り当てられていたのもそのためです。

ちなみに、ハンニバル軍には、カルタゴと同盟関係にある北アフリカのヌミディア人、さらにイタリア侵攻後に加わったガリア人という、騎馬に長《た》けた民族が騎兵として参加していました。ローマには、そうした騎馬民族の同盟国は、この時点では存在せず、騎兵をすぐに増やすというのは、どう考えても無理な相談であったのです。

ローマ軍の主戦力は重装歩兵

さらにもう一つ、どうしてもローマ軍が騎兵中心の軍隊に生まれ変われない理由がありました。

それはハンニバルのカルタゴ軍を安易に真似《まね》してしまえば、「ローマ軍団らしさ」がなくなってしまうからなのです。

およそどこの国でも、軍隊とはその国の国情を映《うつ》す鏡です。

ローマの場合、それは重装歩兵の重視という形で表われました。

すでに第2章で述べたように、ローマでは市民権を持つ人すべてに兵役の義務があったのですが、その内容は資産の額に応じて五階級に分類されていました。ローマ市民にはいわゆる直接税が存在せず、その代わりに兵役の義務を課せられていたため、資産の多寡《たか》によって兵役の内容もまた変わるとされていたのです。

そのローマ市民の中核とも言える、第一から第三階級の人々は軍団入りに際して、ほぼ例外なく重装歩兵として参加する規定になっていました。

重装歩兵と言っても、この時代は中世ヨーロッパほどの重装備ではありません。

頭には鉄か鋼《はがね》の兜《かぶと》をかぶりますが、鎧《よろい》は付けない。その代わりに胸甲《きょうこう》と呼ばれる、上半身を覆《おお》う鉄製か革製の胸当てを着て、あとは同じマテリアルで作ったすね当てを付ける。これらの防具に加えて、長径一・五メートルの楕円形《だえんけい》をした盾《たて》を持つ。

一方、武器は剣か槍《やり》。剣は第二次ポエニ戦役後期にスキピオが短剣を導入するまで、細身の長い剣の採用が続いて、それで敵を斬《き》りつける。槍は長さ三メートル、一本が一キロ以上もあるものを普通は二本装備する。槍は投げて使うばかりではなく、敵を突き殺すためにも用いられました。

以上の装備に身を固めた重装歩兵は「百人隊《ケントゥリア》」と呼ばれる小隊に配属される。そして、この小隊を指揮するのが、古代ローマを舞台にした映画にはかならずと言っていいほど登場する百人隊長《ケントゥリオ》です。

ローマの軍団では、この百人隊長こそが「軍団の背骨」とされていました。現代の軍隊なら、このクラスの隊長はせいぜい軍曹レベルであって、軍全体から見ればただの下士官に過ぎないのですが、古代の市民社会のローマではそうではなかったのです。

重装歩兵はローマ社会では中流の市民なのですから、それを束《たば》ねる百人隊長の地位もおのずから重くなってくるというものです。

しかも、ローマの軍制では大隊長以上の将官クラスは市民集会で選ばれるのに対して、百人隊長だけは中隊の中での投票で選ばれることになっていました。したがって、百人隊長とは単に中隊指揮官というだけでなく、「市民の代表」としての顔を持っていたのです。

さらに付け加えれば、この百人隊長の中でも上級百人隊長には軍団の作戦会議への出席も許されていた。彼ら以外に作戦会議に出席できるのは、軍団の指揮官である軍団長と十二人の将官、騎兵隊長一人、そして同盟諸国の指揮官のみなのですから、どれだけ百人隊長が、そしてこの人の指揮下にある重装歩兵が、尊重されていたかが分かろうというものです。

「自分らしさ」を捨てた改革は無意味である

さて、こうした事情を見ていけば、ローマがハンニバルに敗北をつづけたからといって、そうは簡単には騎兵を主戦力にするわけにいかなかった理由も分かるでしょう。

もし、ローマの軍団が騎兵中心に変われば、その軍団はもはやローマの軍団とは言えなくなる。重装歩兵を重んじないということは、市民が主権者であるローマの共和政を捨てることであり、それはローマ人の魂を捨てるということになる。

事実、アレクサンダーのマケドニア王国が従来の常識を覆《くつがえ》して、騎兵力を増強できたのは専制国家ゆえだったし、またハンニバルが騎兵に力を入れられたのも傭兵を使っていたからに他ならない。

ローマ人たちは、ローマ人としてのアイデンティティを捨ててまでハンニバルに勝ちたいとは考えなかった。

それは、国際競争に勝つために日本の企業が「日本的経営」を完全に捨ててしまうようなものだと考えれば、分かりやすいかもしれません。

たしかにアメリカ式の成果一本槍の経営方法を採れば、欧米のライバル企業にも勝つことができるかもしれない。

だが、そうなったとき、はたしてその企業は「日本の会社」と呼べるのかということです。その会社はグローバル・カンパニーではあっても、もはや日本の企業ではありません。実際、ＣＥＯ（最高経営責任者）から従業員に至るまで、外国人が大多数を占めてくる可能性だって大いにある。

「そのような勝利を、はたして勝利と言えるのだろうか」と、古代のローマ人なら言うのではないでしょうか。それは結局のところ、日本の企業が欧米の資本主義に呑《の》みこまれただけではないかと。

国際化とはたしかに美しい単語です。しかし、それは一つ道を誤ると自分自身のアイデンティティを失った、単なる根無し草に終わる結果になりかねない。ローマ人はその危険性をよく知っていたのだと思います。

しかし、だからといってローマ人たちが単なる保守主義者であると思ってもらっても困ります。彼らは「よい」と思えば、それが敵の武器であろうと、迷うことなく採用するだけの柔軟性も持ちあわせていた。

たとえば、ローマの歩兵が持っている投げ槍にしても、もとはといえばイタリア統一の過程で戦ったサムニウム族が使っていたものだったし、また、のちには、スペインの原住民たちが使っていた両刃の短剣も、実戦に役に立つと見ればローマ軍は正式採用しています。

このようにローマ軍は自己改革に関してはむしろ熱心ではあったのですが、騎兵の導入だけは、それが急務とは分かっていても諦《あきら》めるしかなかったというわけです。

「組織のローマ」の自覚

騎兵の充実が事実上、不可能ということが明らかになった以上、どうやればハンニバルに勝てるのか。

そこでローマが決断したのは、みずからの持つ最大の長所、すなわち組織力を最大限に活用するという選択でした。

すなわち、ローマにはハンニバルと戦って勝てる者は一人もいないという苦《にが》い現実を見据《みす》えた上で「ハンニバルに勝つことができないのならば、負けなければよい」と考えた。すなわち、正面からの戦闘は絶対に避《さ》け、徹底的な持久戦に持ち込むことにしたのです。

この戦略を発案したのは、カンネの翌年、執政官に就任したファビウス・マクシムス。当時、六十歳であったファビウスは、自分よりも三十も若いハンニバルの実力を過小評価することなく、次のような戦略を提案します。

ハンニバルはたしかに強い。だが、そのハンニバルの軍には将と呼ぶべき人間が彼の他には一人もいない。ここが彼のアキレス腱《けん》なのだから、そこを衝《つ》くべきである。

カンネの戦い以後、ハンニバルは南イタリアの大部分を支配下に置くことになった。だが、この広い支配区域をハンニバル一人で守りきれるわけはない。そうなれば、かならず手薄《てうす》の部分がどこかに生じるはず。ゆえにハンニバルが不在のときを見計《みはか》らってカルタゴ軍を叩《たた》く。こうすれば、いかにハンニバルが鬼神《きしん》の如《ごと》き強さを誇っていたとしても、やがては彼が率《ひき》いる軍全体の力ならば弱ってくるに違いない……。

このファビウス戦略を採用した元老院は、ローマの持てる力をすべて投入することにしました。

カンネの戦いによって大打撃を受けたローマ軍を再編成し、ローマ史上最大規模の二十個軍団を投入する。

ちなみにローマの軍制では通常、一人の司令官が二個軍団を率いることになっていました。したがって二十個軍団なら最低でも十人の司令官が必要という計算になるわけですが、ハンニバルほどの名将はいなくても、十人の経験ある指揮官ならばいたところに「組織のローマ」の強さがあったのです。

ハンニバルの誤算

かくしてローマは一人の天才ハンニバルを倒すために、持てる組織力のすべてを投じて、いわば捨て身の持久戦に出ることになったのですが、一方のハンニバルにも誤算がなかったわけではない。

ハンニバルが限られた手勢《てぜい》でアルプスを越え、単身イタリア半島に乗り込んできたのには、もちろん彼なりの勝算があったからです。

言うまでもないことですが、わずか数万の軍勢ではいかにハンニバルといえども、ローマを征服することは不可能というもの。それはハンニバルにも分かっていました。

しかし、もしハンニバルがローマ軍を徹底的に叩き、力の違いを見せつけることができれば話は変わってくる。鉄の結束を誇る「ローマ連合」といえども盟主ローマから離反し、ハンニバル陣営に寝返ってくる都市が続出するに違いない。そうなれば、もはや、七十五万対二万六千ではなくなる――これがハンニバルの読みであったのです。

そこでハンニバルはあえて首都ローマに兵を進めず、ローマの同盟諸国領内でローマ軍と決戦をすることにした。目の前でローマ軍を壊滅させることほど、同盟国の動揺を誘うものはないと見たからです。トランジメーノやカンネでの会戦は、まさにその戦略に従って行なわれた戦闘でした。

ところがハンニバルの予想を裏切って、ローマ連合の連帯は強固だった。

カンネでの大勝ののち、寝返ったのはカプア、シラクサ、タープラントの同盟国《ソーチ》のみ。

ローマが長い時間をかけて造り上げた「政治的建築」は、ハンニバルの心理作戦でも揺らぐことがなかったのです。

すでにイタリア半島の同盟諸国は、市民権の拡大や街道の整備などによって「ローマ化」していたので、ローマと自分たちは運命共同体であると考えるようになっていたし、また各地の植民地《コローニア》は連合結束の要《かなめ》として機能していたのです。

一枚岩の結束を誇ったのはローマの内部も同じでした。

国家的危機に直面するとたいていの国では国論が分裂するものです。ペロポネソス戦役でアテネが敗れたのも、結局はそのためでした。ところがローマの場合、それが起こらなかった。

負けることはなくても、鮮《あざ》やかな勝利を得ることがほとんどない持久戦略を採りながらも、ローマ人の団結は終始一貫して崩《くず》れることがなかった。リキニウス法以来進んできた貴族と平民の融和が、完全に成功を収めていたことの証《あかし》です。

リーダーの条件

ローマ連合内部のドミノ倒し的崩壊を狙《ねら》うとした、ハンニバルの戦略は見込み違いに終わったわけですが、しかしハンニバル軍の側もそれで意気阻喪《いきそそう》したわけではなかった。

ポエニ戦役の史料にはハンニバルの人となりを知るための手がかりは実に少ない。私的なエピソードに至っては皆無《かいむ》と言ってもいいほどで、ということは、ほとんど部下と馴《な》れ親しんだりすることはなかったに違いありません。

なのに、ハンニバルの部下たちは彼のことを慕《した》ってやまなかった。

十七年にわたる敵地での戦いです。カルタゴの兵士たちは一日として安らかに眠ったことはなかったであろうし、また乏《とぼ》しい補給のために食事にも不自由したはずです。しかし、それでも彼らはハンニバルのもとから逃げだそうとはしなかった。

しかもハンニバルのもとで働いていたのはローマのような市民兵ではありません。アフリカ、スペイン、ガリア出身の傭兵《ようへい》たちです。ローマ軍の持久作戦ゆえに、報酬《ほうしゅう》さえ満足に受け取っていなかったはずなのですから、さっさとハンニバルを見限っても非難されるいわれもないのです。

それなのに離れない。なぜなのか。

リヴィウスは、この孤高《ここう》のリーダーの姿を次のように伝えています。

「寒さも暑さも、彼は無言で耐《た》えた。兵士のものと変わらない内容の食事も、時間が来たからというのではなく、空腹を覚えればとった。眠りも同様だった。彼が一人で処理しなければならない問題は絶《た》えることはなかったので、休息をとるよりもそれを片付けることが、つねに優先した。その彼には、夜や昼の区別さえもなかった。眠りも休息も、やわらかい寝床と静寂を意味しなかった。

兵士たちにとっては、樹木が影を作る地面にじかに、兵士用のマントに身をくるんだだけで眠るハンニバルは、見慣れた風景になっていた。兵士たちは、そのそばを通るときは、武器の音だけはさせないように注意した」

ハンニバルに会ったことのない私たちには推測するしかないのですが、おそらく彼には部下に「自分たちがいなければ」と思わせる〝何か〟があったのでしょう。

部下の兵に親しく語りかけるわけでもなく、励《はげ》ますわけでもないハンニバルであるのに、部下たちは彼のことを敬愛しつづけた。ハンニバルのわずかな休息を武器の立てる音で邪魔しないように、気を遣《つか》うほどに。

古今東西、優《すぐ》れたリーダーと言われる人たちはみな、この〝何か〟を持った人たちでした。

単に統率力があれば、それでリーダーになれるわけではない。人を率いる才能と同時に、人に慕われる才能を持っていなければ、周囲は彼をリーダーとしては認めない。ハンニバルは軍事の天才であると同時に、まさに本物のリーダーであった。この彼の率いる軍勢は、ローマの持久戦略にも耐えつづけたのです。

スキピオ登場

ローマの総力を結集したファビウスの持久戦略でしたが、カンネの戦いから六年という時間を経た紀元前二一〇年になっても、ハンニバルを追いつめるところまではいかな

スキピオ・アフリカヌス

かった。二十個軍団を超《こ》えるローマ軍はハンニバル包囲網を作り、彼の行動の自由を制約することには成功しても、決定打を与えることはできなかったのです。

しかし、この六年間はローマにとって無駄な年月ではなかった。なぜなら、この年、ローマはプブリウス・コルネリウス・スキピオという若き軍団司令官を得ることになったからです。

のちに「アフリカを制した者」という意味のアフリカヌスという尊称で呼ばれることになるスキピオは、当時二十五歳。

カンネの戦いのとき、十九歳の少年だった彼はずっとハンニバルの戦いぶりを観察し、ローマがなぜ勝てないのかを考えつづけてきた。そして彼は「ハンニバルに勝つには、ハンニバルのように戦わなければならない」という結論に達する。何だか連続殺人事件の犯人を捕らえるには、この種の犯罪者の心の動きに迫るしかないとされるのに似ていますが、もしかしたらこの

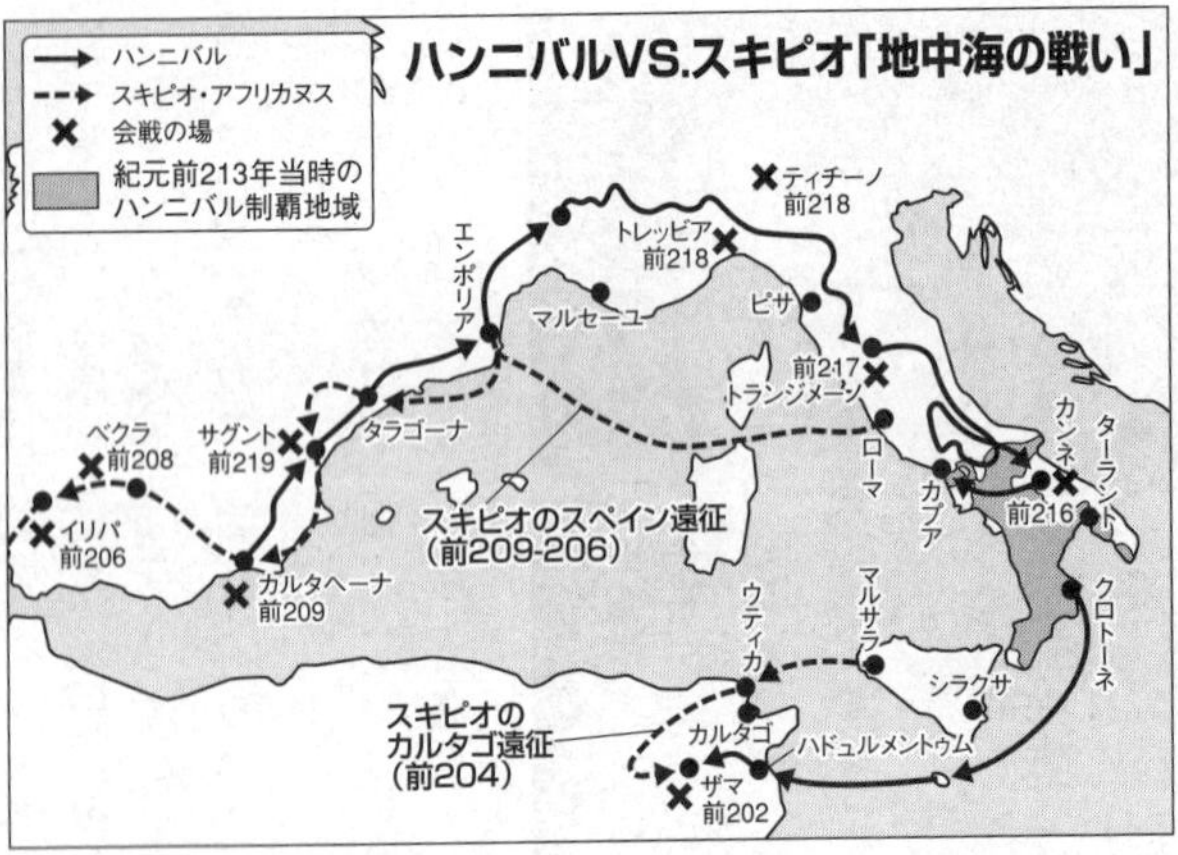

ことこそが、成功するカギなのかもしれない。

とはいえ、アレクサンダーの弟子を自認していたハンニバルも、まさか自分の「弟子」が敵のローマ人の中から生まれるとは思わなかったでしょう。しかし、その「まさか」が起こったのです。

このスキピオ・アフリカヌスの登場によって、第二次ポエニ戦役はがらりと様相を変えることになります。

それまで「天才対組織」の戦いで終始していたものが、今度はハンニバル対スキピオの戦いになり、また戦いの舞台もイタリア半島からカルタゴ本国のある北アフリカへと移る。そして、紀元前二〇二年に行なわれたザマの会戦によって、ハンニバルは弟子スキピオに敗れることになるのです。

この一連の物語については、ここでダイジ

ェストを述べることなどとうてい不可能というもの。

騎兵力に欠けていたローマ軍の弱点をスキピオがいかにして克服したか。そしてザマの会戦において、「師と弟子の対決」がどのように行なわれたか。こうしたことに興味のある方には、私の『ローマ人の物語　Ⅱ』(「ハンニバル戦記」)をお読みくださいと言うしかありません。ポエニ戦役に限らず、あらゆる歴史の物語はそのディテールにこそ本当の醍醐《だいご》味《み》がある。不十分なあらすじは、歴史を読む愉《たの》しみを失わせるだけなのです。

ハンニバルの「不吉な予言」

しかし、そうは言っても、この若きスキピオの登場が、ローマに大いなる課題を突きつけたことだけは書かなければなりません。

すでに述べたように、はじめて軍団司令官に着任したときのスキピオは弱冠二十五歳。平時の元老院体制では、指揮官どころか公職にも任命されるはずのない若さでした。

それなのに彼が司令官になれたのは、長期にわたった持久戦によってさすがのローマも指揮官のストックが底をついていたからに他ならない。だから元老院にとっては「やむをえず」という感じの決定であって、彼の才能を見込んで抜擢《ばってき》したのではなかった。

そもそも年功序列を旨《むね》とするローマの共和政においては「才能による抜擢」などあろう

はずもないのです。

ところが、その緊急避難的に選ばれたはずのスキピオがあろうことかハンニバルに勝ち、カルタゴを倒してしまったのですから、こんな皮肉もない。

スキピオの活躍によって、ローマの覇権は東は小アジアから西はジブラルタル海峡にまで一気に拡大しました。

だが、その一方で、この勝利は一枚岩だったローマの元老院体制に大きな亀裂をもたらすことになったのです。

かたや、スキピオ抜擢に象徴される能力主義を求める改革派。かたや、元老院本来の寡頭政《かとうせい》の堅持を確信する保守派。

改革派がポエニ戦役の勝利はスキピオの抜擢によってもたらされたという実績を指摘すれば、一方の保守派は「そのスキピオの勝利も、総力態勢で行なったハンニバル包囲網が成果を上げたからこそ得られたこと」と主張する。どちらも事実であるだけに、その距離はけっして縮《ちぢ》まることはなかったのです。

こうした対立が形になって表われたのが「スキピオ裁判」でした。

救国の英雄と讃《たた》えられるスキピオを、ローマの保守派は苦々しい想いで見つめていました。

彼らの考えでは、個人崇拝ほどローマの共和政にとって危険なものはありません。そもそも共和政とは「英雄を必要としないシステム」ではなかったか。なのに第二次ポエニ戦役後のローマの政治は、第一人者《プリンチエプス》の称号を与えられたスキピオの主導で行なわれるようになってしまった。これはローマにとって憂《うれ》うべきことである……。

そこで保守派はスキピオを裁判の場に引きずり出し、「ローマの政治を私物化している」と弾劾《だんがい》することにした。

これに対して、スキピオはそのようにつまらないことで裁かれることを潔《いさぎよ》しとせず、みずから政治的引退の道を選び、その数年後、この英雄は別荘でひっそりと死ぬことになります。

これによって、ローマの政界はいったんは保守派が勝利を収めたかのように見えたのですが、そうではなかった。

ポエニ戦役が紀元前一四六年のカルタゴ滅亡によって完全に終結してから、両者の対立はなお一層激しさを増していくことになります。

リヴィウスの『ローマ史』によれば、かつてハンニバルはこう語ったと伝えられています。

「いかなる超大国といえども、長期にわたって安泰でありつづけることはできない。国外に敵を持たなくなっても、国内に敵を持つようになる。外からの敵は寄せつけない頑《がん》健《けん》そのものの肉体でも、身体の内部の疾患《しっかん》に、肉体の成長についていけなかったがゆえの内臓疾患に、苦しまされることがあるのと似ている」と。

この〝ハンニバルの予言〟は、ローマにとって恐ろしいまでに的中することになるのです。

第6章

勝者ゆえの混迷

急成長のツケ

およそ一世紀にもわたったポエニ戦役が終わってみると、ローマは地中海世界の覇権《はけん》国家になっていました。

現代ならばリビア、チュニジア、アルジェリアになるカルタゴの旧領はもとより、ハンニバル家の私領のようであったスペイン、そのうえギリシアやマケドニア、さらに小アジア（現在のトルコ）までを領土に組み入れ、また同盟国も東のアルメニアやシリア、そして北アフリカのエジプト、ヌミディア、マウリタリアと多くを数えるようになります。ローマの場合、同盟国とはローマの有事の際、兵を提供する義務があるわけだから、つまりは大国のエジプトやシリアでさえもローマの覇権に屈したということに他ならない。

結果から見れば、ハンニバルはローマを打倒するつもりで、かえってローマの潜在能力を引き出してしまったようなものでした。

ハンニバルに鍛《きた》えられることで、ローマの共和政はみずからが持つ組織力を最大限に高めることに成功した。その結果、気が付いてみれば地中海はローマ人にとっての「我らが海《マーレ・ノストゥルム》」ないしは「内海《マーレ・インテルム》」となったというわけです。

しかし、この急成長はローマに「勝者の混迷」をもたらすことになる。

混迷とは普通、敗者のほうに起こる現象のように思われていますが、けっしてそうではない。大勝利を得たがゆえに混迷が起こるのは珍《めずら》しくないし、しかも同じ混迷でも勝者のほうがずっと深刻になることのほうが多い。

なぜかといえば、理由は簡単です。

まず第一に敗者ならば、混迷が起こるのは仕方がないと誰《だれ》もが分かるし、諦《あきら》めもつく。負けたのに明るい未来が待っていると信じられる人はよほどのノー天気か、お馬鹿《ばか》さんのどちらかでしかない。

しかし反対に、勝者に混迷が襲ってきた場合はそうはいきません。我々は勝ったのだから、混迷するわけなどない。明るい未来が待っていて当然と思う。ところが現実はそうではない。そこで「これはおかしい」と悪あがきする。だが、混迷の中で悪あがきすれば、それはなお事態を深刻にするだけでしかない……。

ポエニ戦役後のローマを襲ったのは、まさにそれと同じ事態だったのです。

強大になった元老院

スキピオ・アフリカヌスの登場によって、ローマはハンニバルを倒すことができた。つまり天才に勝つためには、結局、もう一人の天才が必要であったということなのですが、ではそれで元老院に象徴される「組織のローマ」は過去のことになったかと言えば、そうではない。むしろ事実は逆でした。

ポエニ戦役が終わってみれば、前にも増して元老院の権威と権力はより強固になった。いや、元老院がローマそのものになったと言ってもいいほどでした。

紀元前五〇九年にルキウス・ブルータスによって始められた共和政は、執政官、元老院、そして市民集会の三本柱によって支《ささ》えられることになっていました。ローマの政治・軍事を司《つかさど》る執政官、その執政官をサポートする元老院、そして執政官等の国家の要職に就《つ》く人を選出する市民集会。この三つの機関が組み合わさることでローマの共和政は機能することになっていた。

元老院は王政の時代から、本質的には「助言」の機関であって、それ自体には決定権も何もないはずでした。執政官の選出等に関して隠然《いんぜん》たる力を発揮することはあっても、元老院が何かを決めて、それを実行する権利はない。あくまでもローマの共和政は「主権在民」であるはずだった。

ところが、そこに現われたのがハンニバルでした。ハンニバルと戦うためには、平時の共和政では乗り切れないと見たローマは、元老院にすべての権限を集中させることにした。

すなわち軍司令官の配置から始まって外交権、人事権、財政権、司法権というすべての権力を元老院が掌握《しょうあく》することで、神出鬼没のハンニバルに即応するという危機管理体制ができあがったのです。

この元老院への権力集中はたしかに、ローマの自衛にとって有効でした。ハンニバルの猛攻をローマが耐《た》えきれたのも、そしてファビウスの持久戦略を見事に実践できたのも、統合参謀本部としての元老院があったおかげでした。

ところが、元老院への権限集中は、ポエニ戦役が終わってもなお続いてしまったのです。いや、ポエニ戦役の結果、ローマの覇権は地中海全域に及ぶほどになったのですから、元老院の権力はさらに強大になったと言うべきでしょう。

だが元老院の面々は、元老院が全ローマ、全イタリア、そして全地中海地域の事実上の支配者になったことは当然だと受け止めていました。何しろ元老院はカルタゴをも倒したのです。この成功体験が元老院の自信を揺るぎないものにしたのでした。

混迷はなぜ生まれたのか

政治とはあくまでも結果論の問題ですから、たとえ元老院の突出でローマの共和政が変質したとしても、それで政治がうまく機能していれば不満は起こらない。

おそらく当時のローマ人たちもそう考えていたでしょう。ローマ人とはあくまでも現実主義の民族であり、観念論で「かくあるべき」と考えるギリシア人とは違うメンタリティの持ち主であったから。

しかし、残念ながら彼らの望むとおりには歴史は進まなかった。

その最大の理由は、ローマの版図《はんと》があまりにも拡大してしまったことにありました。ポエニ戦役の結果、ローマの領土は東は小アジアから西はイベリア半島までに広がっていました。またエジプト、シリアをはじめとする同盟国も増え、「ローマ連合」もまた急激に膨《ふく》れあがっていた。

こうした状況の変化に対応できるほどの柔軟性が元老院にもあればよかったのでしょうが、実際はそうではなかった。

まず第一に、元老院のメンバーがあまりにも固定化していた。

紀元前三六七年のリキニウス法による改革で、ローマの元老院は平民にも門戸《もんこ》を開放し、元老院の硬直化を防いだつもりだったのですが、長い時間が経《た》てば改革の効用も薄れていく。

ポエニ戦役のあたりになると、いわば「元老院階級」とも呼ぶべき集団が形成され、それ以外の人間が執政官に選ばれることがなくなった。貴族と平民の間で機会の平等は実現したと思ったら、その代わりに新しく、「元老院階級」とそれ以外の市民集団にローマ社会が二分したようなものです。

メンバーの入れ替わりがなくなれば、その集団は必然的に内向きになる。そして、それはメンバー相互の利益を守ることを優先する「利権集団」化へとつながっていく。

現実にはローマの版図は巨大になり、それだけに目を配らなければならないことが増えているのに、ローマの元老院議員たちにとっての「現実」はローマ国内、それも自分たちの階級に関《かか》わることのみになっていったのです。

さらに加えて、元老院には強烈な自負心があった。

成功体験から生まれる自負心は時として、人間の目を曇《くも》らせてしまいます。ハンニバルを敗北させたという自信ゆえに、元老院は「自分たちの判断に間違いがあるはずがない」と考えるようになる。これでは元老院の自己改革は望むべくもないというものでしょう。

内向きのメンタリティと、強烈な自負心が複合してしまえば、そこに生まれるのは現状維持の発想でしかありません。

後世は、このような現象を「動脈硬化現象」と呼ぶことになる。

自分たちが属す「共同体《レス・プブリカ》」、これを古代では「国家」と考えていましたが、この「レス・プブリカ」に対する公共心と自己批判の精神の両方ともがなくては、改革は実行できない。その二つともを忌避《きひ》するようになったとき、残された道は現状維持か、せいぜい小手先の改革しかない。

ポエニ戦役以後のローマは、「覇権国家」という自己の現実にうまく対応できないまま、およそ一世紀半にわたる長い混迷のトンネルに突入することになるのです。

「新しい現実」の痛み

たとえローマの元老院階級が〝新たなる現実〟を直視するのを避《さ》けつづけても、変化のほうは容赦《ようしゃ》なく襲いかかってくる。その直撃を最初に受けたのは「国家ローマの基盤」とも言うべき一般の市民たちでした。

先ほども記《しる》したように、ポエニ戦役後のローマは領土が一気に拡大し、ということは経済規模もそれだけ拡大した。

しかも、それまでローマの経済力は戦費のために押さえつけられていたわけだから、その重みがなくなれば経済が一気に活性化して、誰もが豊かになれると思うのは当然のことです。

ところが蓋《ふた》を開けてみたらそうはならなかった。

というのも、たしかにローマ経済は全体としては規模も拡大したし、活性化もした。領土の拡大は市場の拡大であって、それはビジネス・チャンスが増えたということでもある。

しかし、その恩恵を受けたのは一部の階層だけであって、一般の平民にまでそれは及ばなかった。いや、それどころか、中産階級以下の人々の生活はかえって悪化したと言ってもいい。

その何よりの証拠は、戦後のローマに急増した失業者でした。

ローマが敗《やぶ》れたのであれば、失業者が増えるのも仕方がないと諦められるかもしれない。だが、ローマは勝った。それなのになぜ、戦勝国に大量の失業者が発生しなければならないのか。これは誰が見ても納得できることではなかったでしょう。

ある学者は、この当時のローマは人口のおよそ七パーセントが失業者ではなかったかと推定しています。もしもこれが事実だとすれば、大変な状況と言うべきでしょう。

失業率とは全労働者に占める失業者の比率です。全人口の七パーセントが失業者ということは、失業率はそれ以上、ひょっとしたら十パーセントを軽く超えていた可能性だって充分にあるのです。

いったいなぜ、ローマにこれほどの失業者が発生することになってしまったのか。

その理由は他ならぬ、ローマの領土拡大にあったのです。

自作農の没落

ローマが一躍、大国になった結果、最も影響を受けたのはローマの基幹産業とも言うべき農業でした。

昔からローマ人は農耕の民であり、したがって市民に占める自作農の割合は高かったし、農業は立派な職業として尊敬されてもいた。第3章で紹介したように、紀元前五世紀に独裁官になったキンキナートゥスは戦争が終わると、またすぐに指揮棒を鍬《くわ》に持ち替えて働いたので市民からの尊敬を集めました。ローマ人にとっての農業は先祖伝来の職業であったのです。

ところが、その農業に大変動が起きてしまった。

まず起きたのは、小麦の売価の暴落です。

第一次ポエニ戦役の結果、ローマはシチリア島を「属州《プロヴィンチア》」にし、ここを直轄《ちょっかつ》領にしました。その結果、シチリアに住む人々にはローマ本国や同盟国などと違って軍役の義務はない代わり、ローマに属州税という名の直接税を納《おさ》めることになった。収入、あるいは収穫の十分の一というのがその税率です。

このシチリアは以前から小麦栽培が盛んなところであったので、以後ローマには、大量の小麦が輸入されるようになります。その結果は言うまでもありません。それまで小麦栽培で自活していたローマの農民の生活が打撃を受けるようになった。シチリア産の安価な小麦は、たちまちローマ近郊産の小麦を駆逐《くちく》してしまったのです。

そこでローマの自作農は小麦から葡萄《ぶどう》やオリーブへと転作して、これに対応しようとしたのですが、それはすぐには成功しなかった。

というのも、葡萄やオリーブへの転換には資金が必要になる。植えればすぐその年に収穫できるわけではないのだから、数年にわたる先行投資が必要で、当然のことながら借金をしなければならない。たとえ資金が調達できたとしても、今度は利息の支払いが待っている。というわけで、小規模な農家ほど早く経営危機に陥《おちい》っていったのです。

さらにこれに追い打ちをかけたのが、大規模農園の登場でした。

戦争が終わって、戦費の必要が低下したゆえの「カネあまり」状態になると、ローマの富裕な階層はこぞって大規模農園の経営に進出したのです。

何しろ戦争に勝ったおかげでローマの領土は拡大しているのですから、それだけ投資できる土地は増えている。しかも経済は活性化して、景気がいいから需要も多い。さらにそれに加えて、戦争の過程で捕虜《ほりょ》や敗兵が奴隷《どれい》になり、この労働力も大量にローマに流れこんでくる。この奴隷を使えば、人件費もぐんと安くなるというもの。

こうして各地に大規模農園が作られるようになると、ますます価格競争力では劣る自作農は没落していくことになったのです。

空洞化する共和政

自作農の没落は、ローマにとって「産業構造の変化」では片付けられない大問題でした。

というのも、ローマの共和政を支える中核と言うべき市民の多くが、この自作農であったからです。自作農が経済基盤を失い、失業者化しつつあるという社会現象は、ローマの共和政が空洞化していくということに他ならない。

それが最も顕著《けんちょ》に表われたのが、ローマ軍団の質の低下でした。

すでに述べたように、ローマでは一定以上の資産を持つ市民に兵役の義務が課せられていたのですが、ポエニ戦役終結を境《さかい》に徴兵資格を持つ市民が減少しはじめます。そこで定員不足を補《おぎな》うために、資格財産の基準を下げたのですが、それでもなお兵員不足は解消されない。つまりは、兵役免除の無産者《プロレターリ》がそれだけ増えたということです。

しかし問題は単に兵士の不足では終わらなかった。

というのも、兵役免除のラインを下げていったことで、ローマ軍の質もまた否応《いやおう》なく下がることになったからです。

そもそも資産を持たない市民を兵役免除にしてきたのは、財産のない人々を兵士として徴用すれば、この人々の家族の生活が立ちゆかなくなるからでした。兵役に就《つ》いている間は無収入になるのですから、その間、家族が暮らしていけるだけの資産がない人にはそれは許されません。

ところが、ポエニ戦役後は兵員不足を補うために、その免除ラインを下げてしまった。となれば、そこで新たに兵士になった市民たちの士気が上がらないのは当然のこと。いかに兵役はローマ市民の義務であり、誇りであると言われても、後に残した家族のことが気がかりでは奮戦《ふんせん》する気も起きないというものです。

さらに兵士の意気を損《そこ》なったのは、ポエニ戦役以後、「戦争の質」が変わったということでした。

ポエニ戦役までローマが戦ってきた戦争は、いずれも「自衛のための戦争」であって、だからこそローマの兵士たちは奮闘する気になった。だが、ポエニ戦役でローマが地中海の覇権を獲得してからの戦争は違った。これ以後の戦争は、どれもローマの覇権維持がその目的であって、「何のために戦うのか」が見えにくくなったのです。

事実、ポエニ戦役の後にローマ軍が出動したのは、シチリアの奴隷反乱や、あるいはスペイン原住民の反乱でした。いずれもローマの覇権にとっては見過ごせないことではあっても、ローマの市民、特に貧しい市民にとっては直接の関係はない。

この二つの戦いはいずれも結果としてはローマ軍が勝利を収めるのですが、その戦いぶりはポエニ戦役当時とは違ったものになっていた。ローマ軍は質量ともに、確実に弱体化に向かっていたのです。

騎士階級の台頭

没落する自作農と入れ替わる形で、ローマで頭をもたげてきたのは騎士階級《エクイタス》と呼ばれる人たちでした。

「騎士階級」と言うと中世の騎士を想像する読者も多いでしょうが、ローマの場合はそうではない。意訳すれば「経済階級」です。

すでに述べたように、ローマでは元老院のメンバーが固定化し、「元老院階級」と呼ばれ、共和政時代のローマの貴族階級になっていました。

したがって、ポエニ戦役後の経済変化にうまく対応した富裕者たちでも、たとえ望んだとしても、かつてのように元老院議員になれるわけではない。そこで元老院階級でもなければ、平民でもないという意味での、騎士階級というグループが頭をもたげるようになったというわけです。

今、私は「たとえ元老院入りを望んでも」と書きましたが、実際のところ騎士階級の人々は、そもそも元老院階級入りを望んだりはしなかった。

というのも、農耕を重んじるローマの社会では、貴族たるもの農園を持つのが当然とされていたので、元老院議員が「商」、すなわちビジネスを行なうことはローマの法で禁じられていたからです。元老院議員でないがゆえにそのようなことからは自由な騎士階級たちは、ローマの覇権の拡大をビジネス・チャンスとしてのし上がってきたのですから、元老院に入って政治活動をすることに魅力を感じなかった。

それに、当時のローマには、いくらでもビジネスの種は転がっていたのです。

彼らが最初に手がけたのは、直轄領である属州での租税《そぜい》徴収請負《うけおい》業務です。ローマは属州に専門の役人を置く代わりに、民間から「プブリカヌス」と呼ばれる徴税業者を募集した。ただし、これら私営の徴税業者には税の査定業務は課されてなく、徴税義務に限られていたのですが。

この徴税業者の報酬は、自分たちが集めた税の中から手数料という形で支払われるのですが、税を集めていれば、その中には「どうしても払《はら》えない」という人が出てくる。そのときプブリカヌスたちは金貸しに早変わりして、その税金を肩代わりする。もちろん、借金の利息が目当てであることは言うまでもない。このときの利率は良心的な業者でも年利十二パーセントだったというから、営業としても成り立ったのです。

ローマの覇権拡大が騎士階級にもたらしたのは、それだけではありません。

領土が広がれば、インフラ整備にはことのほか熱心なローマだけに、公共事業も増大する。

のちになると公共事業は雇用対策の一環としてローマの軍団が工事を行なうことになるのですが、この時代は民間の業者に任《まか》せていました。そこで騎士階級は現代の合弁会社に相当する組織を作って、そこで工事を請《う》け負《お》う。公共事業が旨《うま》みのある商売だったのは、これは今も昔も同じで、発注する側の支払いに信用が置けたからです。

こうして騎士階級が富を蓄積していく一方で、元老院階級もまた抜け目なく資産を増やしていったのです。

元老院議員たちは法によってビジネスを行なうことを禁じられてはいたのですが、法にはかならず抜け穴がある。直接、ビジネスに手を染めなければ違法ではないということで、多くの元老院議員は自分たちに忠実な奴隷に自由を与えて、解放奴隷にし、彼らの名義で投資やビジネスを行なっていたのです。

埋めがたい溝

ローマでは豊かな人々はさらに豊かになり、貧しい人々はさらに貧しくなっていった。この貧富の二極分化は否応なしに、ローマの政治を揺さぶるようになる。

かつての共和政は貴族と平民の長年にわたる抗争に揺れ動いたわけですが、今度の対立はより一層深刻なものとならざるをえませんでした。

なぜなら、政治上の平等を求める抗争ならば、貴族の側が平民に門戸を開けば一気に解決する。

しかし、貧富の対立の場合、一気に両者の溝を埋め、ローマ人が好む「融和」を実現することはむずかしい。貧乏人を一夜にして金持ちにする「魔法」は二十一世紀になってもまだ見つかっていません。かつて、その不可能事を社会主義が実現しようとして大失敗したのは、言うまでもないでしょう。

こうして、全市民が一枚岩となってハンニバルと戦ったローマは、今や貧富という二つの極に分裂してしまうことになったのです。

ローマ連合の「亀裂」は、なぜ起こったのか

ポエニ戦役後のローマが抱《かか》えることになった矛盾《むじゅん》は、それだけではありませんでした。ハンニバルをも悩ませた「ローマ連合」にもまた、分裂の兆《きざ》しが表われていたのです。それは市民権を巡《めぐ》る問題でした。

ローマ連合のところでも述べたように、連合の中に暮らす市民たちには大きく分けて三つの種類の人々がいた。

一つはローマ本国やローマが政略に沿って建設した「コローニア」に住み、ローマ市民権を持つ人々。この人々はローマ法によって、投票権から裁判の際の控訴《こうそ》権に至るまでの市民の権利が認められていました。

第二は「ラテン市民権」を持つ人々。ローマ連合内でも地方自治体を意味する「ムニチピア」に住む人たちには、参政権抜きの市民権が与えられていたのです。それが「ラテン市民権」と呼ばれていた。言ってみれば「準《セミ》ローマ市民」ですね。

そして最後は「イタリア人」。彼らはローマ連合に加盟しているイタリア半島内にある同盟国の国民で、もちろんローマ市民に与えられる諸特権は持っていません。

さて、これら三種の市民は、それぞれの持っている権利は違っていても、戦時におい

て兵役に就《つ》くという義務なら同じでした。

ハンニバルとの戦いにおいても、この三者は一致協力して戦った。戦場で危険にさらされるという点では、ローマ市民と非ローマ市民との間には区別がありませんでした。いや、むしろ負担はローマ市民のほうが多かった。というのも、ポエニ戦役の戦費をまかなうために、ローマ市民は今日で言う戦時国債を負担しなければならなかったからです。

「ローマ連合」が鉄の結束を保《たも》ち、長期にわたったポエニ戦役を一致団結して戦えたのも、こうした事情があったからに他ならない。

ところが戦争が終わってみると、ローマ市民と非ローマ市民との間に徐々に格差が生まれてきたのです。

たとえば直接税についても、ローマ市民なら徴兵の義務さえ果《は》たしていれば直接税は払わなくていいのに、ラテン市民やイタリア人たちは自分たちが直接に属す部族国家や都市国家に税金を納めなければなりません。

また、経済的なチャンスの分野でも、「世界の首都《カプトゥ・ムンディ》」ローマに暮らしている人々のほうがずっと恵まれている。

さらにポエニ戦役後のローマは、同盟国と一緒に戦った戦争での戦利品を自分たちで独占するようになった。

こうなれば、ラテン市民やイタリア人たちがローマに不満を持ちはじめるのは当然すぎるほど当然です。「なぜ、ともに苦しく長い戦争を戦ったのに、ローマ市民権所有者だけが利益を独占するのか」という不満が、徐々にではあっても鬱積《うっせき》しはじめたのです。

グラックス兄弟

このように内側でも外側でも、国家ローマは確実にきしみはじめていました。しかし、当時のローマの国力からすれば、現実としてみれば大した問題ではないと済ませることもできた。

事実、ローマの軍団は弱体化したとはいっても、スペイン原住民やシチリア奴隷の反乱は鎮圧できたわけだし、またローマ連合の結束が乱れたというわけでもない。

したがって、元老院が時代の変化による「新しい現実」を直視せず、それへの、改革策を採《と》らなくても、それなりにローマの繁栄は保たれてはいたのです。

だが、ローマの政治家たちがみな、現実から目をそらし、既得権の維持に汲々《きゅうきゅう》としていたわけではない。ごく少数ではあっても苦《にが》い現実に目を向け、それへの対応策を考え、実行しようとした人もいたのです。

その一番手として現われたのは、ティベリウスとガイウスのグラックス兄弟でした。

グラックス兄弟は紀元前二世紀のローマにおいて、誰からもうらやまれるような環境に生まれました。何しろ母方の祖父は、あのハンニバルを倒したスキピオ・アフリカヌスであったし、また父親は二度も執政官を経験した有力者だった。階級としては平民階級ではあったけれども、「平民貴族」と呼ばれたほどにその家産は豊かで、まさにグラックス兄弟は「銀の匙《さじ》をくわえて生まれてきた」と形容されるにふさわしかったのです。

失業対策

そのグラックス兄弟が何よりも義憤《ぎふん》を感じたのは、ローマの平民たちの窮状でした。「ローマの勝利のために尽《つ》くしたはずのローマ市民がなぜ、失業者の境遇に身を落とさなければならないのか」と訴えて、三十歳の兄ティベリウスが護民官に当選したのは紀元前一三三年、第三次ポエニ戦役終結から十三年後のことでした。

その名のとおり、平民の権利を守る護民官に就任したティベリウスが手をつけたのが、農地改革です。

といっても、ティベリウスがやろうとした農地改革は、敗戦後の日本で行なわれた農地解放ほどに過激なものではなかった。

日本の場合は大地主から土地を強制的に取り上げて、それを小作人に分配したのですが、私有財産を重んじるローマでは、そのようなことはできません。彼がやろうとしたのは、農地として貸し出されている国有地を、より公正に再分配するというものでした。

ローマは戦争に勝っても、相手を滅《ほろ》ぼすことはせず、かつての敵を同盟国に変えていったわけですが、その代わりに相手の土地の一部を接収し、そこを国有地とするのが常でした。

こうして得た国有地は市民に有料で貸し与えられていたのですが、その配分に問題があった。

というのも、それまでの制度は抜け穴だらけで、カネさえ出せば、広い国有地を借りることができた。元老院階級や貴族階級の人々が大規模農園を持てたのも、そのためでした。

そこでティベリウスは不正に土地を借りている人々から農地を返還させ、それを失業者に貸し出すことを考えた。一時しのぎの福祉ではなく、失業者の自立を促《うなが》すことでローマ社会を活性化させるというのが、彼の狙《ねら》いだったのです。

こうして、悲劇は起こった

ティベリウス・グラックスの改革プランはけっして過激でもなく、むしろ穏当《おんとう》とも言えるものだったのですが、彼の言動は元老院を刺激しないではいられなかった。

そもそも護民官のティベリウスが改革の先頭に立つこと自体、彼らにとってみれば、元老院の権威に対する挑戦に見えた。ローマの国策を決定する権利はあくまでも元老院にあるというのが、彼らの考えだったからです。

しかも、ティベリウスの農地改革は、元老院階級の既得権を侵害するものでもあった。法を守るべき元老院議員たちの中には、国有地を大量に借りてそこで農園経営を行なっている者が少なくなかったのです。

そこで元老院は陰《かげ》に日なたに彼の改革を妨害しようとした。しかし、若く、理想家肌のティベリウスには元老院と妥協する考えなどあろうはずもない。彼はあくまでも自分の改革を推《お》し進めようとしたのです。何しろ、彼には熱狂的な市民の支持がありました。だが、その熱狂的な支持こそが元老院の恐れていたことでもあった。

そもそもローマの共和政とは独裁者を否定したところからスタートしたシステムである以上、一人の政治家に人気が集まることなど、共和政への反逆、すなわち元老院への反逆に他ならないと彼らは考えた。ティベリウスに共和政を倒すという想いは露《つゆ》ほどもなくても、共和政の維持を至上命題と考える元老院には、彼の存在が脅威に映《うつ》ったのです。

その結果、悲劇は起きることになりました。

ティベリウスの護民官への再選を決める平民集会に彼の支持者たちが結集し、気勢を上げていることを知った元老院は、過剰なまでに反応した。日頃からティベリウスに反感を持つ議員の目には、元老院打倒の集まりに見えたからでしょう。

元老院の反ティベリウス派議員は自分の従者や奴隷にまで武器を持たせ、ティベリウスの再選を実力で阻止《そし》しようとした。元老院議員たちとティベリウスの支持者たちは、ローマの中心部で衝突する。

そして、この混乱の中、ティベリウスと彼の支持者三百人は惨殺されてしまうことになるのです。

「内乱の時代」の始まり

法の支配を誇りとするローマの、それも市内で流血の事態が起きたことなど共和政が始まって以来、一度もなかったことだけに、ローマの人々はティベリウスらの死を不幸な事故として片付けようとしました。

だが、残念ながら、そうはならなかった。

この紀元前一三三年夏の事件は、以後、およそ一世紀にわたって続く「ローマの内乱」の幕開けとして記憶されることになる。そして「融和《コンコルディア》」を愛するローマ人どうしが相争《あいあらそ》い、殺し合うという血なまぐさい時代は、オクタヴィアヌスがアントニウスとクレオパトラの連合軍を倒し、初代皇帝になるまで続くのです。

ティベリウスには、もちろん共和政を倒すとか、あるいは独裁者になるという野心はなかった。

彼にあったのはローマに対する愛国心であり、平民の没落を憂《うれ》える正義感だけだった。恵まれた家庭環境に生まれただけに、彼はあまりにもストレートに行動しすぎたとも言えなくはない。

だが、その問題意識を真摯《しんし》に受け止めることができなかったところに、元老院の硬直化はすでに表われていたのです。

そして、その元老院はふたたび同じ過《あやま》ちを繰《く》り返すことになります。

次に殺されたのは他でもない、ティベリウスの弟ガイウスでした。

ティベリウスより九歳年下のガイウスは、兄同様に三十歳になるや護民官に立候補して当選。もちろん、その目的は兄が行なおうとして果たせなかった、失業者救済でした。

ガイウスは次々とそのための法律を成立させていきます。

彼が在任中に行なった改革は多すぎて、ここではとうてい説明しきれません。農地改革の再度の試みはもとより、公共事業による雇用対策、失業者へ特別に安い価格で小麦を配給すること、さらには新しい植民都市を建設し、そこに失業者を移住させるとした法案等々……ガイウスは兄ティベリウス以上にラディカルな政策を実現していきます。

ローマの失業は、もはや深刻な社会問題にさえなりつつあったのです。

だが、そのガイウスもついに元老院の「虎《とら》の尾」を踏んでしまうことになった。その発端《ほったん》となったのは、彼が提出した市民権改革法です。

「ボーダレス化」を図ったガイウスの改革

ガイウスは諸改革を行なううちに、ローマ市民権が「改革の障壁」になっていることに気が付きました。

すでにローマは都市国家の枠《わく》を超《こ》え、地中海世界全体に広がる領土型の国家になっているにもかかわらず、法体系だけはかつての都市国家時代と変わらない。その象徴が市民権で、同じローマ経済圏に住みながらも、ローマ市民とラテン市民、イタリア人という三種類の住民がいるというのはいかにも都合が悪い。

ガイウス・グラックス

たとえば、大規模農園の制限をしてもその対象になるのがローマ市民だけでは、改革は尻《しり》抜けになってしまいます。国有地を不法に所有しているラテン市民は規制の対象外になる。またラテン市民やイタリア人の側からすれば、ローマ人だけが繁栄の恩恵を被《こうむ》っているという不平もある。

そこで、ガイウスはローマ連合内にある「見えない壁」としての、市民権の区別を取り払ってしまわなければならないと考えた。

このガイウスの考え方を理解するには、現代のEU統合を想い起こしていただければ分かりやすいでしょう。

実際には人、モノ、カネは国境を越《こ》えて移動しているのに、それを規制するための法律は国内法しかないのでは、さまざまな矛盾《むじゅん》が起きる。そこでヨーロッパではEU統合を行なって、国境の撤廃へ向けて数々の改革に手をつけている途中なのですが、それを二千年以上前に構想したのがガイウス・グラックスであったということなのです。

といっても、彼の出した法案はあくまでも穏《おだ》やかなものでした。

いきなりローマ連合内の国境を取り払う、つまり全員にローマ市民権を与えるとするのでは、抵抗が大きいのは目に見えている。それで段階的にローマ市民権を拡大するという案を出した。

まずラテン市民に、ローマ市民権を開放する。そしてイタリア人にはラテン市民権を認めるというものです。

「鎖国主義」

しかし、このガイウスの案を見た元老院議員たちは、良識派でさえ危機感を募《つの》らせました。

ガイウスの案がもし通れば、いずれはローマ連合内の全市民がローマ市民権を獲得することになる。そうなれば元老院の権威もまた失われる、と彼らは考えたのです。

なぜなら、元老院の権威があるのは、そもそもローマが連合の中で特別な地位を占めているからに他ならない。ローマ市内に住んだ経験もない、辺地の住民までが市民権を持つようになれば元老院の権威が低下してしまうというのが、彼らの反応だったのです。

このような考えが出てくること自体、ローマの共和政がすでに「制度疲労」を起こしていたことの証明に他なりません。

本来、ローマの共和政もローマ連合も「敗者をも同化する」というローマ人独特のメンタリティから生まれてきたもの。それから考えれば、ガイウスの市民権開放はローマの伝統にのっとったものとさえ言ってよい。

ところが、紀元前二世紀当時の元老院は、それとは反対の「鎖国主義」に立った。

あくまでもローマは昔と同様、都市国家であらねばならず、共和政は昔と同じく守られなければならない。ローマは特別な国なのだ。だから、たとえどのような摩擦《まさつ》を引き起こそうとも、あくまでもローマ市民権はローマ人に限定されなければならない。それが元老院の、ひいてはローマの権威を守ることにつながるというのが彼らの考え方であったのです。

「伝家の宝刀」を抜いた元老院

かくして元老院と護民官ガイウスは鋭《するど》く対立することになります。元老院はローマ市民に対して、「ガイウスに独裁者の野望あり」というキャンペーンまで行なって、彼の信望を落とそうとする。

この計略は図《ず》に当たって、ガイウスは護民官三選を果たせず失脚するのですが、元老院はそれでも安心しなかった。彼の存在は元老院にとって危険きわまりないものと思われていたのです。

そこで元老院はついに彼を排除するための最終手段を取る。それが「元老院最終勧告《セナートゥス・コンスルトゥム・ウルティムム》」でした。

のちにカエサルに対しても元老院が発することになるこの最終勧告は、一種の非常事態宣言であり、この勧告が出されれば反国家の行為をした人間は、裁判抜きで処刑することさえできるとされた。つまり、元老院はガイウスを「国家の敵」と決めつけたのです。

ガイウスはいったんは逃亡を決意するのですが、結局追いつめられ、ついにテヴェレ川沿いの森の中で自害する。しかし、元老院は彼の死を見届けただけでは満足せず、彼の仲間と見なされた人々を死刑に処した。その数は三千とも言われています。

ローマの混迷は、ついに元老院みずからが同胞を処刑するまでになってしまったのです。

武器なき予言者は滅びる

ガイウス・グラックスの死によって、ローマの改革は頓挫《とんざ》したも同然になりました。農地改革も白紙に戻され、市民権改革も撤回された。元老院とても、ローマに失業をはじめとする社会問題が起きていることは承知していた。だが、彼らは現実を直視し、「痛みを伴《ともな》う改革」を行なうことからまたもや逃げてしまったのです。

しかし、グラックス兄弟の改革が失敗したのは、元老院側だけの問題と言えるでしょうか。

たしかに、グラックス兄弟が行なおうとした改革は、この七十年後にカエサルが実現に成功する施策の先取りと言える部分が多々あります。中でも、ローマ市民権を開放し、いわば「ローマのボーダレス化」を行なうというのは、のちのローマ帝国にもつながることでもあったのだから。

ローマの現状を直視し、その対策を具体的に考えたという点では、グラックス兄弟はカエサルの先駆者《せんくしゃ》と言えるでしょう。

だが、カエサルとグラックス兄弟との間には決定的な違いが一つあるのです。

それはカエサルには武力があったが、グラックス兄弟にはなかったという一点です。この両者に対して、元老院はともに元老院最終勧告を出した。しかし、カエサルはそれに武力で対抗できたが、ガイウス・グラックスには逃げるしかなかった。

「武器を持たない予言者は失敗を避けられない」とマキアヴェッリは言っていますが、まさにグラックス兄弟は「武器なき予言者」であったと言うべきでしょう。

誰でも苦《にが》い現実は見たくない。ことに「自分は成功した」という想いを持った人たちに「あなたの時代は終わったのですよ」と言っても、そのような苦言を快く聴《き》き容《い》れる人はいない。しかし、グラックス兄弟は、それができると考えた。冷たいようですが、そこに彼らの失敗の原因があったと私は思います。

単なる批評家なら、人々が聞く耳を持たなくても、それを嘆《なげ》いていれば済むかもしれません。だが、グラックス兄弟は政治家であったのです。そう考えれば、どうしても「採点」は厳しくならざるをえません。

もちろん、グラックス兄弟にしても改革がすんなり通るとは思っていなかった。だからこそ、彼らは元老院入りして、内部からの改革をするのではなく、平民の勢力をバックとする護民官になったわけですが、彼らの予想以上に元老院の反発は強かった。

護民官の権威が大きくなること自体が、元老院にとっては許しがたいことであったのです。「ローマには元老院以外の指導者は必要ない」と確信している元老院は反発した。

その点をグラックス兄弟は読み誤まったと言えるでしょう。

マリウスの軍制改革

グラックス兄弟の改革が元老院の抵抗で潰《つぶ》されて以後、ローマの失業問題は事実上、放置された形になりました。

そして、失業問題が解決されなければ、それは否応なしにローマ軍の一層の弱体化という事態を招くことになる。かつては兵役を免除されていた「プロレタ―リ」（後代のプロレタリアの語源）までもかき集めなければ、軍団を編成できなくなっていたのだから、それは当然のことです。

その結果、ローマ軍は各地でぶざまな敗北を喫《きっ》するようになりました。北からの蛮族《ばんぞく》を撃退する戦いでも敗戦し、また北アフリカのヌミディアで起きた「ユグルタ戦役」でもローマは敗れ、屈辱的な講和を結ばざるをえなくなる始末。ローマの市民たちの、元老院に対する不信は募《つの》る一方でした。

こうした状況の中、現われたのがガイウス・マリウスです。

紀元前一〇七年、執政官に就任したマリウスはローマの軍制の改革に乗り出します。

マリウスは将官として長い軍隊生活の経験を持っていただけに、ローマ軍弱体化の真《しん》因《いん》がどこにあるのかをよく知っていました。兵士たちの多くが、徴兵されては家族を養っていけない境遇のプロレターリでは、いかに将校が叱咤《しった》激励しても勇敢に戦えるはずはありません。

そこで、マリウスはローマ建国以来の伝統とも言える徴兵制から、志願制への転換を断行する。

つまり、これまでのように市民の「義務」として兵士になるのではなく、兵役を「職業」に変えたのです。志願して兵になった者には、給料を払うようにすることで。同じプロレターリ出身の兵士であっても、みずから志願した兵と嫌々ながら徴兵された兵とでは、士気に天地の差があるのは言うまでもありません。

それに、志願制を導入することは失業対策にもなった。ローマに溢《あふ》れる失業者たちを救うには彼らに職を提供するしかない。グラックス兄弟は農地改革によって、失業者を自作農に戻そうとして失敗したのですが、マリウスは失業者に軍隊への道を開くことで、彼らを救済することに成功したのでした。

思わぬ副作用

しかし、何事においても「現状維持」「伝統の堅持」を掲《かか》げるローマの元老院が、なぜこのマリウスの改革に限って、それを認めたのでしょうか。

ローマの軍制はすでにこれまで見てきたように、ローマの共和政と深く結びついたものです。市民が自分たちの手でローマを守るというところに、ローマの強さがあったはず。なのに、どうして元老院はマリウスの改革を許したのでしょうか。

それにはいくつかの理由がありました。

まず第一には、あまりにも弱くなったローマ軍の現状は元老院とて認めざるをえなかったということ。

敗北とは誰の目にも明らかなだけに、この問題を放置しておけば、元老院に対する不信が膨《ふく》らみかねないし、連戦連敗はローマの存亡にも関わることになる。

第二には、マリウスの改革は元老院階級の既得権益に触《ふ》れるものではなかったということです。

同じ失業対策でも、グラックス兄弟の農地改革はローマの富裕層の既得権を侵害するものであったがゆえに抵抗が大きかったが、今回はそうではない。

第三に、マリウスの改革には即効性があったということ。

失業者たちは志願兵になることで、生活の安定と自分自身への誇りを取り戻せたし、またこれまで兵役に駆《か》り出されていた下級平民たちは徴兵されずに済むので、ローマ市民の間でもマリウスの改革は大好評で迎えられた。よって、元老院にも反対する理由がなかった。

そして最後の理由としては、マリウスが執政官として改革に当たったことが挙《あ》げられます。

グラックス兄弟の場合は、平民集会を基盤とする護民官としてだったから、いわば「体制外改革」であったのに対して、マリウスの場合は執政官なので「体制内改革」として受け止められたのでした。

だが、かりにマリウスの改革が体制内で行なわれたとはいえ、やはりこの軍制改革はローマの共和政の核心に触れるものであったことには変わりはありません。しかも、グラックス兄弟の場合はローマの共和政全体の改革を視野に入れたものであったのに対して、マリウスのそれはあくまでも軍制だけにとどまってしまった。

つまり、マリウスの改革とは、今にも壊《こわ》れそうな自動車のエンジンを入れ替えるだけで「パワーアップした」と称しているようなものだったのです。

シャーシーもボディも、そしてタイヤまでもが老朽《ろうきゅう》化しているのだから、本当は全体をリストラすべきなのに、エンジンだけを高出力のものに入れ替えたら何が起こるか。かえって、そのクルマのバランスは崩れ、あちこちに不都合が出てくるに違いない。いや、それどころか大事故を起こす危険さえあるかもしれない。

マリウスの改革は、まさにそれと同じでした。志願制の導入は「誰の既得権をも損《そこ》なわない」という意味では利点があったけれど、思わぬ副作用をローマにもたらすことにもなったのです。

同盟者戦役

マリウスの改革はすでに述べたように、上は元老院から下はプロレタ―リに至るまで、ローマの市民全員から歓迎されたと言ってもよかったのですが、目をローマの外に転じるとその評価はまったく違ったものになった。それをマリウスも元老院議員たちも予測しなかったのだから、当時のローマ人たちはまったく閉鎖主義による視野狭窄《きょうさく》に陥《おちい》っていたとするしかありません。

ローマの市民権を持たないローマ連合の他同盟国から見れば、マリウスの軍制改革は「またしてもローマ人だけが得をする」というふうにしか見えなかった。

というのも、ローマ連合に属している同盟国や地方自治体の市民たちにとって、兵役はいまだに義務のままだったからです。

彼ら非ローマ市民たちは直接税を納めた上に、さらにラテン語で言う「血の税」としての兵役に就《つ》く義務が課せられていた。これに対してマリウスの改革以後のローマ市民は、兵役が市民の義務ではなく職業になったために、その「血の税」を払わなくてよくなった。しかも、直接税は以前から存在しない。これが不平等でなくして何が不平等か、というわけです。

しかも、これほどの不平等がありながら、ローマは戦争が起こると毎回のように同盟国や地方自治体に出兵を求める。その戦争にしても、結局はローマ本国の利益のためであって、自分たちには何の見返りもない。

マリウスの改革は、すでにほころびかけていたローマ連合の結束に、決定的な楔《くさび》を打ち込んだようなものでした。

こうして起こったのが、紀元前九一年の「同盟者戦役」です。

ローマ連合の盟主として君臨《くんりん》していたつもりのローマは、同盟国からの攻撃にさらされることになったのです。

イタリア半島の中でも比較的貧しい八つの部族が一斉蜂起《ほうき》したこの戦争は、さすがのローマも苦戦を強《し》いられることになりました。何しろ、ついこの間までともに戦っていたイタリア人なのだから、ローマ軍の手の内を知り尽くしていると言ってもいい。周辺の蛮族と戦うのとはわけが違ったのです。足かけ二年にわたる戦いは、一進一退の攻防でした。

「帝国」への一里塚

結局、この同盟者戦役は、戦闘には勝ったローマ側が大幅な譲歩をしたことで完全に収拾《しゅうしゅう》します。

戦役の二年目に当たる紀元前八九年の冬、ローマは「ユリウス市民権法」を制定し、同盟国に暮らす市民がローマ市民権を自由に取得できるようにしたのでした。

かつてガイウス・グラックスが市民権改革を提案したのは、三十年前のこと。人間とは厳しい現実を目の前に突き出され、痛い思いをしない限り改革はできないのかと思ってしまいますが、それでもなお公平に見て、このときローマが、市民権を開放したのは大英断であったと言うべきでしょう。なぜならば、この市民権法によってローマは、「多民族総合国家」への道を歩みはじめることになるからです。

南イタリアに住むギリシア人も、中部イタリアに住むエトルリア人も、アペニン山脈の山岳民族もみなローマ市民になった。ローマ連合は発展的解消を遂《と》げ、イタリア半島全土が一つの「国家ローマ」になったのです。

のちにユリウス・カエサルはこの路線をさらに発展させ、これまでは「属州民」として一段低い地位に置かれていた人々にまでローマ市民権を開放する。これによってローマは人類史上初の「普遍《ふへん》帝国」となるわけですが、その帝国実現への一里塚《いちりづか》がこの時期に築《きず》かれたと言ってもいい。その意味で、このユリウス市民権法の成立はローマの歴史にとって、画期的なものだったと言えるのです。

ちなみに、この画期的な市民権法を提出した執政官の名は、ルキウス・ユリウス・カエサル。この人物は、その当時はまだ十歳でしかなかったカエサルの、伯父《おじ》に当たる人物でした。

もう一つの「災《わざわ》い」

マリウスの軍制改革から始まった同盟者戦役は「災《わざわ》い転じて、福となす」という結果に終わったとも言えるのですが、しかし、志願兵制度への転換はもう一つ、別の形の「災い」をもたらすことになります。

それはローマ軍団の私兵化とも呼ぶべき現象でした。

マリウス改革以前のローマでは、軍隊は常備軍ではなく、必要があるたびに徴兵を行ない編成するのが慣例になっていた。

そこで集められる兵隊は市民の義務で参加しているのですから、当初の目的が達成されれば解散して、もとの仕事に戻って終わりです。その意味では、指揮官である執政官と兵士の関係は比較的淡泊《たんぱく》な、形式的なものであったと言えます。

しかし、志願兵、つまり職業軍人で軍団を編成するようになると、そうはいかなくなる。何しろ、兵士の側は生活がかかっているのだから、どうしても「上」を見る。軍団解散後、つまり退職後の面倒まで見てくれるボスならいいが、そうでなければどうしようと考えるようになる。

そうした兵士の心理は、もちろん指揮官にも伝わります。戦争に勝つかどうかは、現場の兵士の働き一つにかかっているのですから、有能な指揮官であればあるほど兵士の信頼に応《こた》えようと思う。

こうなれば自然と、指揮官と軍団兵の結びつきは個人的な関係になっていきます。

しかも、ローマ人は昔から義理人情の「クリエンテス関係」を重んじる民族ときているのですから、その傾向にますます拍車がかかってくるというもの。

こうして、ローマの軍団は「共和国の軍団」の性格は薄まり、その軍団を指揮する総司令官の「私物」の色のほうが濃くなった。

後年、カエサル対ポンペイウス、あるいはオクタヴィアヌス対アントニウスという内戦が起こるのも、すべてはマリウスの改革がもたらした波及《はきゆう》効果でもあったのでした。

もし、マリウスの改革がなければ、元老院によって「国賊《こくぞく》」とされたカエサルにどれだけの兵士が付き従ってルビコン川を渡ったでしょう。彼の部下たちは「カエサルの行くところなら、どこにでも付いていく」と考えた。カエサルは彼ら兵士にとっての「よきパトローネス」だったのです。

ローマの共和政は、個人プレーを徹底的に否定したところから生まれたシステムであった以上、軍団の司令官が兵士たちの人望を集めるという事態は起こってはならなかった。

しかし、徴兵制という共和政の根幹に関わる部分を変えてしまったがゆえに、その「起きてはならないこと」が現実のものとなったのでした。

ここでローマは史上はじめて、ローマ軍団どうしの衝突という事態を迎《むか》えることになります。それが、同盟者戦役の数年後に始まった、マリウスとスッラとの対立が起因の一連の内戦であったのです。

流血の連続

ルキウス・コルネウス・スッラはユグルタ戦役のときのマリウス軍団で、会計検査官を務めたことから出世の糸口をつかんだ男でした。しかし、かつての上司と部下という関係であっても、彼ら二人の政治的姿勢というのはまったく違った。

いや、「違った」というのは少々語弊《ごへい》があります。というのも、そもそもマリウスには政治センスというものが決定的に欠けていたのに対して、スッラのほうは「これ以上はない」と言っても過言ではないほどの政治センスの塊《かたまり》だった。

またローマの共和政についての考えも、マリウスはその軍制改革を見ても分かるとおり、現状対応の域を一歩も出なかったのに対して、スッラには確固たるビジョンがあった。

スッラは、現在の混迷の原因を、共和政というシステムが正しく機能していないためだと見た。そして、共和政を本来の姿に〝浄化〟することで、多くの問題は解決できると考えていたのです。

それでもマリウスが執政官として力を持っていた時代は、両者の対立は起こらなかった。

しかし、同盟者戦役の直後にスッラが執政官に就任したときから両者は激しく対立することになる。そして、この対立がその後、六年にわたって続くことになる内乱へと拡大していくのです。

この六年間の物語はあまりに入り組んでいるので、ここでそれを述べるのは避けますが、このスッラとマリウスの対立が引き金になって起こった内乱は、まさに流血に次ぐ流血でした。

かつての部下に対する怨念《おんねん》に駆られたマリウスが、復讐《ふくしゅう》のためにローマの市民千人を殺したかと思えば、ローマを武力制圧したスッラが今度は反対派四千人を粛清《しゅくせい》する。さらにこの他に、スッラの軍団とローマ追討軍《ついとうぐん》との戦いを加えれば、この間死んだローマ人の数は何万という単位になる。

内戦は同胞どうしが殺し合うがゆえに、どこの国でもどの時代でも悲惨になるものですが、このときの戦いも例外ではなかったのです。

「政治的人間」スッラ

ところで、すでに述べたようにスッラは、共和政に対して強い信頼感を抱いていた。

共和政が正しく機能しさえすれば、ローマの混迷は解決できると信じていた。

いわば、根っからの共和政主義者であるスッラがみずからの「私兵」を率《ひき》い、クーデターで政権を獲得したというのは、いかにも矛盾《むじゅん》したことに思われるかもしれません。

共和政を廃止しようとしたカエサルがクーデターを行なうのは当然のこととしても、なぜ共和政の浄化を政治理念とするスッラが、国法を破ってまで首都ローマに軍隊を進めたのか。

しかし、これはスッラに言わせれば論理矛盾でも何でもない。

彼にその理由を問えば、「素手《すで》でどうやって共和政を守れるというのだね」と平然と答えたでしょう。スッラは、改革は言論や説得だけでは行なえないことを知り抜いていた「政治的人間」だったのです。

スッラが元老院を半《なか》ば脅《おど》しあげる形で、任期無制限の独裁官に就任したのも、それゆえでした。

ローマの共和政では、独裁官《ディクタトール》とは有事のみに許される役職でした。しかも、その任期は半年と制限されている。集団指導をモットーとする共和政にとっては当然の規定でした。

もちろん、そのことはスッラもよく知っている。

しかし、彼に言わせれば「タガが外《はず》れかけている共和政」をもとの姿に戻すには、これしか方法はない。独裁官の提出する法案ならば、執政官や護民官などとは違って市民集会での議決を必要としない。そこで彼はあえて任期無制限の独裁官になったのです。

こうして「共和政を守る独裁者」になったスッラは矢継《やつ》ぎ早《ばや》に改革策を実施していきます。

そのいくつかを紹介すれば、次のようになります。

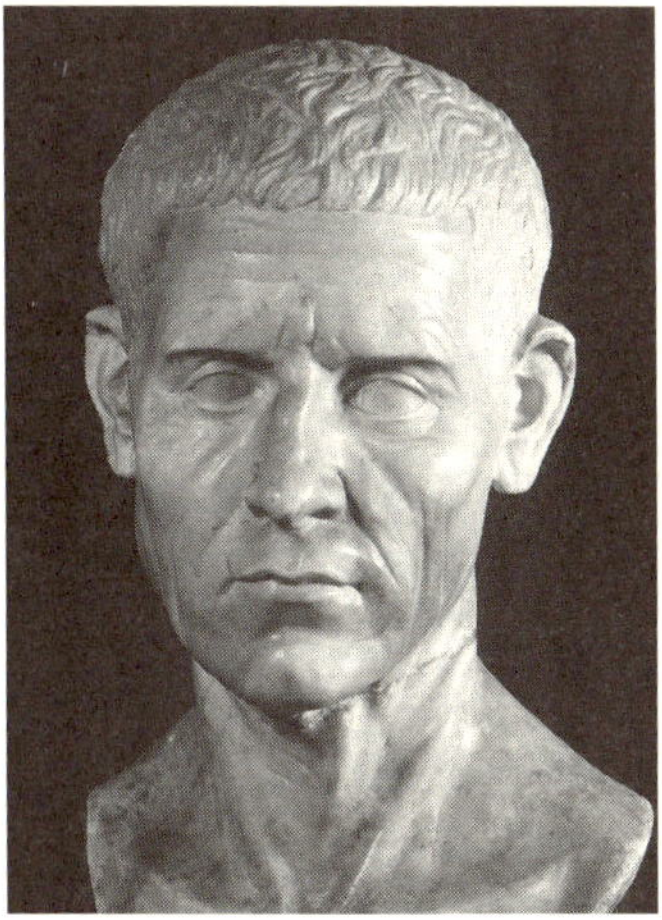
スッラ

元老院の増員

マリウスとスッラによる殺戮《さつりく》によって、定員三百人の元老院には百人近くもの欠員が出ていた。彼はそれを補った上で、さらに議席を倍増する。その新議員には騎士階級から多くが選ばれた。騎士階級を取り込むことで、元老院をより一層安定したものにする狙いがあったのは言うまでもありません。

さらに役職の定員などを改定することで、元老院内の年功序列制度を明確にした。集団指導体制が正しく動くためには、人事が秩序正しく行なわれる必要がある。そのためには、年功序列の制度が厳密に実施されねばならないというのがスッラの考えだった。

護民官制度の改革

元老院の議席を倍増すると同時に、スッラはかねてから元老院と対立することの多かった護民官の弱体化を図《はか》ります。

まず第一に従来は可能だった、護民官から別の役職へのステップアップの道を塞《ふさ》ぐ。従来は、護民官を経《へ》て元老院入りすれば、他の役職を経験し、執政官を目指すこともできた。スッラはその道を塞ぐことで、護民官を野心ある若者にとって魅力のない公務に変えたのです。

また護民官の再選には間に十年の期間を置くとし、グラックス兄弟のように連続当選する者が出ないようにも変えます。

軍事改革

スッラは自分でクーデターを起こしたがゆえに、政治と軍事を明確に分離することの重要性をよく知っていました。

そこで彼はまず、執政官の率《ひき》いる常備軍以外は国内に入れないと決めた。それ以外の、属州に置かれた軍団もその移動はかならず元老院の許可を得るものとし、どのような理由があろうとルビコン川を越えてはならないとしたのです。カエサルがルビコンを渡る際、「賽《さい》は投げられた」と叫んだのは、まさにこの規定ゆえでした。

さらにスッラは軍団の私兵化を防ぐため、軍団の司令官の任期をすべて一年限りにし、その任地も元老院が定《さだ》めることにした。また最高司令官は軍務が完了すれば、ただちに軍を解散することも義務づけられました。

要するにスッラは、失業対策としての志願兵制度は変えられない以上、あらゆる面でのシビリアン・コントロールを徹底することで、クーデターの再発を防ごうとしたのです。

スッラ改革の盲点とは

こうした「共和政浄化」の改革を次々と形にしていったスッラは、わずか二年で独裁官から退《しりぞ》き、さらには政界からも引退します。

長年にわたって温《あたた》めつづけてきたに違いない改革をすべて実現し、共和政を本来の姿に戻した以上、もはや自分の役目は終わったと考えたゆえの引退でした。

だが、そのスッラの改革は彼の死後、たちまちにして崩壊してしまうことになる。

ことに彼の目算《もくさん》が外れたのは、軍事改革をしたにもかかわらず、ポンペイウス、そしてカエサルといった人物が、自分の率いる軍団の力を背景にローマの政治の中心に躍《おど》り出てしまったことでした。

なぜ、スッラほどの男が行なった改革が、数年の生命しか持ちえなかったのか。

それはやはり、地中海全域を覆《おお》うようになったローマの拡大にありました。このことをスッラも見誤《みあやま》っていたと言うしかありません。

たしかに、スッラの行なったシビリアン・コントロールのプランはひじょうによくできたものでした。これならば軍団が指揮官の私兵となる危険性は最小限に抑えられたでしょう。

ただし、それには、「平時ならば」という条件が付きます。

ローマの版図《はんと》が大きくなったということは、それだけ内外に戦乱の危険が増えたことに他ならない。

事実、スッラの死後、ローマは属州スペインで起きたセルトリウス戦役（前八〇～七二年）、小アジアの同盟国ポントスで起きたミトリダテス戦役、さらに地中海上での海賊狩り（前六七年）と、出兵に次ぐ出兵を行なうことになります。いずれも、ローマが望んだ戦争ではなく、ローマの覇権を守るためには出兵せざるをえない戦いでした。

こうした「有事」が続けば、「無事」のときのルールを守っているわけにはいきません。一年と定めた指揮官の任期も延長せざるをえなくなるし、辺地に出動している軍隊を簡単に呼び戻すわけにもいかない。長い時間、苦楽をともにすれば、その軍団が指揮官に私淑《ししゅく》していくようになるのも当然すぎるほど、当然のことだったのです。

こうして、ローマの元老院体制は、ふたたび存続の危機に直面することになります。共和政にとっては最も忌《い》むべき「個人プレー」の時代の幕開《まくあ》けでした。

そこでまず登場したのがポンペイウスであり、そして次に現われたのがカエサルでした。そして、そのカエサルによって、ついに共和政はその幕を閉じることになるのです。

ミトリダテス戦役　紀元前八八年、ポントス王ミトリダテスはローマの混迷に乗じて勢力拡大に乗り出した。この動きをいったんはスッラが封じるが（第一次戦役）、スッラの死後、ふたたびポントス王が動き出した（第二次、第三次戦役）。この戦いは追いつめられたミトリダテスの自殺で前六三年、ようやく終結する。

第7章

「創造的天才」カエサル

終身独裁官

ルビコンを渡り、元老院側に立つポンペイウス派との内戦を終えたユリウス・カエサルが終身独裁官《ディクタトール・ペルペトウア》に就任したのは、紀元前四四年二月のことでした。本来なら六ヶ月が任期であるにもかかわらず、その制限を超《こ》えて独裁官に就任した例としてはスッラの「任期なしの独裁官」があった。カエサルの終身独裁官はスッラの二番煎《せん》じのように見えて、その意味するところはまったく違いました。

まず、スッラの場合、彼の独裁官就任は、彼の考える改革を断行するための方便《ほうべん》であって、一種の緊急避難的措置と言えます。事実、彼は自分の予定していた改革を独裁官権限ですべて実現させると、ただちに職を辞したばかりか、政界からも引退してしまった。

だが、カエサルの場合はそうではありません。

カエサルにとって、終身独裁官の就任は方便などではなく、それ自体に大きな目的があった。

というのも、終身独裁官という職務の誕生は「共和政の終わり」を意味したからです。

たしかに、カエサルが政権を掌握《しょうあく》したのちも、ローマには元老院も護民官も残っていたし、市民集会でさえも形としては残っていました。したがって外からは、ローマの共和政は健在であるかのように見えます。

だが、そこに終身独裁官が登場することによって、まったく別の様相を呈《てい》することになるのです。

本来、独裁官とはローマ共和政における危機管理システムであったということができます。

国家存亡の有事の際、二人の執政官が独裁官を指名すると、その瞬間から執政官も護民官も、そして立法権を持つ市民集会も無力になる。独裁官が決定した政策は、市民集会を通さなくても正式の法となるし、護民官はその最強の武器である「拒否権《ヴェトー》」を発動することも許されない。つまり、これは独裁官の在任中はローマの共和政が停止されるということに他なりません。

したがって、カエサルが「終身《ペルペトゥア》」の独裁官になったということは、彼が生きている間、ローマの共和政がずっと停止されることを意味しました。カエサルは独裁官に「終身」の一語を加えることで、ローマの政体を事実上、完全に変えてしまったのでした。

「スッラは政治が分かっていなかった」

いったいなぜ、カエサルは共和政を廃止し、新しい政体、すなわち帝政へとローマを移行させたのか。そのことを理解するためには、やはりスッラと比較するのが分かりやすいでしょう。

前章でも述べたとおり、スッラはローマ混迷の真の原因を「共和政の乱れ」にあると考えました。共和政が本来の働きを取り戻せば、すべての問題は解決される。ことに元老院の権力と権威の回復が不可欠だとスッラは考えたのです。

そこでスッラは元老院主導体制に異を唱《とな》える「民衆派」の人々を容赦《ようしゃ》なく弾圧し、殺し、彼らの財産を没収していきました。スッラの前にローマで虐殺《ぎゃくさつ》を行なったマリウスは、スッラにローマを追われた怨念《おんねん》から五十人の元老院議員と千人の騎士階級を殺しましたが、スッラの場合、そこには怨念のような感情の入り込む余地はなかった。スッラは「共和政の浄化」のために必要という信念から反対派を粛清《しゅくせい》したに過ぎなかったのです。

この、スッラの認識とは正反対の考えを持っていたのが、カエサルでした。

カエサルにとって「ローマの混迷」とは、結局のところ共和政、もっと言えば元老院主導体制のもたらしたものだったのです。

カエサルに代わって説明すれば、次のようになるでしょう。

――どんな制度であろうと、それが人間の作ったものである以上、「規模の限界」は免《まぬか》れない。ポエニ戦役によってローマの領土が急成長した時点で、すでに共和政の寿

軍装のカエサル

命は尽《つ》きていたのだ。たしかにローマがハンニバルと対決した時点、つまりローマの勢力圏がイタリア半島の内側に留《とど》まっていた段階では、共和政は実によく機能していた。だが、それがイタリア半島を越《こ》え、地中海が「我らが海《マーレ・ノストウルム》」になった時点で、元老院は機能不全を起こすことになった。

たしかに「寡頭政治《オルガリキア》」は、その組織力や安定度においては他の政体よりも優《すぐ》れているかもしれない。だが、広大な領土をコントロールするには、何よりも効率が要求されるようになる。言い換えればスピードである。

たとえば、ローマの辺境で大規模な反乱が起きたと考えてみるといい。現行の元老院体制では、その反乱を制圧する軍隊を派遣するのに、どれだけの時間がかかるか分からない。元老院で討議を重ねていくうちに戦線は拡大していくのが分かっていても、元老院会議が決定を下さなければ執政官は軍団を派遣することさえできないのだ……。

スッラが元老院議員の定員を六百人に増員してからというもの、元老院の非効率さはさらにひどくなっていました。一つの政策を決めるのにもより多くの時間がかかるようになっていたし、場合によっては議論が紛糾《ふんきゅう》したまま、何も決まらないことさえ珍《めずら》しくなかったのです。

カエサルが「スッラは政治が分かっていなかった」と、彼にしては辛辣《しんらつ》な評言を下したのには、このような理由があったのでした。

真の改革とは再構築である

では、カエサルが終身独裁官に就任することで行なおうとした改革とは何であったか。
ともすれば改革とは古い殻《から》を脱ぎ捨てて、新しい制度を起こすことだと思われがちです。

しかし、真の改革とは結局のところ、リストラクチャリング、つまり再構築をすることであり、カエサルが行なおうとしたのも、それに他なりませんでした。

どんな民族であろうと、どんな組織であろうと、自分たちの体質にまったくないものを外部から持ってきて移植してうまくいくはずはない。たとえ一時は劇的な成功を収めたとしても、土壌に合わない改革では定着はまずもってむずかしい。

したがって、改革とはまず自分たちが持っている資質や特質の、どれを生かし、どれを捨てて組み合わせていくかという再構築の形を取るしかないのです。

カエサルが行なおうとした「新生ローマ」への改革もまさしくそれでした。

すでに述べたとおり、カエサルは「ローマの伝統」と思われていた共和政体制は、もはや時代に合わないとして切り捨てる覚悟はしたわけですが、その一方でローマ人が王政時代から連綿《れんめん》と持ちつづけてきた「敗者をも同化する」という精神は捨てなかった。

いや、捨てなかったどころか、それを最大限にする努力を行なった。これがカエサルの行なった「リストラ」の本質だったのです。

カエサル流の「平和宣言」

カエサル以前の元老院にとって「ローマ」とは、かつての都市国家ローマであり、せいぜい視野を広げてもイタリア半島を出ることはありませんでした。ローマの国境とされたルビコン川の外はローマの属領ではあっても、ローマではない。これが元老院の考えだったのです。

こうした元老院の鎖国主義は、次のように要約することもできます。

イタリアは全地中海の支配者であらねばならない。
ローマが全イタリアの支配者であらねばならない。
元老院が全ローマ市民の支配者であらねばならない。

同盟者戦役によって、イタリア半島域内ならばすべての市民がローマ市民権を得る道が開かれはした。しかし、元老院の発想はそこで終わりであり、ローマ中心主義からついに脱却することはなかったのでした。

これに対してカエサルには、最初から国境という概念はなかった。彼にとってローマの覇権《はけん》下にある地はすべてローマであったのです。

彼はそのことを、首都ローマの周囲に巡《めぐ》らされていた城壁を壊《こわ》すことで、ローマの市民にデモンストレートしてみせます。

古代から中世に至るまで、ヨーロッパでもシナでも都市とは城壁で守られた内部のことであり、外敵から住民を守るための城壁は都市には不可欠なものとされていました。

この一事ならばローマも例外ではなかったのです。第六代ローマ王のセルヴィウスが建造させたセルヴィウス城壁はローマの七つの丘を取り囲んでいました。その堅固さは、かつてハンニバルでさえローマ攻略を躊躇《ちゅうちょ》したほどだったのです。

ところが、このセルヴィウス城壁をカエサルは取り壊した。

何事《なにごと》を行なうにせよ、単独の理由では行動しなかったカエサルのことです。城壁の撤去には「狭くなったローマ市街を拡張するため」という現実的な目的もありました。カエサルはローマ中心部の再開発にも取り組んではいましたが、用地の絶対的不足は再開発ぐらいでは解消できない。都市としてのローマの発展を図《はか》る上で、城壁の撤去は必要なことでもあったのです。

しかし、そうした実利もさることながら、カエサルにとっての「新しいローマ」には、城壁ほど不似合いなものはなかった。

城壁とは、人々の心に「内」と「外」の区別を産み出す。元老院議員の特権意識も、壁が産み出したものと言えなくはない。さらに城壁は人やモノの自由な往来を妨《さまた》げてしまう。

そこでカエサルは常識破りの城壁撤去を行なうことで、「都市国家ローマの時代は終わった」ということを内外に明らかにしたのです。

さらに言えば、壁の撤去はカエサルによる平和宣言でもあった。

すなわち、新しいローマにおいては首都防衛を考える必要はないほどに平和になるのだという決意表明です。防衛は、遠隔地にある国境で成されるのだからと。

事実、この後、ローマは三百年にわたって「城壁なしの首都」として存在しつづけます。ローマ帝国の代名詞にもなる「ローマによる平和《パクス・ロマーナ》」の時代の始まりでした。

ガリアから来た元老院議員

ローマの覇権の及ぶところ、すべてローマである——このカエサルの思想が明確に表われたのが属州統治《とうち》のあり方でした。

ローマ改革の一環として、カエサルは元老院改革に着手するのですが、スッラが六百人に増員した元老院の定員を、さらに彼は九百人に増やした。スッラは元老院の力を強化するために増員したのですが、カエサルの意図はそれとは正反対です。つまり、定員を増やせば増やすほど、従来のような形で元老院が持っていた権威と権力は弱体化すると考えたからです。

その三百人の「新参者《しんざんもの》」議員の中で、ひときわ目立ったのは「アルプスの向こう側」からやってきたガリアの部族長たちでした。カエサルは、自分が多年にわたって戦ってきた「敵」に、ローマ市民権を与えたばかりか、元老院議員の資格まで与えた。まったくもってカエサルは「敗者をも同化する」というローマの伝統に忠実でした。もちろん、旧敵でも、部族内に影響力を持つ有力者に限って、ではあったとしても。

ガリアからの「新参者」の姿を見て、ローマの市民たちはそれを笑い話に仕立てたものでした。

「元老院議員なのにローマ市内の地理さえ知らないんだから」

「いや、ローマの地理ならまだしも、ラテン語さえ覚束《おぼつか》ないんだからね」

「連中はトーガの下にズボンを穿《は》いているそうだ」

ローマ人はトーガと呼ばれる長い布を巻き付けた形の長衣を着ていましたが、ガリア人の「民族衣装」は長いズボンであったのです。

しかし、ローマの市民ならばガリア人を笑えばそれで気が済んだが、元老院議員にとっては不愉快きわまりない事態でした。彼らにとって「ローマの伝統」とは、ラテン民族だけで構成される元老院であったからです。

といっても、はたして現代の私たちに彼らを笑う資格があるでしょうか。

カエサルがやったことを近現代史に置き換えれば、大英帝国の議会にインド人のガンジーやネールを迎えるようなものであり、ナバホ族の族長がアメリカの上院議員に推薦されるようなもの。デモクラシーの伝統を誇るイギリスもアメリカも、もちろんそのようなことはしていません。

しかし、カエサルがガリアの有力者たちに元老院の議席まで与えたのは、キリスト教の博愛の精神や近代デモクラシーの平等の精神といった抽象的な理念ゆえではなかった。彼の考える「新しいローマ」にとって、こうすることが共生を実現する道につながると判断したからに他ならない。

事実、ルビコンを越えたカエサルがポンペイウスとの戦いを繰《く》り広げている間でも、征服されて間もないガリアの諸部族は反カエサルに起《た》っていません。ローマが二つに分かれて抗争しているこのときこそ、ガリア人にとってローマに反旗を掲《かか》げる好機であったにもかかわらず、です。

カエサルはガリアを征服はしましたが、だからといってガリアを征服し支配し搾取《さくしゅ》する地とは考えなかった。たとえ民族や文化や風習が違っていても、ひとたびローマの覇権下に入れば、そこはもう国家ローマになる。このやり方こそが結局はローマに利益をもたらす最良の方法だと知っていたのです。

そこで彼はガリアの有力者たちには、惜《お》しみなくローマの市民権も元老院の議席も与えたし、彼の家門名であるユリウスさえも与えたほどでした。

これを見てキケロやブルータスをはじめとする元老院議員たちは眉《まゆ》をひそめたのですが、カエサルにしてみれば「これこそローマ古来のやり方ではないか」という想いであったはずです。

属州もまたローマなり

「属州」を意味するラテン語のプロヴィンチアは、現代イタリア語でもそのまま使われている単語なのですが、現代ではこの語を「県」、あるいは「地方」という意味で用いています。

たとえば「ミラノ県」と言った場合の「県」はプロヴィンチアだし、また地方出身者と言うときの「地方」もまた、プロヴィンチア。

つまり、現代のプロヴィンチアには、どこにも「支配される土地」という意味合いは含《ふく》まれていないのですが、これはイタリア語に限った話ではありません。

南フランスの「プロヴァンス」もまた、ラテン語のプロヴィンチアから来た言葉です。かつてはローマ人によって支配されていた側の人々が、自分たちの故郷を「属州《プロヴァンス》」と呼ぶというのは、おかしな話にも思えるかもしれません。

しかし、カエサルの登場によって、本国ローマとその属州の関係が変わったことを知れば、不思議でも何でもなくなるのです。

属州が「ローマ本国によって直轄《ちょっかつ》支配される土地」から「ローマの一地方」という位置づけに変われば、そこで行なわれる政策も当然変わります。

ローマはかねてから、属州民から属州税を徴収していた。敵が襲ってきた際にはローマの軍団が駆《か》けつけるのだから、安全保障費と考えて収入の十分の一を納《おさ》めよというわけですが、その徴収はプブリカヌスと呼ばれる徴収業者に任《まか》せていました。

プブリカヌスは役人ではなく、民間業者だから抜け目がない。どうやら報酬はパーセンテイジであったらしく、税を多く取れば取るほど、彼らの収入も増えるし、また税金を払《はら》えない人には高利でカネを貸し付けていたので評判が悪かった。

カエサルは、これを改めました。

といっても、収入の十分の一を属州税として納めるのは変わらない。だが、評判の悪いプブリカヌスを廃して、公正な徴税が実施されることに大変な配慮をしています。

「カネの恨《うら》み」は古今東西変わらない。それが誰《だれ》一人、好きな人のない、税金となればなおさらのことです。税の公正実施は、属州統治の安定にとって必要不可欠なことだったのです。

それでカエサルは納税者リストを公開し、ガラス張りの中で徴税が行なわれるようにした。もちろん、徴税業務も公的な機関によって行なわれるようになったのは言うまでもありません。ただしこの政策で、プブリカヌスたちを敵にまわしてしまうことにはなりましたが。しかし、誰もが賛成するような改革は、改革ではないのです。

「一石三鳥」の植民都市建設

徴税上の問題を解決すると同時にカエサルが行なったのは、属州にもローマ市民を積極的に増やしていくという方策でした。

ローマと属州とが「運命共同体」になるには、属州にもローマ市民権を持った人を増やすことが大前提になると、カエサルは考えた。

そこで、彼は大きく分けて二つの方法で、属州在住のローマ市民を増やしていった。第一は、属州民にローマ市民権を与えるという方策です。

古くからローマ人たちは「敗者をも同化する」という独特の哲学を実践していたのですが、それを属州民にも適用することにしたのです。

まずカエサルは、属州になって久しく住民のローマ化も進んでいる、北イタリア属州の自由民すべてにローマ市民権を与えた。また、ローマ化の程度がやや低いシチリアや、南仏属州の民には「ラテン市民権」を与えることにした。ラテン市民権とは簡単に言ってしまえば「参政権抜きの市民権」ということになるのですが、もちろんこの措置には

「いずれは正式のローマ市民権を与える」という含《ふく》みがあったことは言うまでもありません。なにしろ「ラテン市民権」は、「準《セミ》ローマ市民権」でもあったからです。

こうした措置に加えてカエサルは、ガリアや北イタリアにとどまらずスペインの原住民中の有力者たちにも、ローマ市民権を与えたのです。後世の歴史家たちが、ヨーロッパはカエサルが創造した、とするゆえんです。

そしてこれが第一の方法とすれば、第二の方法としてカエサルが行なったのは、ローマ市民を属州に送り込んで、そこで「植民都市《コローニア》」を造らせるということでした。すでにローマ連合の時代、ローマはイタリア半島の防衛拠点に植民都市《コローニア》を建設していましたが、それを属州にも広げるというのです。

といっても、このアイデアはカエサルの独創ではありません。かつてグラックス兄弟の弟ガイウスが一度は試みはしたものの元老院によって潰されたカルタゴもそうだし、ポエニ戦役当時にスキピオ・アフリカヌスがスペインに建設させたイタリカも、ローマ人が建設した本国外の「コローニア」の例です。カエサルが実行したのは、この種の植民都市をより多くより広く建設していくことだったのです。

カエサルのこの政策によって、属州に移住したローマ市民の総数は八万人にも上ったと言われています。

ローマ市民からは「本国の外」と思われていた属州への植民は、あたかも「棄民《きみん》」のように思われがちですが、そうではない。

というのも、植民者となったのはローマにいても就《つ》く仕事のない失業者であり、またポンペイウス派との内戦が終わった以上は、解散するしかないカエサル軍団の兵士だったからです。

カエサルが「植民都市」を各地に建設したのは、属州にローマ市民権の持ち主、つまりローマ市民を増やすと同時に、失業対策、そして軍団兵士の再就職対策という「一石三鳥」の効果を狙《ねら》ったものであったと言ってもよい。

ローマの法では、ローマ市民が属州の女とであろうと結婚して作った子には、ローマ市民権が与えられることになっていました。

ローマの軍団では、退役除隊するまで結婚を許されない。したがってローマ軍団兵も現役中は独身ですが、満期除隊となれば以前から親しくしていた現地の女と結婚するのが普通だったのです。こうした道もあって現地住民の血を引くローマ市民が増えていけばいくほど、属州とローマは一体化していくというわけでした。

カエサルの考えたとおり、属州への積極的な植民政策はローマにとって大きな意義を持つことになりました。後年には、こうした植民者の子孫の中からローマの皇帝になる人が何人も出てくるのです。

ローマと属州は「運命共同体」への道を確実に歩みはじめていたのでした。

「コスモポリス」

カエサルはローマ本国と属州との一体化を進めるための方策として、これ以外にもさまざまな政策を具体化していきました。

首都ローマと属州とを結ぶ街道ネットワーク整備もその一つですが、この他にカエサルは通貨の改革、ユリウス暦《れき》の制定も行なっています。

現代の我々からすれば驚くしかないのが、ローマは建国から五百年近く、自前の通貨を持っていなかったということです。

ローマが最初に通貨を作ったのは、イタリア半島を統一したのちの紀元前二六七年になってから。それまでは南イタリアのギリシア系都市国家の発行する通貨が、ローマでも流通していたのです。

そして自前の通貨発行後のローマでは、元老院が造幣権を一手に握《にぎ》っていたのですが、カエサルはこれを取り上げて国立の造幣所を開設し、そこで金貨・銀貨を作らせることにした。

といってもカエサルは、「統一通貨」を発行しようと考えたのではない。彼が考えたのは、今日で言うところの「基軸《きじく》通貨」の確立でした。

ローマ覇権下の全地方の経済を一体化させるのならば、中央集権的に通貨を統一したほうが便利かもしれない。しかし、彼が作ろうとしていた帝国とは、中央集権と地方分権が適度にミックスした「コスモポリス」（世界国家）であったのです。

だから、ローマ通貨以外の通貨の発行や流通が禁じられたわけではありません。アテネのように昔から自前の通貨を持っている自治都市や属州の一部では、以前と同じ通貨の発行が認められていました。

彼の名前を冠《かん》したユリウス暦の制定にも、こうしたカエサルの考えが反映されています。

それまでローマで使われていたのは、月の満ち欠けに基《もと》づく太陰暦《たいいんれき》であったのですが、太陰暦だと一年は三百五十五日。したがって、年を経《へ》るごとに太陰暦では、実際の季節の進行と暦《こよみ》との間にずれが生じてきてしまう。

そこでカエサルは同盟国のエジプトから天文学者、そしてギリシアからは数学者を招いて、正確な暦作りに着手する。そうしてできあがったのが一年が三百六十五日で、四年に一回、うるう年が入る太陽暦でした。これがユリウス暦です。

その当時の最先端科学に基づいて計算されたユリウス暦は、その正確さから長くヨーロッパや地中海世界、そして中近東で用いられていくことになるのですが、といってもカエサルは、自分の名を冠して呼ばれるようになったこの暦の使用を強制しませんでした。暦とはそれぞれの民族の文化と密接に関係していることをよく知っていたからです。

「ユリウス暦」も基軸暦のつもりだったのですね。

集権と分権と

カエサルは属州統治のやり方についても、こうした分権の要素を導入しています。

といっても、ローマ本国の直轄地《ちょっかつ》と位置づけされている属州なのですから、無論、「地方自治体《ムニチピア》」のように完全な自治を行なうわけにはいきません。そこでカエサルは、共和政の時代から元老院議員の中から選ばれて任命されることになっていた「属州総督」はそのまま残しました。したがって、基本はあくまでも、中央集権。

本国から派遣される属州総督は、属州における軍事、徴税、司法、行政の総責任者と言えます。

しかし、司法や行政についてカエサルは属州ごとに「属州議会」とも言うべき自治組織を作らせ、そこに一部を委《ゆだ》ねることにしました。ローマ本国から派遣された総督が、属州民社会の内部のことにまで口出ししすぎて、ローマの中央政府への反感を巻き起こす原因になることを懸念《けねん》したからです。

一口に属州と言っても、その社会のあり方はまちまちです。

たとえばガリア人の場合、広いガリア地方だけに百以上と言われた数の部族が存在する。この部族間で摩擦が起きた場合、それを属州総督が最初から乗り出して解決するのではなく、各部族の長どうしで話し合ったほうが話が早く済むかもしれない。そこでカエサルはガリアを征服するや、征服前から存在した部族長会議を潰《つぶ》すどころか奨励し、そこで多くの問題を話し合えるようにした。ガリア戦役当時は、カエサル自身が議長を務《つと》めたこともありました。

もちろんこれは、部族社会であったガリアやスペインなどの話で、早くから都市国家が成立していたギリシアでは事情が異なります。ギリシアの各都市では、選挙による議会がその役目を果《は》たすことになります。

広大なローマ領を統治するには、中央集権一本槍《いっぽんやり》ではできない。あくまでも「ケース・バイ・ケース」で行なう。これは古くからローマ人が活用してきた知恵であり、それをカエサルも踏襲《とうしゅう》したというわけでした。

攻《せ》めの時代から守りの時代へ

カエサルがローマと属州との一体化を図《はか》り、国家ローマ全体を運命共同体になるよう心を砕《くだ》いたのは、ローマを高度成長から安定成長路線へと導《みちび》くためであったとも言えます。

ロムルスの時代からポエニ戦役に至る約六百年は、途中にケルト・ショックの挫折《ざせつ》はあったものの、ローマは基本的には拡大路線をひたすら進む歳月でした。王政から共和政への移行も、ローマがさらに拡大していくためには必要不可欠なことだった。

しかし、こうした拡大路線もやがてはピークを迎える。

それがポエニ戦役でした。共和政ローマはカルタゴとの決戦を経て、ついに地中海全域の覇者《はしゃ》となった。

本来なら、ここでローマはシフト・ダウンをして安定成長路線に転じるべきであったのです。急激に膨張したローマの領土をいかにして統治するか。それをメイン・テーマにした国家改革が行なわれるべきだった。

ところがポエニ戦役の後もローマの政体は変わらなかった。あまりにも成功体験が華《はな》やかであるがゆえに、コース変更をすることができなかった。そこで起こったのが「勝者の混迷」とも言うべき事態でした。

その最たる例はローマ連合です。

ポエニ戦役の勝利によって、ローマ連合はその存在意義を事実上、失ってしまいます。もはやローマやイタリア半島を侵略してくる敵がいなくなった以上、防衛のための同盟を結ぶ必要はなくなっていた。にもかかわらずローマは、以前と同じ連合を維持しようとした。そして、この矛盾《むじゅん》が引き起こしたのが、同盟者戦役であったのです。

カエサルは、ローマがいわば「攻めの時代」から「守りの時代」に入ったことを冷徹に認識していました。攻めの時代《せ》には有益であったことも、守りの時代には有害に変わる。元老院主導体制はその最たるものだし、また属州統治のやり方にしてもしかりです。
これからのローマにとっては何よりも安定が必要であり、これ以上の領土拡大は必要ない。これがカエサルの基本認識でした。

……と書くと、読者の中には「カエサル自身が行なった、八年にわたるガリア戦役は何だったのか」という反論が出てくるに違いありません。ガリア征服とは拡大路線の継承ではないか、というわけです。

しかし、カエサルにとってのガリア戦役とは、ローマの拡大路線にピリオドを打つためにも、絶対になし遂《と》げておかねばならないことだったのです。

ガリア問題とはゲルマン問題だった

紀元前六〇年、ポンペイウス、クラッススという軍巨頭と組んで「三頭《さんとう》政治」を開始したカエサルがまず着手したのが、アルプスの北側に広がるガリア地方を完全制圧することでした。

紀元前三九〇年のケルト・ショックを引き合いに出すまでもなく、ローマにとって北方のガリア人（ギリシア名・ケルト）の存在は国家防衛上の脅威でした。

そのガリアにカエサルはみずから軍を進めたわけですが、彼の真の目的は実はガリア民族ではなく、さらにその向こうに住むゲルマン民族だったのです。

どんな問題であれ事《こと》の本質を見通す能力を持っていたカエサルは「ガリア問題」とは要するに「ゲルマン問題」なのだと知っていました。

ガリア人がしばしば南下をしてローマに侵入してくるのは、けっして好きこのんでのことではなく、ガリアの東方に勢力を張る狩猟民族のゲルマン人たちがライン河を越えて、ガリア人の住む地域にまで進出してくるために、ドミノ倒し的にローマにガリア人が押し寄せてくるからです。つまり、ガリア人の南下とは、難民問題でもあった。

したがって、ガリア人の南下を止めるには、ゲルマン人を彼らの本拠地であるライン河で押しとどめればよい。そうすることによってガリアをゲルマンの脅威から解放すれば、元来は定着型のガリア人なのだから、イタリア半島に侵入してくることもなくなる。

こうした観察を踏まえてカエサルが出した結論が、ガリア戦役であったのです。

すなわちガリア戦役とは、侵略欲や領土欲のために行なわれたものではない。それとは反対にローマの安全を確立するための戦争だったのです。

カエサルはローマの勢力範囲はライン河までで充分とし、それ以上の拡大は必要ないと判断した。ゲルマン人はそもそも狩猟民族であり、独自の文化を持っているので、彼らをローマ化していくのは大変な努力を要する。いや、不可能と言ったほうがいい。

そこでライン河の防衛体制を確立し、ゲルマン人を封じ込めることに専念すれば、それで充分なのだと考えたのです。そうすればガリアの地はおのずから平穏になり、ローマも反乱や侵入を恐れる必要もなくなる。そこでカエサルはまずガリアの地に兵を進めることにしたのです。

カエサルは同様の現実的判断から、ローマ帝国にとっての防衛線は、このライン河にドナウ河、そしてユーフラテス河と考えていた。

実際、カエサルはライン河防衛線の確立のためにガリア戦役を行なっただけではなく、東方のパルティアへも遠征を行なうことでユーフラテス河防衛線を確立し、その帰途《きと》にはドナウ河防衛線の構築までもする予定でいたのです。

残念ながらこの大遠征は、彼の暗殺によって実現しなかったのですが、カエサルの防衛構想は帝政の時代に入っても受け継《つ》がれ、ローマ帝国の安全保障システムの基本方針となっていきます。

まさにカエサルこそ、ローマ帝国の「グランド・デザイン」の設計者であったのです。

カエサルがヨーロッパを作った

ところで、カエサルによるローマ帝国の安全保障構想は、ローマ史のみならず、後代のヨーロッパ史にも大きな影響を与えることになります。いや、そればかりか「カエサルがヨーロッパを作った」とする人が多い。

事実、現在の西ヨーロッパの都市の多くは、カエサル以後のローマ帝国時代に作られた、軍団基地や植民都市を起源としています。フランスのリヨン、ストラスブール、フレジュス。ドイツのケルン、ボン、マインツ。イギリスのヨーク、チェスター、バース。オーストリアのウィーン、ハンガリーのブダペスト、セルヴィア、ユーゴスラヴィアのベオグラード。これ以外にも至るところにあって、挙《あ》げていくのが疲れてしまうくらい。はっきり言って、ヨーロッパは古代ローマ人によって作られたのですね。

英国の首相ウィンストン・チャーチルも「大英帝国の歴史は紀元前五五年八月二十六日に始まる」と書いている。カエサルとその軍団がブリタニア、つまり現代のイギリスに上陸した日をもって英国史が始まるというのです。

ガリア遠征をしたカエサルは、ブリタニアを叩《たた》かない限りガリアの安定はありえないと考え、それを実行に移しました。当時のブリタニアはローマに対する抵抗運動支援の拠点となっていたからです。

しかし、カエサルは遠征はしたものの、ブリタニアを完全制覇して属州にすることまではしなかった。ブリタニアがローマに組み込まれるのは、一世紀後のクラウディウス帝の時代を待たねばなりません。

だから、チャーチルがカエサル上陸の日から大英帝国の歴史が始まると書いたのは、いささか子どもじみていなくもない。しかも、ブリタニアはカエサルにさんざん叩かれたのですから、自慢できることでもないのに。

イギリスは伝統的に古代ローマ研究の盛んなところですが、その熱意もカエサルのブリタニア遠征にあるのでしょうか。

イギリス人の研究者たちに言わせれば、イギリスの原点はローマ帝国にあるのだからローマ研究が盛んになるのは当然のことではないか、となるのだからこれも愉快な話です。実は彼らのこうした主張は、イギリスと並んで古代ローマ史研究の盛んなドイツを意識したもので、イギリス人からすれば「ドイツなんてカエサルに征服されていないじゃないか」となるのですからね。

立派な大人、それも学者ともあろう人たちが……と、日本人の私は微苦笑させられてしまうのですが、このような感じにしろカエサルの存在は、今なお強烈に意識されているのかもしれません。

なぜカエサルは「寛容」を掲《かか》げたか

さて、こうした「新しいローマ」のグランド・デザインを描き、それを次々と具体化していったカエサルでしたが、そのカエサルの構想を正しく読みとり、理解できた同時代人はほとんどいなかったと言ってもよい。

何しろ、当代一の知識人とされ、鋭《するど》い知性の持ち主ではあったキケロでさえ、当初はカエサルが共和政の再建に力を貸してくれると信じていたくらいなのです。

ですから、終身独裁官に就任し、次々と新政策を実行していくカエサルに対して、ローマの中では「カエサルは、みずからがローマの王になる気ではないか」と考えた人は少なくなかった。

無論、カエサル自身にはローマを私物化する気など毛頭ない。彼にあったのは、領土が拡大した今のローマに適した統治のシステムは何か、という問題意識だけだった。そして彼は、それを君主政に見たのです。だが、そうした彼の思考を正確に読みとれた人は少なかったのです。

まさにカエサルが生前に書き記《しる》したとおり、「人間ならば誰にでもすべてが見えるわけではない。多くの人は自分が見たいと欲することしか見ていない」ということなのでしょう。

しかし、ここまで冷徹にローマ世界の現実を見ていたカエサルなのに、彼は反対勢力の人々をけっして弾圧しようとは考えなかった。それればかりか政権に就くや、「寛容《クレメンティア》」をモットーに掲《かか》げ、かつては剣を交《まじ》えたポンペイウス派の人々の安全な帰国を保証したほどでした。

スッラは自分の改革の前に立ちふさがる反対者たちを弾圧し、粛清することに何のためらいも覚えなかった。何しろ彼は用意周到に「処刑者リスト」を作ったほどであった。

だが、そのスッラによって、若いころには一時は亡命さえ余儀なくされた経験を持つだけに、カエサルは弾圧や粛清が、後々までしこりとなって残ることをよく知っていた。だからこそ、あえて困難を知りつつ、敵も味方もなく一致団結してのローマ新生を願ったのでした。

カエサル死す

それにしてもカエサルの「寛容」は、あまりにも徹底したものでした。

何しろ、終身独裁官に就任するや、自分の護衛隊を解散してしまい、丸腰《まるごし》同然でローマの市内を平気で歩いていたのです。「身の安全を心配しながら生きていたのでは、生きた気がしない」というのがその理由でした。

こうなると、カエサルの寛容は合理的計算の結果というよりも、「これが彼の気質だから」と言うしか説明できない。

人間には誰にも「どんなことがあっても、自分にはそれだけはできない」というものがあります。行動の美学と言い換えてもいい。あれだけ冷徹な知性を持ちながら、自分の敵を徹底して排除しなかったのは、結局のところ「これがカエサルなのだ」と言うしかないのです。

事実、カエサルはキケロに対して、次のような手紙を書いています。

「私が自由にした人々がふたたび私に剣を向けることになるとしても、そのようなことに心をわずらわせたくない。何にもまして私が自分自身に課しているのは、みずからの考えに忠実に生きることである。だから他の人々も、そうであって当然と思っている」

彼がわずかに行なったのは、元老院議員たちを集めて誓約をさせたことくらいでした。

「カエサルを敵視する者は彼らにとっても敵であり、その敵に対してはカエサルの身を守る」

自分の身を守る鎧《よろい》は信義だけでよいと、カエサルは考えたのでしょう。

この元老院での誓約からわずか二ヶ月後の紀元前四四年三月十五日、彼は暗殺されます。「カエサルは王位を狙っている」という確信から彼に剣を突き立てたマルクス・ブルータス以下十四名の元老院議員たちによって。

このときカエサルは五十五歳。

暗殺者たちの剣を浴びて元老院の議場の床に倒れたとき、最後にカエサルがしたのはみずからの遺骸《いがい》が見苦しくならないよう、トーガの裾《すそ》を身体に巻きつけることであった
——古代ローマの史書はそう伝えています。

第8章 「パクス・ロマーナ」への道

「国家」は誰のものか

紀元前四四年三月十五日、ブルータスとその同志たちがカエサルを暗殺したのは、最高権力者となったカエサルに対するひがみや嫉妬《しっと》からではなかった。彼らは彼らなりにローマの未来を憂《うれ》え、カエサルを肉体的に抹殺するしかないと考えたのです。

共和政体はローマの誇りであり、ローマの栄光の源泉であると考える彼らにとって、終身独裁官カエサルがすでに行ない、これからも行なおうとしている改革とは、ローマそのものの否定と映《うつ》った。そしてカエサルはみずからが王になることで、ローマを別の国にしようとしているのではないかと恐れたのです。

そこでブルータスたちはローマの共和政を守るために、カエサル暗殺を決意する。彼らの「憂国《ゆうこく》の情」は、その意味では純粋であったと私は考えます。

しかし、「ローマを守る」という憂国の情はけっしてブルータスたち暗殺者だけの独占物ではなかった。ローマを愛し、その将来を憂うという点においては、カエサルもまた同じだった。ただ、ローマに対する想いのあり方が、カエサルと暗殺者たちではあまりにも大きく違っていた。だからこそ、ブルータスにはカエサルのやろうとしていた大改革の意味が理解できなかったのです。

カエサルが終身独裁官という前代未聞の地位に就任してまで行なおうとしていたのは、ローマという「国家」を守るということでした。

古代ローマの人々は国家を「レス・プブリカ」という言葉で表わすのが常《つね》でした。現代イタリア語のレパブリカ、英語のリパブリックのもととなるこのレス・プブリカは、普通「共和国」と訳されますが、もともとの意味にまで遡《さかのぼ》って日本語に訳すとすれば、共同体とか公共という意味になる。

つまり、古代ローマ人にとっての国家とは住民共同体であり、それゆえに、公共の利益のためにこそ存在するものであったのです。

国家は一部の特権階級や個人の利益のためにあるのではない。国家の目的は、その中で暮らす人々の幸福を高めることにあるのだというのが、一貫したローマ人の思想でした。そして、カエサルもまた国家とはレス・プブリカだと考えていた。

この「レス・プブリカ」としてのローマを守るには、もはや共和政を廃《はい》するしかない。これがカエサルの覚悟であり、憂国の情だったのです。

ローマの使命

そもそも共和政が生まれたのは、言うまでもなく公益を守るためでした。ローマを一人の王の独占物にするのではなく、公共のものとするためにこそ、共和政は作られた。

ところがその共和政が今や、公共の利益を損《そこ》なうものになってしまっている。「どんなに悪い事例とされていることでも、それが始められたそもそものきっかけは立派なものであった」

と言ったのは、他ならぬカエサルでした。

共和政もまた立派な動機で始められたが、今やそれはかえって害をもたらすように変わっている。元老院の議員たちは自分たちの権威と伝統を守ることには熱心でも、ローマの平民たちの「公益」については鈍感になってしまっている。

いや、それならまだしも、属州に暮らす人々の問題となるともはや関心外で、自分たちが支配する対象として見ていない。

カエサルの考える「レス・プブリカ」とは、単にローマ市民のみを対象にするものではありませんでした。

広大なローマ領の中に暮らす人々全体の公益を最大限にするのが覇権《はけん》国ローマの使命であり、その役割を元老院はもはや果《は》たしていないと考えた。だからこそ、ローマというレス・プブリカを守るためには、元老院主導体制でもある共和政廃止もやむなしとカエサルは考えたのです。

しかしこの時期はまだ、「属州民をも含めたローマ」というカエサルの思想を理解できた人はあまりにも少なかった。

ブルータスたちはもとより、ローマ第一の弁論家として知られ、カエサルもその知性を高く評価していたキケロでさえも、カエサルがやろうとしていることの意味が理解できなかったのです。人間とはしょせん、「自分が見たいと欲するものしか見ない」存在なのかもしれません。

しかし、このカエサルの真意を完璧《かんぺき》に理解していた男が、一人だけいた。

それがオクタヴィアヌス、のちの初代ローマ皇帝アウグストゥスだったのです。

ローマ史上最大の「名優」

カエサルの死後、公開された遺言状はローマの市民に少なからぬ驚きを与えました。というのも、その書面の中でカエサルは自分の後継者として、当時わずか十八歳でしかない、妹の孫のガイウス・オクタヴィアヌスを指名し、この若者を自分の養子とし、カエサルの姓を継《つ》ぐように指示していたからです。

このころのオクタヴィアヌスは、ローマではほとんど無名と言ってよい存在でした。事実、オクタヴィアヌスは内乱の時期にカエサルに従ってスペインに遠征をしたくらいの経験しかなく、軍人としても政治家としても実績はゼロの、キケロの下《くだ》した評価では「少年《プエル》」でしかなかったのです。

だが、カエサルにしてみればオクタヴィアヌスの指名はけっして無責任な人選をしたわけではなかった。

この遺言状を書いた時点では、カエサルは自分が暗殺されることになろうとは、もちろん思っていません。当時のカエサルはまだ五十五歳。少なくとも十数年は現役で活躍できると考えていたでしょう。そのころにはオクタヴィアヌスも三十歳になり、一人前の男になっているはずだ、と。

しかし、わずか十八歳の少年に将来の指導者を見いだしたカエサルの眼力は、やはりスゴかったと言うしかない。

オクタヴィアヌスにはカエサルほどの知力や軍事の冴《さ》えはなかったものの、こと政治的感覚となれば、カエサルに匹敵《ひってき》するほどの才能の持ち主であったからです。

このオクタヴィアヌスは、自分が設定した目的を達するためなら、いかなる「演技」であろうと辞《じ》さない強い意志を持った男でもあった。

古代ギリシアの哲学者たちは「偽善」には上等なものと下等なものの二種類があると考えていました。

下等な偽善とは、要するに「見せかけだけの善行」です。本音は悪なのに、表面だけを善で飾る。私たちが普段、偽善と呼ぶものはこちらに当たる。

しかし、それとは別に上等な偽善と呼ぶべきものがある。それは善を装う目的が、公共の利益を実現するためのものである場合です。ギリシア人たちは、政治家がそうした偽善を行なうのは非難されるどころか、むしろ当然のことであるとさえ考えたのです。

なぜなら、あらゆる政策にはかならず光と影の部分がある。

ある政策を行なえば、一方には救われる人がいるが、その対極に、新政策によって既《き》得権《とくけん》を失う人たちがいて、当然のことながらその実現を必死に妨害しようとする。カエサルが殺されたのも、まさにそれゆえでした。

この教訓からオクタヴィアヌスが学んだのは、カエサルの遺志を継ぎ、それを実現していくに際しては、「上等な偽善者」になるしかない、ということだったのです。つまり、改革の抵抗勢力である元老院をあざむいても、帝政を実現していくという覚悟を彼は固《かた》めたのでした。

ギリシア語の偽善を意味する「ヒポクラシア」という言葉は、もともとが俳優の「演技」を語源としています。つまり偽善とは、「演ずる」ことに他ならない。

この意味において、オクタヴィアヌスはローマ史上、空前にして絶後の名優であったというしかない。何しろ、この人物は元老院議員たちすべてを満足させつつ、元老院体制と共和政体を否定する、帝政に移行するという離《はな》れ業《わざ》をなし遂《と》げたのですから。

「アウグストゥス」の深慮遠謀

遺言によって、後継者に指名されたとはいえ、オクタヴィアヌスがスムーズに、カエサルが持っていた権威と権力を継げたわけではありません。カエサルの副官であったアントニウス、そして、そのアントニウスの妻であると同時に、エジプトの女王でもあったクレオパトラを相手にした戦いに終止符を打ち、事実上でもローマの最高権力者になったとき、オクタヴィアヌスは三十歳を過ぎていました。

そのオクタヴィアヌスは内戦終了の二年後に当たる紀元前二七年一月十三日、元老院の議場で、驚くべき宣言をします。

「私の一身に集中していた権力のすべてを、あなた方の手に戻す。武器と法と、ローマの覇権下にある属州のすべてを、元老院とローマ市民の手にふたたび戻すことを宣言する」

事実上の絶対権力者としてローマ政界を支配するようになったオクタヴィアヌスの「共和政への完全復帰宣言」に、議場は一瞬、静まりかえり、そしてすぐ大きな歓声が上がったと伝えられています。

元老院議員たちのこの反応は、当然すぎるほど当然でした。カエサルの後継者である以上、オクタヴィアヌスもまた終身独裁官の座を狙《ねら》っているのかと恐れていたのに、それとは正反対に元老院に権力を戻すというのですから、聴《き》く耳を疑ったのは無理もありません。彼らは子どものように驚き、そして喜んだのです。

だが、「偉大なる偽善者」オクタヴィアヌスには、もちろんローマを共和政に戻すつ

アウグストゥス

もりも、元老院に権力を返すつもりもさらさらなかった。もし、そのようなことをすれば、たちまちローマはふたたび内乱と混迷の時代に戻ってしまうと彼は確信していたのです。

とはいえ、内に秘めた帝政への決意を元老院にかぎつけられるようなことになれば、彼は義父カエサルと同じ運命をたどることになる。そこで、オクタヴィアヌスは徹底的に元老院を油断させる方針を採《と》る。その最初の手段が、この「共和政復帰宣言」であったというわけです。

この大胆なオクタヴィアヌスの策略は、ただちに成果を上げました。

オクタヴィアヌスの思いもかけぬ「プレゼント」に狂喜した元老院議員たちは、彼に対して「アウグストゥス」という称号を与えることに衆議《しゅうぎ》一決《いっけつ》したからです。

アウグストゥスとは「聖なる」といった意味の言葉であり、この称号自身には政治的な特権は何もありません。ただの尊称です。

しかし、人間とは言葉に縛《しば》られる存在でもある。それがただの呼び名と分かっていても「聖なる人」と呼びつづければ、そこには自然と敬意が植え付けられる。しかも、そう呼びかけられる相手が、ブルータスもアントニウスも倒した実力者であればなおさらのことです。さらに、その名前は元老院みずからが与えたものだから、誰《だれ》にも文句は言われない。

実は、このアウグストゥスという尊称授与もまた、オクタヴィアヌス自身が考え、その実現にも周到な根回しをした結果です。とはいえこの名優は、共和政を守るという演技をしつづけることによって、「皇帝アウグストゥス」となる道を歩みはじめたのでした。

皇帝への「カード」

その後のアウグストゥスは歴史家タキトゥスが評したように、「気付かれないように一つずつ、長い時間をかけてすべての権力を手中にしていった」。

といっても、彼は何も隠れて権力を奪取したのではありません。

彼が行なったことはすべて当時の国家ローマにおいては完璧に合法だった。ところが、その合法的なことを積み重ねていくと、共和政ローマならば非合法としか言いようのない帝政がそこに出現する。この一種の魔法で、彼は皇帝となったのです。カードゲームで、一つ一つはつまらない手札なのに、五枚揃《そろ》うと「最強の手」ができるのに似ている。

そこで彼が少しずつ手に入れていったものをここで列記していけば、次のようになります。

①アウグストゥスとカエサルの名

アウグストゥスの名前は元老院から与えられたもの、カエサルの名前は彼がユリウス・カエサルの養子になったために得たもの。どちらももちろん完全に合法です。

②「第一人者」の称号

かつてスキピオ・アフリカヌスに与えられたこともあるこの称号は、文字どおり「ローマ市民中の第一人者《プリンチエプス》」という意味以上のものではありませんでした、いうなれば元老院議員一同の右代表という位置づけであり、それ自体にはもちろん何の権力もない、一種の名誉職のようなものです。

③インペラトール

のちに英語の「エンペラー」の語源となるインペラトールですが、これも本来は単なる称号に過ぎません。ローマの軍団では古くから、勝利を得た将軍に対して部下の兵士たちが、「インペラトール」と呼んで讃《たた》えるのが習慣になっていました。

①から③までの称号は、実際の政治において何の権力も保証するものではありません。だからこそ元老院は、インペラトールも第一人者の称号も喜んで彼に与えたのです。

これがもし、実績ゼロの人物に与えられたのであれば、これらの称号は滑稽《こっけい》さを感じさせる効果しか産み出さないでしょう。しかし、アウグストゥスには、内戦状態を収《しゅう》拾《しゅう》したという、誰でも認めざるをえない実績があった。

その実績と称号が組み合わされると、そこにはいわく言いがたい権威が生まれてくる。元老院の議場であれ、日常の発言であれ、彼の口から出る言葉に人々は重みを感じるようになる。アウグストゥスは、そうした人間の心理をよく知っていたのです。

全軍最高司令権

アウグストゥスはこうして権威を手中にする一方で、もちろん政治・軍事上の実権も「合法的に」獲得していきます。

④全軍最高司令権

アウグストゥスの共和政復帰宣言に感激した元老院議員たちは、アウグストゥスという称号を与えると同時に、平和が確立するまで属州の防衛も担当してほしいと依頼します。

本来なら属州の防衛とて元老院の担当ですが、属州の統治《とうち》はけっして楽な仕事ではない。何しろ快適なローマでの生活を捨て、ガリアやスペインのような、当時はまだ生活水準の低い地方で暮らさねばならないのです。そうした下心もあって、元老院は彼に属州統治を一任したのでした。

この虫のいい元老院の願いに対して、アウグストゥスはどうしたか。

彼はそれをそのまま受け取るのではなく、さらに元老院議員たちが喜ぶ形で逆提案した。このあたりの駆《か》け引きは、まさに名優のそれと言うしかありません。

アウグストゥスは属州を、統治の難易度によって二種類に分けました。

すなわち、ローマ化が進んでいて統治も楽な地方を「元老院属州」とし、そこでの統治を元老院に任《まか》せることにした。こうした地方なら経済的にも発展しているから、たとえ赴任《ふにん》しても生活は快適だし、何やかやと見返りも多い。一方、つねに敵と向き合う辺境にあって苦労のみが多く、見返りなど期待できない属州については、それらの地の統治の責任はアウグストゥスが引き受ける。

「面倒なことはすべて私に」という彼の提案に、元老院議員たちが大喜びし、彼の共和政への献身ぶりを讃えたのは言うまでもありません。

だが、そこにはアウグストゥスならではの周到な計算があったのです。

というのは、のちに「皇帝属州」と呼ばれる辺境地帯の統治には軍事力が欠かせないが、それには自分にローマの軍団すべての指揮権がないと何かと不便である。これを認めてくれるよう、彼は元老院に申し出たのです。

アウグストゥスの「偽善」にすっかり乗せられた元老院は、彼に「全軍最高司《インペリウム・プロコンスラーレ・》令権《マイウス》」を授与します。これによって、ローマの軍団はすべて彼によって一元的に管理されることになり、また各軍団の将軍の人事権も手中にすることになった。

こうして、かつてカエサルが終身独裁官という非常時の地位に就《つ》くことによって獲得した権力を、アウグストゥスはまったく合法的に、しかも元老院のお墨付きで得ることに成功したのでした。

アウグストゥスの「ささやかな願い」

アウグストゥスはこうして軍事権を手中にしたわけですが、ローマを改革していく上で絶対に欠かすことのできない政治上の権力も巧妙に獲得していきます。

⑤護民官特権

共和政復帰宣言以来、アウグストゥスは彼の右腕であるアグリッパとともに毎年、執政官に就任してきました。

前にも述べたように、元来の共和政では執政官の任期は一年限りとされていました。言うまでもなく、独裁者の出現を防止するための措置です。

しかし相次ぐ内乱によって、このルールは事実上、形骸《けいがい》化し、マリウス以来、時の権力者が執政官に連続就任することがいわば常態化していました。

したがって、アウグストゥスが連続して執政官になるのはけっして違法ではなかった。また、カエサル暗殺後、混乱したローマの政治を立て直すためにも、アウグストゥスが執政官に連続登板するのはやむなしと思われていたのです。

ところが、紀元前二三年、四十歳になったアウグストゥスはまたもや人々が予想もしなかった宣言を行ないます。

それはアグリッパともども執政官を辞任し、以後は市民集会による執政官選出という共和政本来の形に戻すというものでした。

この宣言を聞いて、元老院議員たちが喜ばないはずはない。元老院主導による共和政を信じる人々にとって、アウグストゥスは「共和政の守護者」にさえ見えたのです。

喜びに沸《わ》き立つ元老院議員たちは、喜んでアウグストゥスの「ささやかな願い」を聞くことにしました。

それは、「護民官特権《トリブニチア・ポテスタス》」を一年限りで授与してほしいというものでした。

「皇帝」の誕生

すでに本書の中で、何回か紹介したように、護民官とは貴族階級に対して平民階級の政治的権利を守るために生まれたものでした。

平民集会が選出した護民官は「拒否権《ヴエトー》」を与えられ、元老院や執政官の決定さえも白紙に戻すことができる。さらに護民官が平民集会に提案し、可決された法案はたとえ元老院が反対しようとも法制化できるという、政策立案に際しての優先権も与えられていました。

この護民官の特権を使ってローマの政治改革をしようとしたのが、グラックス兄弟であったわけですが、アウグストゥスが望んだのは、護民官になることではなく、護民官と同様の特権を与えてほしいということでした。

アウグストゥスは騎士階級の出身ではあっても、貴族のカエサルの養子になっているので、平民だけがなれる護民官に就任することはできなかった。それゆえに、特権だけで結構というのが、彼の申し出であったのです。

元老院議員たちは、アウグストゥスの真意を深くも考えることなく彼の申し出を可決しました。共和政復帰が本格化したと感激し、また自分たちも執政官になれるかもしれないという喜びに沸いている議員たちにとって、一年限りの護民官特権などは大した問題ではないと思えたのです。

しかし、そこで議決された内容には、さりげなく重要な付帯条項がありました。それは「異議なき限り、アウグストゥスの護民官特権は自動的に更新されうる」というものでした。すでに事実上のローマの最高権力者になっているアウグストゥスに、誰が異議を唱《とな》えられるだろうか。事実、この後、アウグストゥスは死ぬまで護民官特権を保持しつづけることになります。

元老院や執政官の決定をいつでも白紙に戻せる「拒否権」を持ったことによって、アウグストゥスはローマの政治の事実上の支配者になりました。

共和政の建前からすれば、執政官と護民官は対等の立場にあるのですから、アウグストゥスが護民官特権を得たからといって、それでローマの政治を独《ひと》り占《じ》めにできるということにはならない。

だからこそ、元老院議員は彼に特権を与えたのですが、しかしアウグストゥスは護民官特権の保持者であると同時に、元老院の「第一人者」であり、「アウグストゥス」という尊称を元老院から授与された男であり、しかもローマの軍事権を一手に握《にぎ》っているのです。その彼がにらみを利《き》かせれば、もはや執政官や元老院とても彼に逆らうことはむずかしい。これが政治というものであり、元老院議員たちは政治の何たるかを知らなかった。

護民官特権を得たことでアウグストゥスは、みずからの権力基盤をついに確固《かっこ》たるものにしたことになります。すなわち、初代の「皇帝」がここに誕生したのです。

実際、彼より後の皇帝たちもまた、アウグストゥスと同じように名乗ることになる。すなわち、

Imperator Caesar Augustus Tribunicia Potestas

がそれです。強《し》いて訳すならば「インペラトールにして護民官特権の保持者カエサル・アウグストゥス」。歴代皇帝はこの称号の後に自分の名前を並べて、公式名としたのでした。アウグストゥスこそ、ローマの皇帝制度の創造者であったのです。

カエサル暗殺の教訓

それにしても、いったいなぜアウグストゥスは、このような複雑な手順を踏んで、皇

帝位を確立したのか。

その最大の理由は、やはりカエサルの暗殺にありました。

五つものカードを組み合わせることで絶対権力者の地位を獲得したアウグストゥスとは正反対に、カエサルは終身独裁官という一枚のカードだけでローマの権力者となった。制度として見れば、カエサルのやり方のほうがずっと明快であるのは言うまでもありません。

しかし明快であるがゆえにカエサルの行動は元老院の反発を招き、ついには暗殺という事態に発展した。

アウグストゥスはそれを最大の教訓として、いかにして元老院やローマ市民の反発を受けることなく絶対権力を握るかに知恵を絞《しぼ》った。殺されてしまえば、どんな崇高《すうこう》な目的でも中絶してしまう。その事態だけは絶対に避《さ》けねばならないというのが、アウグストゥスの決意であったのです。

まったく、護衛もつけず丸腰《まるごし》でローマ市内を歩き回っていたカエサルとは対照的に、アウグストゥスは元老院議場に入るときでさえも、かならず自派の屈強な元老院議員でガードを固めるのが常《つね》でした。想い起こせばカエサルは、武器を持ちこまないのが決まりだった元老院内で殺されたのですから。アウグストゥスの用心は、けっして小心からではなく、みずからの政治的使命を知るがゆえの行動であったと私は考えます。「帝政のみがローマを救う」という確信においては、カエサルとアウグストゥスはまったく同じであったのだから。

とはいっても、アウグストゥスの採った手法が完璧なものであったかといえば、もちろんそうではありませんでした。そもそも生身の人間の行ないに、欠陥がないわけがないのです。

アウグストゥスの作り出した皇帝とは、一種のフィクション、もっとはっきり言えば嘘《うそ》の上に成り立ったものでした。

アウグストゥス自身がそうであったように、あくまでもローマの共和政を守ると言いつづけてこそ、皇帝の権威も権力も確立されてくる。もし、皇帝が共和政を真正面から否定すれば、それは彼が持っている護民官特権をも否定することになり、また「第一人者」という称号も否定することになる。だからこそ、皇帝になった人は共和政の支持者のふりをしなければならないという矛盾《むじゅん》が、そこに生まれてくるのです。

皇帝という「仕事」

ちょっと意外に思われるかもしれませんが、中世以降のヨーロッパの皇帝とは違って、ローマ帝国には皇帝の戴冠式《たいかんしき》がありませんでした。いや、そもそも皇帝の権威の象徴とされる冠《かんむり》そのものが、ローマの帝政には存在しなかったのです。つまり、ローマの皇帝とは文字どおりの「無冠の帝王」であったわけです。

では戴冠式がなければ、いつをもって皇帝に就任したとするのか。

その答えは、ローマの元老院と市民たちの承認を得た瞬間ということになる。つまり、元老院が新皇帝に対して、第一人者、護民官特権、全軍最高司令権を与えることを議決し、また同時に市民たちが新皇帝の統治を承認すると表明してはじめて、彼は皇帝になったとされるのです。ローマの皇帝とは、シナの皇帝のように天命を承《う》けてなるものではなく、人々の承認を得てはじめて存在理由を獲得できる地位であったのです。

このことを考えたとき、ローマの皇帝とはいかに大変な「仕事」であるかが分かっていただけるでしょう。

なぜなら、皇帝であるためには市民や元老院の評判をつねに気にしなければならず、かといって市民や元老院に媚《こ》びを売っていたのでは皇帝としての職務をまっとうできない。そのうえさらに元老院や市民を立てるふりをしながらも、みずからが「なすべきこと」と信じることを果断《かだん》に実行してこそ、はじめてローマの皇帝と言えるのです。

しかし、このような芸当はアウグストゥスのような「偉大なる偽善者」なればこそ可能なことであって、誰もが可能というわけではありません。

たとえばアウグストゥスの後継者となったティベリウス帝（在位一四〜三七年）は、皇帝としては実に有能な人物ではあったのですが、あまりにも元老院が頑迷固陋《がんめいころう》で、能

ネロ（当時のローマ貨幣）

力もないことに愛想《あいそ》を尽《つ》かして、ついにナポリの近くにあるカプリ島に隠遁《いんとん》し、そこからローマの統治をすることに決める。その結果、ローマの市民や元老院からさんざんの悪評を被《こうむ》ることになりました。

そのティベリウスの後を継《つ》いだカリグラ帝（在位三七〜四一年）は、前任者の二の舞になることを嫌い、元老院や市民に対する人気取り政策に走ってしまった。カリグラの治世は当初は市民から評判がよかったものの、その結果、国庫を空《から》にしてしまい、深刻な財政危機を発生させてついに暗殺されることになります。

さらに、そのカリグラの二代後のネロ帝（在位五四〜六八年）になると、今度は皇帝という地位が「デリケートなフィクション」の上に成り立っていることを忘れてしまい、みずからの権力に酔いしれてしまった。彼もまた市民からの信任を失って自殺する。

こうして見ていけば、ローマの皇帝でありつづけるというのは、実にむずかしい芸当であることがお分かりいただけるでしょう。一口に皇帝といっても、われわれ日本人にはよほど馴染《なじ》み深いシナの皇帝とローマの皇帝はまったく実態が違うのです。

しかし、それだけ不安定な地位であったからこそ、ローマ帝国は長くもったとも言えるのですから、歴史の評価とはつくづくむずかしいものと言わざるをえません。

もしもローマの皇帝もまた絶対権力を持っていたならば、「権力は腐敗する。絶対権力は絶対に腐敗する」という言葉のとおり、ローマ帝国も早々と腐敗し、滅《ほろ》びていたかもしれない。そうはならなかったのは、やはり「デリケートなフィクション」を作り上げたアウグストゥスの功績と言うべきなのでしょう。

「内なる平和」と「外なる平和」

アウグストゥスは義父カエサルとはまったく違う手段を用いて帝政を行なおうとしたわけですが、しかし手段は違っても目的においてはカエサルとまったく同じでした。すなわち、ローマを拡大路線から安定路線へと転換させること。アウグストゥスが知恵の限りを絞って帝政の確立に努めたのも、まさにそのためであったのです。

では、具体的にはローマを、いかにすれば安定路線へと導《みちび》けるのか。

その答えは「平和《パクス》」の確立にしかない、とアウグストゥスは考えた。

ここで言う平和とは、単に外敵からの防衛のみを指すのではありません。たとえ外敵の排除には成功しても、国内においても治安が保《たも》たれ、その中で暮らす人々が安心して生活を送れなければ意味がない。つまり「平和《パクス》」には、「外なる平和」と「内なる平和」

の両方があるのです。

アウグストゥスは、「パクス・ロマーナ」（ローマによる平和）と呼ばれることになる国家戦略の構築に乗り出すのですが、彼もまた「外なる平和」と「内なる平和」の両立に心血を注《そそ》ぎました。

しかし、「内外ともに平和」とはたしかに理想ではあるけれども、その実現ともなると容易ではありません。

なぜなら外敵から国家を守るためには軍事力がなくてはならない。そして、侵入者から完璧に国境を守ろうと思えば、より多くの軍備が必要になってくる。平和とはコストのかかるものなのです。

だが、その軍事コストをいったいどこから捻出《ねんしゅつ》するのか。

かつてのようにローマが拡大傾向にあったときなら、その答えは「外征《がいせい》によって」となったでしょう。敵を退《しりぞ》ければ、講和の賠償金も入ってくるし、さらに新たに獲得した領土からの税収増も望める。

だが、もはやローマは「守りの時代」に入ったのだから、それは望めない。

となれば、残された道は増税しかないのですが、これこそ「内なる平和」にとってはマイナスの政策です。

安易な増税を行なえば、それは住民の不満を招き、やがては反乱をも引き起こす。これは古今東西、変わることのない真実です。

しかもローマの場合、主たる財源となる直接税は属州民にのみ課税され、ローマ市民には課されていない。収入の十パーセントと定《さだ》まっている属州の税率を上げれば、属州民たちとて黙ってはいないでしょう。

だが、かといってローマ市民に属州民と同じ税金をかけるわけにもいかない。何しろローマの皇帝はローマ市民が承認してこそ帝位を維持できる。市民が不満を抱《いだ》くようになれば、帝政そのものが成り立たなくなってしまう危険性さえある。

平和とは、ただそれを念ずれば実現するほど簡単なものではないし、軍事力さえあれば手に入るものでもありません。相矛盾する多くの課題に真正面から取り組み、それを解決しようとする強い意志と実行力があってこそ、はじめて平和は現実になるのです。

その点、アウグストゥスという男は、この「持続する意志」の固さにおいては比類のない人物でした。

ローマ史の世界的権威の一人であるエドゥコック教授は彼について、こう記《しる》しています。

「アウグストゥスは、アレクサンダー大王やカエサルのような圧倒的な知力の持ち主ではなかった。しかし、あの時期の世界は彼のような人物をこそ必要としていたのである」と。

長い内乱に疲れ果てたローマ世界は平和を渇望《かつぼう》していました。その期待にアウグストゥスは応《こた》えることに成功したのです。

税体系の確立

アウグストゥスが「パクス・ロマーナ」の基盤を築《きず》くときに、最も心を配《くば》った問題の一つが税制でした。

税収の裏付けなしに国家の防衛はありえないわけですが、かといって税金を取られて喜ぶ人はどこにもいない。それがたとえ他国から見れば低率であったとしても、課税される当人にとって税金は税金であり、重税と感じてしまう。

この感覚ならば、現代の私たちも古代ローマの人々もまったく変わりません。したがって、いかに理をもって説得しても、課税される側の人間がその必要性を完全に納得することはありえない。

こうした人間性の現実を冷徹に踏まえて、アウグストゥスはローマ帝国の税体系をできる限りシンプルなものにしようと考えた。

複雑な税体系は徴税組織の拡大化につながるだけであり、ましてや財政危機だからといって税制を恣意《しい》的に変更するのはもってのほか。税制はひとたび定めたら、それをそのまま維持するのが最上の策である。

このアウグストゥスの意図はその後のローマ帝国において、ほぼそのまま守られることになります。「ほぼ」とわざわざ書いたのは、細かく見ていけば時代状況に合わせた改定が行なわれたからです。

何事においても現実主義者であるローマ人たちは、たとえ「神君アウグストゥス」の遺訓であろうと、それを金科玉条《きんかぎょくじょう》として墨守《ぼくしゅ》することはないと考えていた。それよりも大事なのは、アウグストゥスの意図をきちんと理解することであって、形さえ守ればよいとは考えなかった。このあたりもまた、ローマ帝国が五百年にわたって続いた理由の一つと言えるでしょう。

相続税の「発明」

さて、アウグストゥスが定め、基本ラインとしては三百年にわたって続いたローマ帝国の税制は301ページに掲《かか》げた表のようになります。

すでに何度か触《ふ》れたように、古代のギリシアやローマでは、税といえばそれは間接税を意味しました。

なぜ直接税がなかったかといえば、モノやカネとして税金を納《おさ》めるのではなく、兵士や将校として国家防衛に参加することで「市民としての義務」は果たされていると考えていたからです。

事実、古代ローマでは軍役《ぐんえき》のことを「血の税」とも呼んでいました。つまりこれを言い換えれば、ローマでは、直接税とは国家防衛に身体を張って関《かか》わる負担、であると考えられていたということになります。

属州民に対して直接税が課税されていたのも、この思想に基《もと》づくものでした。マリウスの軍制改革によって徴兵制から志願制に変わったとはいえ、ローマの軍団兵になれるのはローマ市民権所有者に限るとされていました。つまり属州はローマ市民の軍団によって防衛されているわけですから、この種の義務を負わないで済む属州民は、その防衛費を税として負担するのが筋《すじ》であるというわけです。

資産、すなわち土地を持つ属州民に対してかけられていた「地租税」は、ラテン語で「スティペンディウム」と呼ぶのですが、これを直訳すれば「給料」になります。属州を防衛する軍団兵の給料を払《はら》うためのものが属州税である、という趣旨がここにも表わされていると言えるでしょう。

しかし属州民はそれでよいとして、ローマ市民に直接税負担がまったくないのも、やはり不公平ではある。かつてのように「市民皆兵《かいへい》」ならば直接税ゼロは説明がつくが、志願制に変わって百年が過ぎ、一生を兵役に就くことなく終える市民のほうが圧倒的に多くなった今は、ゼロのままというわけにはいかない。

アウグストゥスによる税制改革

	ローマ市民	非ローマ市民（属州民）
直接税	収入税としてならば直接税はなし 奴隷解放税　5％ 相続税　5％	地租税ないし属州税は 収入の10％ （兵役勤務の属州民は免除）
間接税	関税　1.5％～5％（オリエント産の贅沢品に対しては25％） 売上げ税　1％	

かといって、征服者であるローマ市民からすれば、征服された人々である属州民と同じ税金を払うことなどプライドが許さないというもの。

そこでアウグストゥスが導入したのが「相続税」でした。現代の我々には馴染み深くても、古代には類例がなかった相続税をアウグストゥスが〝発明〟したのには理由がありました。

その第一は、かつて行なわれたことがない税金だから、それをはじめて聞かされた市民には判断の材料がないということ。第二には、常設の税ではあっても毎年払うものではないから、切迫感がそれほどない。第三には遺産を受け取るという幸福な時期に払うものだから、抵抗が比較的少ない。

さらにこれに加えて、アウグストゥスは、相続税による税収はローマ軍団から満期除隊する兵士への退職金に充《あ》てられると公表した。現代流に言えば、相続税を目的税化したわけです。

同じローマ市民である兵士に対して支払われるものだといえば、表《おもて》だって反対できないだろうという計算があったのは言うまでもありません。しかも相続税の税率は五パーセントで、属州税の税率の半分なのですから、ローマ市民の面子《めんつ》も立つというものです。

ちなみに表中にある「奴隷《どれい》解放税」とは、ローマ市民にかけられるものではなく、自由を回復することになった解放奴隷が自分の価値の五パーセントを支払うというもの。

「せっかく自由の身になった人に税金を課すとは」と思われそうですが、これには理由がある。

というのも、奴隷解放を野放しにしておけば、その中には生活力もない人々も増えてきて、治安が悪化し社会問題化する。そこで税を支払える程度の財産でさえも持っていない奴隷の解放を不可にするためにも、この税金は必要であったわけです。

「ローマの消費税」

これらの直接税に加えて、帝国の全住民に課せられていたのが間接税です。

といっても、その間接税の額は現代の我々からすれば、ひじょうに低い。

まず第一の関税ですが、これは海や河川の港に入ってくる物産にかけられることになっていた。

といっても、その税率は帝国全域で同率ではなく、一・五パーセントから五パーセント」と幅があった。これは地方ごとの経済力を配慮した結果です。たとえば、まだローマ化も進んでおらず、経済的な発展度も低いガリアでは関税は一・五パーセントとし、本国でも経済力の高いイタリア半島では五パーセントというぐあいです。

さらにこの他にオリエントから運ばれてくる絹や宝石、香辛料などの贅沢《ぜいたく》品に課される関税は二十五パーセント。ただし、これは紅海とナイル川中流に置かれた税関を通った品物にのみかかるもので、他の税関を通った場合も課税されたわけではなかったようです。

帝国の中を動く商品に対して税金をかけるというのは、「帝国を運命共同体とする」としたカエサルの遺志に反するのではないかと思われるかもしれません。ローマ全域を今日のEUのように一つの経済圏にするのであれば、関税はむしろ邪魔になるではないかというわけです。

しかし、この当時のローマ世界を考えれば、この程度の関税はほとんど問題にはならなかったのです。

まず第一に属州民の側から見れば、ローマが支配する以前にはもっと高率の通行料が取られていたという事実があります。

それぞれの地方に部族が割拠《かっきょ》していた時代には、それぞれの部族が勝手に関所《せきしょ》のようなものを作り、そこを通る商人たちから関税と称して通行料をまきあげていたわけです

すべての道はローマに通ず

——ローマ帝国の街道ネットワーク

0
250
500km
N
北　海
大　西　洋
ダブリン
ヨーク
チェスター
マンチェスター
ブリタニア
カーレオン
ロンドン
コペンハーゲン
エルベ河
アムステルダム
ユトレヒト
クサンテン
ドーヴァー海峡
ブリュッセル
ノイス
ケルン
ゲルマニア
アミアン
ボン
セーヌ河
パリ
ランス
トリアー
マインツ
ロアール河
オルレアン
ストラスブール
アウグスブルク
ブールジュ
ガロンヌ河
ヴィンディッシュ
ブザンソン
コンスタンツ
リヨン
ジュネーヴ
アルプス山脈
ボルドー
ガリア
グルノーブル
エーム
ミラノ
レオン
ヴァランス
スーザ
トリノ
アクィレイア
ピレネー山脈
ポー河
ニーム
ナルボンヌ
ヌマンツィア
サラゴーサ
マルセーユ
セミアズ
ニース
イタリア
トレド
マドリード
リスボン
メリーダ
タラゴーナ
バルセロナ
コルシカ島
ヒスパーニア
エブロ河
ローマ
コルドバ
バレンシア
セビリア
カプア
サルデーニャ島
ブリンディシ
カディス
ターラント
カルタヘーナ
ジブラルタル海峡
ティレニア海
地
タンジール
シェルシェル
アルジェ
パレルモ
ラバト
コンスタンティーヌ
ビゼルト
シチリア島
マウリタニア
カルタゴ
シラクサ
ヌミディア
ランベーズ
エル・ケフ
チュニス
マルタ島
ガベス
レプティス・マーニャ
トリポリ
五賢帝時代のローマ帝国最大版図
現代の国境
当時の主要街道
州都 兼 軍団基地
州都
軍団基地
現在の首都
その他の都市

から、それに比べればローマ帝国が課す関税は税率も明確だし、しかも税関の数自体が少ない。研究者たちの調査によれば、当時の税関は帝国全域で十ヶ所ほどしかなかったと言います。

さらに第二の理由としては、ローマの支配下に入ることで道路や港といったインフラストラクチャーが格段に充実したということが挙げられます。

ローマ帝国が属州でローマ街道の整備に力を入れたのは、もちろんローマ軍団の敏速な移動を可能にするためでした。そこでローマ街道は地勢が許すかぎりは平坦に、しかもなるべくならば直線コースを採《と》るように設計されていて、さらに幹線ともなれば全線が敷石舗装《しきいしほそう》されていた。また、川にも石造りの橋がかけられていて、渡し船を使う必要もない。

こうしたローマ街道は幹線に限っても全長八万キロの長さに及んでいたとされ、支線から私道までも含めれば総延長三十万キロになったとさえ言われます。

ローマの属州になるということは、このローマ街道の大ネットワークを無料で、しかも自由に使えるようになることでもあった。

かつては何日もかけて運んでいたものが、わずか一日で運べるようになり、雨や雪が降っても通行可能。さらにそれまでは行き来さえなかった遠方の地方とも交易ができるようになったのですから、その便利さを考えれば、数パーセントの関税など安いものであったのです。

ローマ帝国で行なわれていたもう一つの間接税は、売上げ税でした。現代の日本では消費税と呼ばれている税金です。

といってもローマの場合は「百分の一税《チエンテージマ》」という名称のとおり、その税率はわずかに一パーセント。三パーセントから五パーセントへと増税され、さらにまた上がるのではと囁《ささや》かれる日本の消費税に比べたら、問題にならないくらいの低率です。ちなみに現在のヨーロッパでは、二十パーセントが普通。

アウグストゥスは、この売上税を相続税と同様に目的税化し、防衛費に充《あ》てることにした。察するにアウグストゥスは、ローマ市民も払わなければならないこの税金を防衛費に振り向けることで、属州民ばかりが防衛費を負担する現状を変えようと考えたのではないでしょうか。

「パンとサーカス」の嘘

さて、以上がアウグストゥスが定めたローマ帝国の税制です。のちにいくらかの改定がなされはするものの、ローマ帝国の税収はここで紹介した五種類の税金でほとんどまかなっていたと言って間違いありません。

このことを知ると、おそらく多くの日本の読者は溜《た》め息《いき》をつくに違いありません。日本の税金はローマと比べてずっと高率であるのはたしかだし、その制度の複雑さときたらプロの税理士でさえ全容を把握《はあく》できないと言われているほどです。毎年春の確定申告の時期に、税金対策で頭を痛めている人なら、タイムマシーンで古代ローマに移住したいとさえ思うのではないでしょうか。

しかし、そうした羨望《せんぼう》の想いと同時に「たった五種類の税金だけでなぜ、ローマ帝国は運営できたのだろう」という疑問も湧《わ》いてくるに違いありません。

後で述べるように、アウグストゥスは大幅な軍備縮小を行なうことで軍事費の圧縮を図《はか》ったのですが、それにしても広大なローマ帝国を守るには巨額の経費が必要になる。また、それ以外にもローマ街道の建設や維持にもコストがかかるはず。そう考えてみると、この税額の安さはまるで魔法のようでもある。

ローマ帝国が、こんなシンプルな税制で維持できた背景にはいくつかの理由があります。

その第一の理由は、現代のような社会福祉を行なわなくてもよかったということ。ご承知のとおり、日本をはじめとする先進諸国はいずれも増大する社会福祉費との戦いを行なっています。その悩みがローマにはなかった。

といっても、まったくローマ人が社会福祉に興味を持たなかったかといえば、そうではない。

グラックス兄弟の時代から失業者の増加が深刻な社会問題となり、マリウスがそれを解決するために軍制改革を行なったことでも分かるとおり、ローマにおいての貧民救済は重要な政治課題でした。これは帝政時代になっても同じです。何しろ皇帝とは市民の支持がなければ権力を持てない存在なのですから、貧民であろうと有権者ではある以上、無視するわけにはいかなかったのです。

しかし、現代国家の社会福祉政策とローマのそれとが根本的に異なっていたのは、ローマの場合、あくまでも当人の自助努力が中心で、公的な補助は生活の最低限度を支《ささ》えるだけにとどめていた点にある。

たとえば、首都ローマでは貧民に対して毎月、約三十二・五キロの小麦が無料で配布されていましたが、この事実だけを聞くとあたかも「ばらまき福祉」が行なわれていたかのように思えます。

しかし、私が実際に同じ分量の小麦でパンを焼いてみたところ、この程度の配給量ではとうてい一家の生活をまかなえないことが分かりました。現代の手厚い福祉とは違って、ローマの社会福祉では働かずに生活を維持することはできない。やはり、みずからが働き、それによって報酬を得るというのがあくまでも基本になっていたわけです。

現代でも、ローマ帝国といえば「パンとサーカス」政策によって、市民は無料の食《しょく》糧《りょう》配給を受けて働かず、皇帝が催《もよお》す見せ物に打ち興じていたというイメージが残っているようですが、それはまったくの誤解です。

現代のワーカホリックほどではないにせよ、古代のローマ市民たちもまた生活のために働かざるをえなかった。もし、皇帝がローマ市民全員を高等遊民にしておくほどの国家予算を使っていたら、たちまちローマの国庫は空《から》になっていたに違いありません。

ローマにはなぜ公立学校や公立病院がなかったのか

現代の社会福祉政策において、貧困対策と並んで大きな柱とされるのは教育と医療の分野です。中でも医療は、日本でも福祉関連予算の中で大きな比率を占め、財政赤字の原因の一つになっている。

ローマ帝国は、何かとカネのかかるこの二分野に関しては、完全な「民活」とすることで予算圧迫の原因を取り除いていました。

ローマ人たちは首都ローマであれ、属州の植民都市《コローニア》であれ、都市と名が付くものを建設するときには、可能な限り機能的で快適な都市を造ろうとしました。帝国内のどの都市にも、都心部には神殿があり、集会施設があり、その外側には劇場や闘技場、スタディアム、公衆浴場などが建設され、どこにいても首都ローマと変わらぬ生活が送れるようになっていたのです。

現代の我々から見ても、感心するほどの熱心さでローマの都市は造られていたわけですが、これだけ充実した都市になかったものが二つある。それが公立の病院と学校でした。

ローマ防衛の最前線にある軍団基地には、実に設備の整った軍団の病院はあったにもかかわらず、首都ローマには公的な病院は存在しない。また、学校に至っては基礎教育であれ、高等教育であれ、公立学校はなかった。これは、首都に限らず他の多くの帝国内の都市でも同様だったのです。

しかし、だからといって古代ローマ人たちが教育や医療をおろそかにしていたわけではありません。子弟の教育に力を入れない国は滅びるし、また医療レベルが低ければ、人口が密集する都市はたちまち疫病《えきびょう》の巣窟《そうくつ》になってしまいます。

医療と教育は、文明度の高い都市を維持するために絶対に欠くことのできない要素ですが、かといって、これをすべて公費でまかなうことになれば増税は避けられない。

この難問に対してもローマ独特の解決策を打ち出したのは、他ならぬカエサルでした。

カエサルはその在任中、どんな民族であれ、どんな人種であれ、教養学課《*アルテス・リベラーレス》を教える教師と、医療に従事する医師に、無条件で市民権を与えることにしたのです。

属州民にとって、市民権とはすなわち直接税が免除されるということであり、またローマの法によってその権利が保証されるということでもある。医療や教育に従事すれば、その権利が手に入るというのですから、医師と教師が魅力ある職業になったのは言うまでもありません。

カエサルはローマにたくさんの医師や教師を集めることによって、教育や医療の充実を図《はか》ろうと考えたのです。

医師や教師が増えれば、そこには自由競争がおのずから生まれる。そうすれば、医療や教育のレベルは向上するし、またコストも低くなる。公教育や公的医療の維持のために、増税に次ぐ増税を行なって市民の恨《うら》みを買うよりも、民間ベースに任せたほうがいいというのがカエサルの判断であったのでしょう。

公教育、公的医療の廃止というと、現代日本ではすぐに「質の低下が心配だ」という声が上がるのですが、ローマ帝国では三百年以上にわたってカエサルの改革を踏襲《とうしゅう》しつづけたのです。もちろん古代のローマと現代の国家をそのまま比較するわけにはいかないのは事実ですが、社会福祉のあり方を考える上で、ローマ帝国のやり方は大いに参考になるのではないでしょうか。

ローマ軍団のリストラ

皇帝アウグストゥスは税制を整理・再構成することによって、以後のローマ帝国の財政面の基盤を確立したわけですが、では限られた財源をもとに、いかにして「パクス・ロマーナ」を実現したのか。

カエサルの死から始まったオクタヴィアヌス対アントニウスの内戦が終結した時点でのローマは、五十万人に達する膨大な兵力を抱《かか》えていました。

オクタヴィアヌスとアントニウス双方がそれぞれに軍団を抱えていたから、これだけの数に達したわけですが、初代皇帝となったアウグストゥスは最終的に、この兵力をなんと三分の一以下の二十五個軍団十五万人にまで削減するのです。

その理由は言うまでもなく、財政の健全化のため。

もちろん、いかにアウグストゥスが最高権力者であるからといって、軍事力削減は容易な作業ではありません。

マリウスの改革以来、ローマの軍団兵は志願兵、つまりは職業軍人になっているのですから、軍団解散後の退職金や再就職の手当をしなければならない。もし、それをおろそかにすれば、軍団兵はローマ市民権を持っている市民でもあるのですから、アウグストゥス自身の支持率にも影響を及ぼします。かといって、この退職金を国庫から支出すれば、財政は逼迫《ひっぱく》する。

そこで結局、アウグストゥスはしばしばみずからの私財を投げ出して、彼らの退職金支払いに充《あ》てることにした。上に立つ身というのは傍《はた》から見ているほど楽な仕事ではないということが、このことでも分かります。

こうしてローマの軍事力は三分の一にまでスリムになったわけですが、アウグストゥスはこのローマ軍団をまず常備軍へと改組します。

　共和政時代のローマには常備軍という制度がありませんでした。執政官が指揮する防衛軍事力としての四個師団はあったものの、必要に応じて軍団を編成するというのがローマの軍制の基本だったのです。

　このようなやり方でも不都合がなかったのは、当時のローマが拡大傾向にあったからです。こちらから攻撃をしかけるのであれば、攻撃計画が立ってからそれに必要な軍団を編成するほうがむしろ経済的でもある。

　しかし、これからは防衛に専念すると決めた以上、常備軍がないのでは困る。敵はいつ攻《せ》め込んでくるか分からないのですから、守りはつねに固めておく必要がある。

　だが、常備軍を置くのはいいとしても、問題はその規模です。

　広大なローマ帝国の防衛線はあまりにも長い。この防衛線を死守するには、いくら兵があっても足りるものではありません。

　だが、常備軍ともなればその常備に大きなコストがかかる。軍備はもとより、兵士の給与や退職金までを負担しなければならないのですから、それは間違いなく国家予算を圧迫することになる。

　アウグストゥスが最終的に決定した二十五個軍団十五万人という常備軍の規模は、防衛上の要請からというよりは、ローマの財政事情から割り出された数であったように思われます。

無理をして大きな軍備を保持することにすれば、ローマの財政は確実に悪化し、属州税の値上げをせざるをえない。そうなれば属州での不満が爆発し、外敵からの防衛どころの騒ぎではなくなるからです。

では、広大なローマ帝国を限られた兵力で守りきるにはどうすればよいか。

アウグストゥスが出した答えは、属州民の活用でした。

「補助兵」に隠された知恵とは

ローマの軍団は本来、ローマ市民権を持つ人々で構成されるのが建国以来の伝統であったのですが、しかし、そこに非ローマ市民が参加した例は、アウグストゥス以前になかったわけではありません。

たとえば、カエサルはガリア人やゲルマン人の騎兵を有効に戦場に投入することで、数々の勝利をものにしてきています。だが、こうした非ローマ市民兵はあくまでも非正規の存在であり、制度として確立したものではなかったのです。

パクス・ロマーナの実現のために、アウグストゥスはあえてこの伝統を変えることにした。つまりローマの市民権を持たない属州民をもローマ軍の正規兵にするとしたのです。

といっても、それはローマ市民兵と属州兵をともに一つの軍団にまとめるということではありません。そこまでやってしまえばローマの伝統破壊になって、アウグストゥスに非難が集まるのは目に見えています。

そこで彼は、ローマ市民権を持った「軍団兵《レジョナリス》」による軍団とは別に、属州民からの志願者による「補助兵《アウジリアス》」から成る部隊を結成する。その数は軍団兵とほぼ同等の十五万人。この三十万の兵力があれば、ローマ帝国の防衛線は守りきることができるというのがアウグストゥスの読みでした。

しかし、いくら防衛費の節約を目指したアウグストゥスでも、補助兵をタダ働きさせてよいとは思わなかった。そんなことをすれば、ただちに属州での反乱を招く。

といっても、さすがに軍団兵と同じだけの待遇を保証することはできない。

補助兵の給料を示す史料はいまだに見つかっていないので詳細は不明ですが、軍団兵よりは相当に少なかったと思われます。また、軍団兵には与えられる退職金も、補助兵の場合はおそらくなかった。さらに、軍団兵なら二十年の兵役期間が、補助兵の場合は二十五年です。

こう並べて書いていくと、あたかも属州民を酷使《こくし》しているかのようですが、実は属州民にとって、補助兵になるのはそれでも魅力的なことだった。

というのも、補助兵として二十五年の満期除隊を迎えると、自動的にローマ市民権が与えられることになっていたからです。ローマの市民となれば、属州税は払わなくて済む。また、この場合の市民権は世襲《せしゅう》の権利ですから、子々孫々《ししそんそん》までその恩恵にあずかることができる。

それを考えると、多少兵役期間が長かろうと、また軍団兵に比べて給与が少なかろうと、補助兵になることは属州民にとって「旨《うま》み」のあることだったのです。

運命共同体への道

アウグストゥスが満期除隊の補助兵に対して、ローマ市民権を与えることにしたのは、何も市民権授与なら国庫支出を伴《ともな》わない、つまりはタダであるという理由からではありません。

かつてカエサルがガリアの部族長たちに市民権を与え、さらには元老院の議席まで開放したのも、属州民の懐柔《かいじゅう》といった目先《めさき》の目的からのみ成されたことではありませんでした。ローマ市民権を与えるということは、かつての敗者も勝者ローマ人と同等に扱うという決意表明に他ならなかったからです。

属州出身の補助兵にアウグストゥスが市民権を与えることにしたのも、まったく同じ理由からでした。

ローマ市民が本来なすべき国家防衛の仕事を行なってくれたことに対する感謝の形と

して、市民権を与え、自分たちの仲間として迎えることはアウグストゥスにとっても自然な発想であったのです。

「敗者をも同化する」ローマの伝統は、アウグストゥスの中にも生きていたことの証明ですが、こうした想いが属州民にも伝わらないはずはない。

補助兵の正規兵化によって、属州民の間にも「自分たちの国は自分で守るのだ」という意識が育ってきたのもその一つの表われと言えるでしょう。

すでに述べたように、属州民なら直接税を防衛費負担として支払えば、みずから兵役に就く義務はありません。しかし、それを続けていく限り、属州民はいつまで経《た》ってもローマを祖国とは考えない。

だが、そこに志願制という形で防衛に携《たずさ》わる人々が出てくれば、意識は確実に変わっていきます。アウグストゥスが補助兵の採用を国策化したのも、それが大きな理由の一つでもあったのです。

さらにこれに加えて、ローマ市民の軍団兵と属州民の補助兵が共同して国家防衛に献身することで、両者の融和が進むという面も忘れるわけにはいきません。事実、退職後に軍団兵が地元の女性と結婚することで、時代を経《へ》るにしたがって民族間の混血が進んでいったのですから。

属州民とローマ人とが市民権の上でも、また血統の上でも区別がつかなくなることは

「内なる平和」の確立にとって、大きな意味を持つことは言うまでもありません。アウグストゥスが補助兵を採用することにしたのには、ローマ帝国を一つの運命共同体とするという目的もあったのです。

ローマ防衛体制の構築

こうしてローマの軍事力は軍団兵十五万人、補助兵十五万人の体制になるわけですが、この三十万人を長い国境に沿って薄く均等に配置していたのでは、意味がない。外敵が侵入してきたとき、そこに兵力を集中してこそ相手を撃退することができるというものです。

そこでアウグストゥスは軍団兵を主戦力として活用することにし、補助兵はその補助や警戒の任務に振り向けることにします。

次ページの図はその概念図ですが、国境に沿って配置された見張り用の要塞《ようさい》では、地元で採用された補助兵が警戒に当たる。もし、そこで敵の襲来が発見されれば、ただちにその知らせは狼煙《のろし》を上げるか、馬を飛ばして近くの補助部隊基地に知らされます。知らせを受け取った基地はただちに援軍を派遣すると同時に、軍団基地にもその情報をもたらして、主戦力である軍団兵の派遣を要請するというのがその手順です。

つまり、敵襲はとりあえず補助兵で何とか食い止め、本格的に撃退するのが軍団兵と

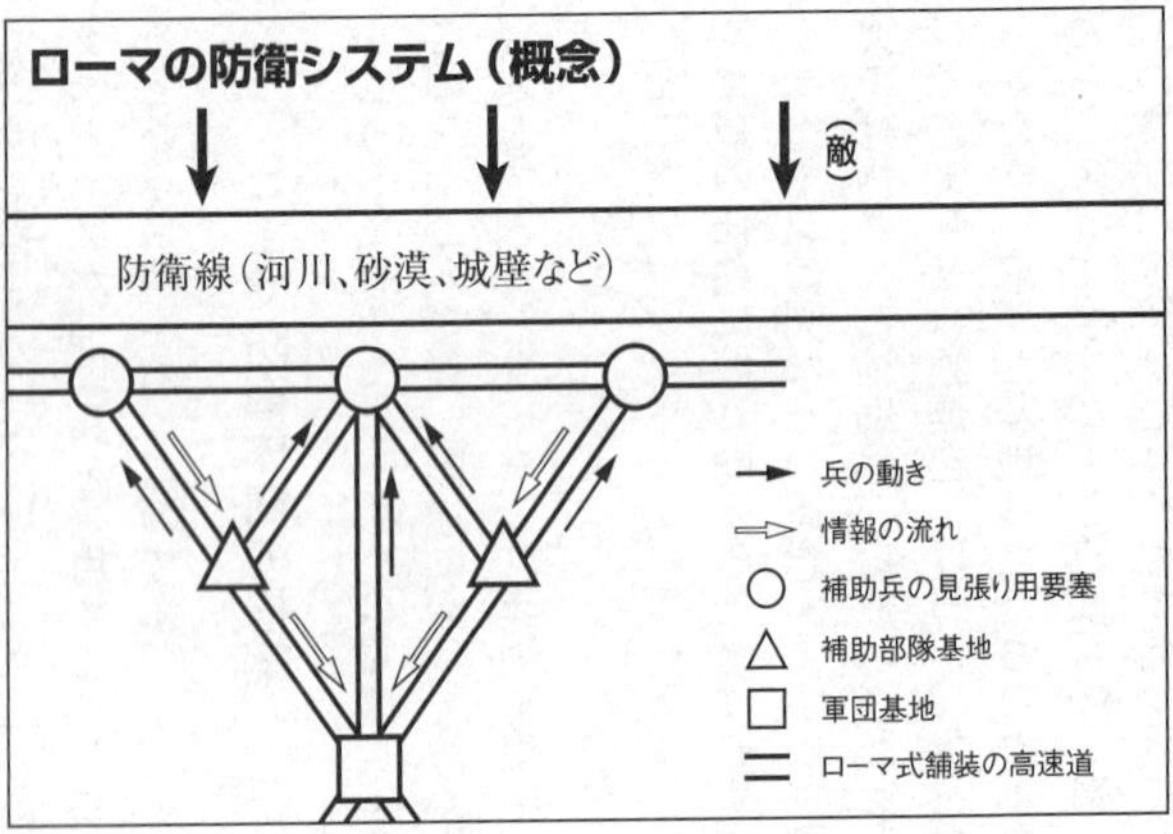

いうわけです。

ここでカギになってくるのは言うまでもなく、スピードです。もし、軍団基地と補助部隊基地との連絡に手間取ったり、あるいは軍団兵の戦場への到着が遅れたりすれば敵に防衛線をやすやすと突破されることになる。

そこで役に立ったのが、ローマ人が共和政の時代から営々と築き上げてきた街道網でした。

古代の高速道路とも言うべきローマ街道が属州を網の目のようにカバーしていたおかげで、ローマの軍団は騎兵なら一日で百キロ近くを移動できたし、また歩兵も平均時速五キロという「ハイ・スピード」で移動できたのです。

ちなみに、このローマ防衛体制のアイデアは、現代の国々の軍にもそのまま引き継がれています。

最前線となる基地には最小限の兵を配置するだけにとどめ、有事の際には機動部隊が海や空を移動して援軍に当たるというやり方ですが、それも考えれば、二千年昔にローマ人が編み出した防衛戦略に源を発している。

皇帝へ贈られた言葉

何よりも暗殺による事業の挫折を怖《おそ》れ、元老院やローマ市民の前で「演技」をしつづけたアウグストゥスは紀元十四年、七十七歳で亡くなります。愛する妻リヴィアの腕の中での安らかな死であったと史書は伝えています。

元老院議員を狂喜させた共和政復帰宣言から数えて四十二年にもわたった治世《ちせい》で、はたして彼は望みどおりに「パクス・ロマーナ」を実現させることができたのでしょうか。

それへの答えは彼の死の少し前、ローマ人に征服された属州の人々が贈った言葉の中にあります。

このときアウグストゥスはナポリ湾を船で周遊している途中でした。そこにたまたま停泊していたエジプトからの商船の乗客や船乗りたちが、船上で休息中の老皇帝を認め、皇帝に向かって次のように叫んだと伝えられています。

「あなたのおかげです、我々の生活が成り立つのも。

あなたのおかげです、私たちが安全に旅をできるのも。

あなたのおかげです、我々が自由で平和に生きていけるのも」

歴史家ギボンは「ローマ帝国がなぜ滅びたかを学ぶよりも、なぜローマ帝国があれほど長く続いたかに注意を向けるべきである」と書き残しています。

ローマ帝国の滅びのプロセスを追いかけて、大著『ローマ帝国衰亡史』を記したギボンをしてそう言わせた最大の功労者は、このアウグストゥスであるのかもしれません。

創造的天才というならばカエサルには及びもつかなくとも、やはりアウグストゥスもまた、その質は違っても天才ではあったのです。何しろ、以後のローマ帝国は三百年にわたってアウグストゥスの定めた基本線に沿って運営されつづけ、パクス・ロマーナを維持していけたのですから。

教養学課　ローマの子どもたちは幼いころは「読み書き、ソロバン」を学ぶが、長じてからは①ラテン語とギリシア語の文法、②修辞学、③弁証学、④数学、⑤幾何学、⑥歴史、⑦地理の七学科を習得することになっていた。これを「教養学課」（直訳すれば「自由学課」）と言う。

第9章

ローマから日本が見える

「リストラ」の名人たち

紀元前七五三年の建国から始まっておよそ八世紀にわたるローマの歴史を述べてきたわけですが、その中で私が改めて痛感したのは、ローマ人とはつくづく「リストラ」に長《た》けた民族であったという事実です。

といっても私が言うリストラとは、現代の日本で使われている事業の縮小や撤退や人員の削減といった消極的な改良方法ではありません。この言葉の本来の意味でのリストラクチャリング、すなわち再編成なり再構築に何度も成功したからこそ、ローマは千年にも及ぶ長い歴史を持つことができた。

同じ地中海世界に属すギリシアが文化や政治や経済において華《はな》やかな成功を収めても、その輝きが長続きしなかったのとは対照的です。

本書の中で採《と》り上げた範囲で言えば、ローマ人が行なった政治改革は、大きなものだけを数えても三回あったことになります。

最初に行なわれたのが、王政から共和政への移行です。紀元前五〇九年、ルキウス・ユニウス・ブルータスらによって第七代王「尊大なタルクィニウス」が追放され、以後は一人の王に代わって、執政官が毎年二人ずつ選出され、この二人が国の政治の最高責任者になった。

二度目の改革は、紀元前三九〇年に起こった「ケルト・ショック」を機に行なわれた共和政体内部の改革です。貴族と平民との階級闘争にピリオドを打ち、ローマの再興を果《は》たすため、政府の要職を平民に開放する決断もこのときに行なわれた。

そして三度目の改革は、帝政への移行でした。カエサルがその設計図を引き、アウグストゥスがそのとおりに石を積み上げていくことでローマ帝国は建設され、五百年続いた共和政も過去のものとなった。

ローマが行なった改革は、ここで採り上げた三つだけではもちろんありません。紀元前四九四年から始まった護民官制度、ポエニ戦役後の「混迷の時代」にグラックス兄弟やマリウスやスッラが行なった諸改革など、数え上げていけばきりがないほどですが、ローマ人にとっての政治システムとは、ローマ街道の補修と同じく「つねにメンテナンスすべきもの」であったということでしょう。

哲学的思考によって真理を追い求めるギリシア人とも、あるいは一神教の絶対神を信じるユダヤ教やキリスト教の信者とも違って、ローマ人にはこの種の「絶対」は馴染《なじ》まない。

どれほど優《すぐ》れたシステムであっても、人間が作るものである以上、かならず欠陥を隠し持つという現実的な感覚を、彼らは持ちつづけたのです。

「ゲルマニア撤退」を決断

本書の中では詳《くわ》しく触《ふ》れられませんでしたが、アウグストゥスが生前に行なった政策の中で唯一の失敗と言ってもいいのが、ゲルマン人の住むゲルマニア地方への遠征でした。カエサルの定《さだ》めたローマの基本防衛線はライン河であったのに、アウグストゥスはそれを、ライン河よりもさらに東を流れるエルベ河に移そうとしてゲルマニアに派兵します。紀元前一二年のことです。

アウグストゥスは政治においては天才としてもいいほどの才能の持ち主ではあったけれども、軍事上の才能は、政治的才能の水準には達していなかった。彼がカエサル暗殺後の内戦に勝ち残れたのは、生前のカエサルが付けてくれた優秀な副官アグリッパのおかげに他なりません。

このアグリッパが長生きしていたならば、おそらくアウグストゥスのゲルマニア遠征は行なわれなかったでしょう。

何しろゲルマニアはカエサルでさえ、「短期的には制圧できても、長期的な占領は不可能」と見た土地です。ところが、長年にわたって軍事を任《まか》せていたアグリッパを失ったアウグストゥスは、現地の状況を充分に知らないままに遠征プランを立てて実行に移してしまったのでした。

その結果、ゲルマニア戦役は当初はうまくいったものの、結果としては泥沼の戦いに足を踏み入れる形になる。紀元九年には、ゲルマン人のゲリラ戦法によってローマは、一度に三万五千人もの兵を失うという打撃さえもこうむる。

そればかりか、アウグストゥスは妻リヴィアの連れ子で、その才能を愛した青年ドゥルーススをこの遠征で失ってしまうし、もう一人の義理の息子ティベリウスも作戦上の意見対立から、彼から離れてしまう。しかし、それでもなおアウグストゥスは、死ぬまでゲルマニア制覇にこだわりつづけたようです。もし、このゲルマニア遠征がその後も続けられていたなら、ローマ帝国の歴史は大きく変わっていたかもしれません。前線と後方の補給基地の間が開きすぎて、「ローマ軍は兵站《ロジスティックス》で勝つ」と言われたほどのローマ軍も、彼ら本来の戦いができなくなることを意味したのだから。しかも軍とは、それ本来の戦いができなくなると戦闘にも負けはじめる、という性質を持つ。戦闘に負けつづける先にあるのは、帝国の滅亡でしかありません。

ところが、ローマ帝国はやはり違ったのです。第二代皇帝ティベリウスによって紀元一七年、ゲルマニア地方からの撤退が決まります。これによって、アウグストゥスの遺《い》訓《くん》と言ってもいい「エルベ河防衛線の構築」は白紙に戻されたことになりました。

国家に限らず、どのような組織であれ、前任者が定めた方針を廃棄するのはむずかしい。ましてや、その前任者が創業者であれば、なおさらのことです。

ところがティベリウスは、「神君」アウグストゥスの政策でさえも、思い切りよく転換した。こうした軌道修正がしばしば行なわれたところに、ローマ帝国が長続きした理由があると私は考えるのです。

なぜローマ人は「法」を求めたのか

ローマ人の「システムとはたえず補修、改定していくものである」という思想が最もよく表われているのが、法律に対する彼らの態度でしょう。

『ローマ人の物語 I』の冒頭部分で、私は次のように書いています。

「人間の行動原理の正し手を、
宗教に求めたユダヤ人。
哲学に求めたギリシア人。
法律に求めたローマ人。
この一事だけでも、これら三民族の特質が浮かびあがってくるくらいである」

「行動原理の正し手」とは、分かりやすく言ってしまえば、何をもって善悪の判断基準にするか、ということです。

ローマ人が宗教でもなく哲学でもなく、法によってみずからの行動を律しようとしたのは、ローマ人独特のメンタリティである「敗者をも同化する」という特質と大いに関係があります。

唯一絶対の神をあがめるユダヤ人にとっての「仲間」とは、同じ信仰を持つ人だけに限られる。また、ギリシア人の説《と》く哲学はたしかに素晴らしいものではあっても、その抽象的思考を理解し問題意識を共有できる人は人類の全体からすればあくまで少数派です。

ユダヤ人が昔から自分たちのコミュニティの中のみで生活し、またギリシア人が都市国家の枠《わく》を出ようとしなかったのも、結局はそのためでした。

これに対して、法は違います。同じ信仰を持っていなくても、同じ知的レベルになくても、法というルールを守って生活している限りは一緒に暮らしていける。

王政の時代から、ローマ人はさまざまな民族や部族をローマの町に招き入れ、その中で共生していた。そこには風習の違いから来る文化的摩擦もあっただろうし、また信じる神が違うことによるトラブルも起こったことでしょう。

そうした問題を解決するためにもローマは「法」というルールを必要としたたし、そうした必要性は多文化、多民族のローマ帝国の時代に入るとますます大きくなっていきます。

属州民がローマ市民権を欲しがったのも、一つには直接税の免除がありましたが、もう一つの大きな理由として市民権を得れば、ローマの法が自分たちの生命や財産を守ってくれるという安心もありました。「ローマの法」とは、人種や宗教などに関係なく、すべての人に公正で平等な権利を保証すること、そしてそれによって「共生」を可能にすること、が目的であったのですから。

ローマに成文法がなかった理由

ローマ人が作り上げた「法治《ほうち》国家」というモデルは、現代にもそのまま受け継《つ》がれているものですが、しかし現代の日本人が考える法治国家と異なるのは、ローマにはきちんと条文化された法律、つまり成文法《せいぶんほう》の体系がなかったという点です。

いや、まったくなかったというのではありません。実際には、一つだけ作られたことがある。それは紀元前五世紀に作られた「十二表法《じゅうにひょうほう》」と呼ばれる法律です。

これは深刻になっていた貴族と平民の対立を解消するため、当時の先進国ギリシアに視察団を派遣し、いわば鳴《な》り物《もの》入りで作られた法典なのですが、条文の中身は現代では、その三分の一も分かっていません。

なぜそのようなことになったかといえば、この法典がその後、改定に次ぐ改定をされたからです。

ローマでは法律が時代に合わなくなったりしたとき、前からあった法律の条文を改正するのではなく、新しい法を定めることで対応するという方法が採られていました。新しい法律ができると、それに関連した古い法の規定が自動的に効力を失うというわけです。

　現代の成文法体系に慣《な》れた私たちから見れば、ローマのこのやり方はいかにもルーズに見えます。

　次から次に新しい法令が市民集会や平民集会で作られていくわけですから、ローマ法の全体像は法律の専門家でも把握《はあく》することがむずかしい。事実、ローマ法が整理、集大成されるのはなんと紀元六世紀、東ローマ皇帝ユスティニアヌスによる『ローマ法大全』まで待たなければならなかったのです。

　しかし、その一方でローマの方法には利点もあります。

　法律を条文の修正という形で対応しようとすれば、どうしても過去に引きずられてしまう。その法律が長く使われていればいるほど、大幅に変えず、なるべく最小限度の改定にとどめておこうと考えるのが人間の常《つね》というものです。

　これに対して、まったく新しい法律を作るのであれば、過去のことは気にしなくてもいい。現在と未来だけを考えて、それに適応する新法を成立させる。と同時に、この新法に相容《あいい》れない旧法は自動的に消滅する、というわけなのですから。

　そこでもう一度、ローマの政治改革を振り返って見れば、ローマ人たちのリストラがローマ法の改定と同じ精神で行なわれていたということも分かるはずです。

王政から共和政へ、あるいは平民への門戸《もんこ》開放、さらにはカエサルの改革と、それらはいずれも既存のシステムを全廃した上での改正ではなかった。

過去との整合性にこだわるのではなく、現状に対応するにはどうすべきかだけを考える。それができないのであれば、改革はただの「改良」に終わってしまい、さしたる効果を上げられない。こうした思い切りのよさがあったからこそ、ローマという「国家《レス・プブリカ》」は長く続くことができたのだと考えます。

歴史と伝統を無視した改革は失敗する

とはいっても、改革は単に思い切りがよければそれでいいのかと言えば、けっしてそうではない。

なぜならば、それぞれの国家や組織にはそれぞれの歴史と伝統があり、これを無視した改革を行なってもうまくいくはずはないからです。

自分の手持ちカードが何であるかをじっと見据《みす》え、それらの中で現在でも通用するものと、もはや通用しなくなったものを分類する。そして、今でも通用するカードを組み合わせて、最大の効果を狙《ねら》う。これがまさに再構築という意味での真のリストラだと私は考えます。

ローマ人たちは、その点に関しても達人でした。

王政から共和政に移行した時代とは、地中海世界では何と言ってもギリシアが他を圧しての先進国だった時期と重なります。政治においても、文化においても、さらには軍事力においてさえも。中でもアテネの繁栄は、当時のローマ人から見れば、別世界のように映《うつ》ったことでしょう。

だが、ローマの人々はそのアテネの繁栄をすぐそばで観察しながら、ギリシアの政体を直輸入しようとは考えなかった。

紀元前五〇九年に共和政がスタートするのと並行する形で、当時のローマでは貴族と平民との対立が始まっていました。

その対立は年々激化する一方であったわけですが、この問題の解決に当たってローマの人々は、アテネの民主政を「直輸入」してはいません。すでにアテネでは紀元前六世紀にソロンの改革が行なわれて以来、民主政治が長く続き、それゆえの繁栄を謳歌《おうか》していたにもかかわらず、です。

ローマの平民たちにとってみれば、自分たちの政治的要求を通すには民主政を打ち出すのが最も簡単であったはずです。実際のところ、アテネの民主政は貴族の特権を奪うところから始まっている。

だが、ローマの平民たちはアテネの模倣《もほう》をしようとは考えなかった。

その最大の理由はやはり、アテネの真似《まね》をすればローマらしさがなくなるということにあったのではないでしょうか。「民主政というカードはローマの手持ちにはない」と彼らは考えたのかもしれません。

改革とは「過去の否定」ではない

振り返ってみれば、ローマの改革とは大胆であると同時に、それまでの伝統を踏まえたものになっているのが分かります。

王政から共和政への移行がすでにそうでした。

ロムルス創始の王政が王と元老院とそして市民集会の三本柱であったのを、ルキウス・ブルータスは執政官と元老院と市民集会という共和政に再構築をした。

ブルータスはローマにもはや王というカードは不要とは考えたけれども、それと一緒に元老院や市民集会というカードは捨てなかった。この二つのカードはまだまだ有効と判断したからに他なりません。

ローマの共和政がその後五百年にわたって続いたのも、この政治システムがローマ人の体質に合うものであったからです。もし、これが他の国からの「借り着《かぎ》」であったとしたら、やはりどこかに無理が出ていたに違いない。

カエサルが設計図を引いたローマ帝国の統治《とうち》システムにしても同じことです。

カエサルは共和政を廃止するという決断を下しましたが、彼が行なった政策でローマの伝統を無視したものは一つもないと言っていいほどです。属州統治に至っては、古来からの「敗者をも同化する」というローマ人の伝統に回帰したと言ってもよい。

ともすれば改革とは、古きを否定し、新しきを打ち立てることだと思われがちですが、けっしてそうではない。

成功した改革とは、自分たちの現在の姿を見つめ直し、その中で有効なものを取り出していき、それが最大限の効果を上げるよう再構築していく作業なのではないか。ローマの歴史を見ていると、そう思わざるをえないのです。

なぜ「善意」が害悪をもたらすのか

ではいったいなぜ、改革は再構築であるべきなのか。

その答えはカエサルの次の言葉にあると私は考えます。

「どんなに悪い事例とされていることでも、それが始められたそもそものきっかけは立派なものであった」

このカエサルの言葉を千五百年ぶりに〝発掘〟したのは、マキアヴェッリでした。彼はその著書『政略論』の中でこの言葉を紹介しているのですが、そこでは「(カエサルの言葉は)まったくの真実である」という短いコメントを付けるだけにして、それ以上は黙《もく》して語らなかった。カエサルの言葉が、人間世界の真実をあまりにも見事に突いているがゆえに、マキアヴェッリもそれ以上の解説は不要と考えたのかもしれません。

だが、野暮《やぼ》を承知で解説すれば、こういうことになるのではないでしょうか。

危機に直面したときに私たちは、ともすれば旧来の体制を「悪《あ》しきもの」「否定されるべきもの」として考えてしまいがちです。ゆえに古くからのシステムを破壊することが改革につながると思うようになるのですが、はたしてそうなのか。

どのような政治システムであろうとも、最初から国民（市民）を不幸にしようと考えて生まれたわけではない。当初の動機は「立派なもの」、つまり善であったはずだし、事実、そのシステムでうまくいった時期もあった。だからこそ長期にわたって同じシステムが維持されてきたわけです。

しかし、その善（プラス）が時間を経《へ》るにしたがって悪（マイナス）に変わっていく。そこに問題があるのだというのが、カエサルの指摘であったのです。

たとえばロムルスの創始した王政も当初はローマにとって善であった。ところがその王政が年月とともに悪に変わっていった。ゆえに共和政への移行が成されたわけですが、その共和政もまた当初の善が、いつしか悪となってしまった。

ではいったい、なぜ善から悪への転換が起きるのか。

その原因はシステムそのものにあるというより、外界の環境変化にあると私は思います。たとえシステムそのものは昔と同じく運営されていても、それを取り巻く環境が激変してしまえば、その効果も逆向きになってしまう。つまり国民を幸福にするためのシステムが、かえって国民を不幸にすることになるのです。

その最たる例が、共和政末期の元老院でしょう。

まだローマの版図《はんと》がイタリア半島の内側に留《とど》まっていた時代、元老院はローマの頭脳としての機能を充分に果《は》たしていた。元老院には多くの人材がいて、そこから適材適所の方針で執政官やその他の要職に人材を送りだすことで、ローマの政治は機能していたのです。

ところが、ポエニ戦役以後の状況の変化がそれを変えた。もはや地中海全域に広がったローマの統治を元老院は果たせなくなったばかりか、かえって混乱をもたらすことになった。それが一世紀半にわたる「混迷の時代」の真相であったのです。

つまり、システムが悪いから問題が起きているのでもなければ、システムの運営に問題があるのでもない。システムと外界とのマッチングが悪くなったから問題が発生しているのです。

したがって、古い統治システムを全否定してしまうのでは、かえって問題の本質が分からなくなる。

大切なのはまず自分たちが置かれている状況を正確に把握した上で、次に現在のシステムのどこが現状に適合しなくなっているのかを見る。そうしていく中ではじめて「捨てるべきカード」と「残すべきカード」が見えてくるのではないかと、私は考えるのです。

日本の「混迷」は、ここに始まる

私が改めて言うまでもなく、現代の日本もまた長い混迷のトンネルの中にあります。この混迷がはたして、かつてのローマのように次の飛躍のための足踏みとなるのか、それとも民主政末期のアテネのように混迷のしっぱなしで没落していくのか、私には無論、分かるはずもありません。

しかし、将来のことは分からなくても、現状を分析するのであればそれは不可能ではないし、古代ローマとの比較をしていくことによって、問題の所在だけは明らかになっていくのではないかとも思うのです。

現在の日本は、実にさまざまな問題を抱《かか》えています。バブル崩壊以来、完全な再興の期待はいまだ持てない国内経済。国民を幸福にするどころか、かえって害悪をまき散らしている官僚制の問題。具体的に言えば、特殊法人や不良債権の問題だってあるし、教育問題も深刻です。

こうして日本の問題点を数え上げていけば、それだけで憂鬱《ゆううつ》になってしまうほどですが、先ほどのカエサルの指摘に戻って考えれば、こうした「諸悪」は最初から悪であったわけではない。

たとえば今では誰《だれ》もが無条件に悪だと名指しする官僚の天下りでも、それが行なわれた当初ならば官民一致しての国際競争力獲得という目的があったのです。また問題になった道路公団にしても、日本全国に道路ネットワークを張り巡《めぐ》らせるという重要な意義を果たしていたのです。

ところが、そうやって善意で始まったさまざまなシステムが、ある時期を境《さかい》にして害悪をまき散らす存在に変わってしまった。ここに今の日本を考える上での出発点があると、私ならば考えますね。

では、いったいいつ、どこで善意が害悪へと転換したのか。

ローマの場合、その分岐点はポエニ戦役によって領土が急拡大した時期でしたが、戦後日本の場合、それはやはり経済が高度成長を遂《と》げ、ついに一人あたりGNPでアメリカと肩を並べた時期であったと見るべきでしょう。

「五五年体制」を再評価する

ケルト・ショックによってローマの繁栄が一度はゼロに戻ったのと同じく、敗戦によって戦後の日本もまたゼロからスタートせざるをえないことになった。そこから、わずか半世紀足らずで世界有数の経済大国になったわけですから、やはりその時代まで日本のシステムはうまく機能していたのです。

たとえば今では「五五年体制」と言われ、批判の対象となっている自民党の一党独裁にしても、すべてが悪であったはずがない。

いかに「経済一流、政治三流」とは言われていても、政治システムがそれなりの機能を果たしていなければ、経済発展などありえない話です。

すでに共和政のところでも述べたことですが、派閥政治などといった批判はあっても、当時の自民党が長期にわたって政権を掌握《しょうあく》していたのは、ローマ元老院と同じく自民党が「人材のプール」としての機能を果たしていたからでした。

もっと具体的に言うならば、「総理にしてやるから、この政策を実現して退陣せよ」というシステムが当時は機能していた。

たとえば吉田茂《よしだしげる》の場合は単独講和がそれだったし、また佐藤栄作《さとうえいさく》の場合は沖縄返還、中曽根康弘《なかそねやすひろ》の場合は国鉄民営化、竹下登《たけしたのぼる》は消費税といったぐあいです。それぞれの首相には、与えられた目的があって、それをこなすことが総理就任の条件だった。

その点では「総理とは党が作るものである」とした戦後日本と、「執政官は元老院が決める」とした共和政全盛期のローマとはよく似ているし、日本でもローマでも、こうした少数指導体制は右肩上がりの成長期には実によく機能していたのです。

ところが、それが「ある日」を境にして、何もかもうまくいかなくなる。これまでと同じにやっているはずなのに、それがかえって悪となってしまう。
だからこそ、一度、混迷の闇《やみ》の中に入ってしまうと、そこから抜け出すのはむずかしい。自分ではうまくやっているつもりなのに、それがかえって足を引っ張る結果になってしまうのです。

ローマ史上屈指の言論戦

古代ローマの場合、共和政の強みはなんといっても元老院が「人材のプール」としての役割を果たしていたことにあるのですが、ポエニ戦役以後の元老院もけっして人材に恵まれなかったわけではありません。あの長い「混迷の時代」においても元老院は、良質な人材のプールではあった。

しかし、どれだけ人材がいても、それを活用するメカニズムが機能しなければ、結局のところは人材がいないのと変わらないのです。

国家に限らずあらゆる組織が衰退するのは、人材が払底《ふってい》したからではありません。人材はいつの世にもいるし、どの組織にもいるのです。ただ衰退期に入ると、その人材を活用するメカニズムが狂ってくるのです。

ローマの場合、その兆候はすでにポエニ戦役のときに現われていたのかもしれません。天才ハンニバルと戦うためにローマの元老院はファビウスが唱《とな》えた持久戦略を採用し、

「勝てないが、負けもしない」という戦い方をすることに衆議《しゅうぎ》一決《いっけつ》する。その結果、ローマ軍はハンニバルをさんざんに悩まし、ついにイタリア南部に封じ込めることには成功する。しかし、持久戦略ではやはり、ハンニバルを地中海に追い落とすことまではできない。戦局は膠着《こうちゃく》状態に陥《おちい》ります。

　そこに登場したのが若きスキピオでした。

　スキピオは「今こそ積極戦法に出るときが来た。こちらからカルタゴに攻《せ》め込めば、ハンニバルとて本国に戻らざるをえなくなる。その役割を自分に任せてほしい」と元老院で懇願《こんがん》します。

　しかし、それに対して断固、ノーと言ったのが「第一人者《プリンチェプス》」の称号を与えられていたファビウスでした。

　ファビウスは「お若いの、あなたは生まれていなかったから知らないかもしれないが……」と、スキピオの若さを皮肉った上で、北アフリカへの出兵がいかに冒険であるかを説く。かりにハンニバルがシナリオどおりにカルタゴ本国の救援に戻ったとしても、彼に勝てる保証はあるのか、と。

　そして、ファビウスは最後にこう言って演説を締めくくります。

「我々が、若さにもかかわらずスキピオを執政官にしたのは、ローマとイタリアのためである。彼個人の野心の充足に手を貸すためではない。ローマは、英雄を必要としない国家である」

元老院による集団指導体制こそがローマの強さの源《みなもと》であるというのは、ファビウスの揺《ゆ》るぎない信念でした。

では、これに対して、スキピオはどう反論したか。

「ファビウス・マクシムス、そして元老院議員の方々、私は、ファビウスの私への反対が嫉妬《しっと》によるなどとはまったく信じていない。そして、彼の偉大さをしのごうなどともまったく思っていない。しかし、年齢は若いが戦場経験は若くないと思う私の考えでは、これまでに成功してきたことも、必要となれば変えなければならないということである。私は、今がそのときであると考える」

元老院の伝統を重んずる七十歳と、改革を訴える三十歳との言論の戦いは、まさにローマ史中の白眉《はくび》と言っていいでしょう。

元老院の「善意」

すでに読者はご承知のとおり、第二次ポエニ戦役はスキピオによってローマに勝利がもたらされます。

北アフリカでカルタゴ軍を破ったスキピオを倒すため、ハンニバルはイタリアから本国に帰還し、この両者はザマの会戦で相まみえることになる。そしてハンニバルの騎兵戦術を完全にマスターしたスキピオが完全勝利を収めるわけですが、このスキピオの北アフリカ行きは元老院が正式に認めたものではなかった。

先ほど紹介した論戦で、第一人者ファビウスを相手に一歩も引かずに改革の信念を訴えたスキピオの言論はたしかに元老院の議員に感銘を与えはした。しかし、かといってファビウスの「正論」もまた否定しがたい。

そこで元老院は折衷案《せっちゅうあん》を出したのです。つまりスキピオに北アフリカ遠征の軍団は与えないで、シチリアに赴任《ふにん》とする。ただしシチリアで志願兵を募集することは認める。つまりは、「行きたければ自分で兵を集めて北アフリカに渡れ」ということ。もちろん、その場合、スキピオの行動は元老院の許しを得たわけではないのだから、失敗すれば彼への責任追及は免《まぬか》れない。

その後のスキピオの華々《はなばな》しい活躍を知る私たちから見れば、元老院の態度は何とも歯がゆく感じてしまうのですが、しかし、黙認とはいえ若年のスキピオでも活躍の場を与えただけ、当時の元老院はまだ健全であったとも言えます。

なぜなら、このポエニ戦役が終わり、地中海におけるローマの覇権《はけん》が確立してからは、元老院は有為の人材の登場を許すどころか、かえって弾圧する側に回るからです。

ティベリウスとガイウスのグラックス兄弟を殺したのは、他ならぬ元老院でした。中でも弟ガイウスに対して元老院は、「元老院最終勧告」という、いわば戒厳令のようなものを布告してまで彼を抹殺したのです。

といっても元老院は、何も自分たちの地位を守りたいというだけの理由で彼らを殺したのではありません。

ローマの改革は元老院による集団指導体制にこそ任されるべきであり、一部の人間、それも実績のない若者の自由にさせておくことは、ローマの国益に反するという大義があった。

つまり、元老院には元老院なりの「善意」から、グラックス兄弟を殺したということになる。

善意で行なわれたことが、かえって害悪となる……ポエニ戦役以後のローマはまさにその状況に陥《おちい》ってしまったのでした。

カッサンドラの悲劇

ポエニ戦役終結から一世紀半にわたって続いた「勝者の混迷」は、カエサルの登場によってようやく収拾《しゅうしゅう》に向かうことになる。

かつてファビウスが「ローマは英雄を必要としない国家である」と断言したことを思えば、何とも皮肉な結果になったと思ってもしまうのですが、ローマに限らず、どんな国家であれ、どんな時代であれ、改革とはけっして会議で決まるものではない。一人の指導者が現われ、みずからの信じるところに従って改革を断行しない限り、永遠に体制は変わらないのです。そして変わらないで過ごすうちに、国力は衰微する一方になる。

といっても、改革はむずかしい。なぜなら、どんな改革であれ、それによって損をする人たちがかならず現われる。いわゆる既得権益層《きとくけんえき》の存在です。

この人たちを言葉によって、つまり理性によって説得しようとするのは絶望的と言っていい。「話せば分かる」というのは民主主義の理想ではあっても、それのみで成功したことはほとんどありません。

というのも、ふたたびカエサルの言葉を引用すれば、「人は自分が見たいと欲する現実だけを見ようとする」存在であるからです。改革によって既得権益が失われることに心を奪われている人たちに、改革の意義を説いたところで理解されないのも当然だと思わねばならない。

しかし、かといって彼らの反対に耳を傾けてしまえばどうなるか。結局、どんな改革も大幅な修正をされて小幅の改良に終わってしまうのが落ちです。

したがって改革をやろうとすれば、結局は力で突破するしかないということになる。

そのことを誰よりも分かっていたのがスッラであり、カエサルであった。

ヨーロッパでは正しいことを主張していても聴き容《い》れられない人のことを「カッサンドラ」と呼びます。

古代トロイの王女だったカッサンドラは、ことあるごとに「このままではトロイが滅《ほろ》びる」と人々に予言して回ったのだけれども、誰もそれを信じてはくれない。そして、彼女の予言は当たり、トロイは滅亡する。

私のような文筆家や評論家なら、カッサンドラでも諦《あきら》めもつきますが、政治家はカッサンドラであっては困る。自分が正しいと信じ、今やるべきと思ったことを実行しなければ、政治家としての価値はゼロに等《ひと》しい。

だからこそ、カエサルは兵を率《ひき》いてルビコンを渡ることを決断したのだったし、それを断行したからこそローマの国体の改革も実行できた。衆知《しゅうち》を集めての改革は、理想としては美しくても現実的な方策ではないことを彼は知っていたのです。

改革者は孤独である

こうした私の意見に対して「それは民主主義の否定につながる考えだ」とか「独裁者を許すのか」といった反論を持つ人もおられることでしょう。

なるほど、その意見は正論ではある。

しかし、私はそこでつい「カエサルなら、何と答えるだろう」と考えてしまうのです。カエサルならきっと、「民主主義とやらを守るのはけっこうだが、民主主義が守られても国が滅びては仕方がないではないか」と答えるのではないか。

たしかに民主主義は他の政治制度に比べたら、まだずっとマシなのかもしれない。

しかし、それがすべてを解決する万能の神であるはずはない。政治の目的が最大多数の平和と繁栄を期すということであるのなら、民主主義はそのための「手段」でしかありません。状況に合わせて手段を使い分けるのは、むしろ健全な態度ではないでしょうか。少なくともローマの歴史はそれを、私たちに教えてくれていると思うのです。

それにもう一つ付け加えていけば、独裁者とは民意を無視する存在であると一刀両断《いっとうりょう》《だん》するのもいかがなものでしょうか。

どんな独裁者であろうと世論を完全に無視して政治を行なうのは、不可能とまでは言わないまでも、きわめて困難と言わざるをえません。

やはり自分の考える政策を現実のものにしようとすれば、周囲の協力を得られなければ効果は上げられないのです。

この点においても、カエサルは一流でした。

ローマの将来に対する考え方ではカエサルとは対極の立場にあったキケロでさえ、カエサルの文章に対しては賞賛の言葉を惜《お》しまなかった。

「カエサルの文章は、それが口から出ようと手で書かれようとも、次の特質を表わしていることでは変わりない。つまり、品格が高く、光り輝き、壮麗《そうれい》で高貴《こうき》であり、何よりも理性的である」

改革とは自分たちの苦境を直視することから始まる以上、反省や自己批判といった後ろ向きの話になりがちです。しかし、それをやっていたのでは、かえって改革をやる意欲は生まれてこない。さらに言えば、改革によって社会が変わると言われて、素直に歓迎できる人は少数派で、将来に対する不安を感じるのは当然の心理です。

この点、カエサルの演説はたとえ苦《にが》い現実を語っても、聴衆は逆に元気が与えられ、明日への希望を得た気分になったと言います。

もちろん、その人たちの中に、カエサルの考える改革の意味を真に理解できた人はきわめて少数、いやひょっとしたらゼロであったかもしれない。しかし、それでもなお協力しようと思ってくれる人がいるかいないかで、改革の進展はまったく違ったものになるのです。

現代日本のことでいえば、なぜ一連の改革が成功しないかといえば、一つには改革の意義を反対派に分からせようとばかりしていて、賛成派を増やそうという努力が決定的に不足している面もあるのではないでしょうか。

新しい時代を作ることになるほどの大改革は、誰にでも理解されるものではない。その意味で改革者とは孤独であり、孤独であるがゆえに支持者を必要としているのです。アウグストゥスが演技をしてでも元老院を味方につけようとしたのも、まさにそのためでした。

独裁者とは民衆を無視するものと思われがちですが、実はそうとは限らないのです。むしろ、中途半端《ちゅうとはんぱ》な権力を握っている政治家のほうが、民意など気にしなかったりするのが現実です。その実例は現代日本の民主主義を見渡せば、いくらでも転がっているように思うのですが、これは皮肉にすぎる見方でしょうか。

なぜ日本にリーダーは登場しないのか

こうしてローマの改革を振り返っていくと、現代日本が長い混迷状態から抜け出すためには結局のところ、カエサルのような強力なリーダーが出てくるか否《いな》かにかかっているという結論になりそうです。国会や各省庁の会議で〝衆知を集めて〟練《ね》られた政策がどれもさしたる効果を上げていない現状を見れば、なおさらその思いに駆《か》られるというものでしょう。

では、はたして日本にカエサルは現われるのか。

その答えは予言者ならぬ私にはもちろん分かるわけもありません。

しかし、「どうやったら絶対に現われてこないか」なら、私にも少しだけ言えるかもしれません。

国民が「リーダー志望者」に仕事を任せることを嫌ってしまえば、どうやっても本物のリーダーは出てくるはずはない。

日本では、ことに現代の日本では政治家の評判は最低と言ってもいいほど悪い。権力をいったん手にしたら、それにしがみつき、私利私欲のために日本を間違った方向に引っ張っていく……政治不信はひどくなる一方です。たしかに、そう絶望したくなる気持ちはよく理解できます。

しかし、だからといって最初から疑心暗鬼《ぎしんあんき》になり、政治家の手足を縛《しば》ってしまえばどうなるか。それでは結局のところ、改革できたにしても中身は小粒に終わらざるをえない。

それに政治家の力などというものは、思うほど強くはないものです。先ほども述べたように、どんな権力者であろうと、民意を完全無視しての政治を行なえるものではない。ことに現代のような民主主義体制ではなおのこと。

ならば、まずは思う存分に仕事をさせてみて、ダメならクビにしてしまう。そのくらいの気構えで政治家に仕事をさせてみたほうがいいのではないか。

黒澤明《くろさわあきら》監督の名作『七人の侍』では、野盗の襲撃に困り果てた百姓たちが、その撃退を七人の浪人に頼む。報酬《ほうしゅう》は腹一杯の米の飯。

ちょっとずるがしこい人間ならば、自分たちがずっと雇われていくためには、適当に野盗を撃退しつつ、完全には撃破しない。脅威が完全になくならない限り、百姓は浪人を雇《やと》いつづけねばならないのですから、ポストの確保としてはこれが一番〝合理的〟な方法ではある。

ところが七人の浪人たちは、百姓を訓練したり、策を練っていたりするうちに本気になってしまう。侍の血がよみがえってくるのです。

そして、その結果は、野盗を完全に撃退できたけれども七人中四人は戦死してしまう。

この結果を見て、雇い主の百姓たちはどうしたか。

礼は言うが、もはや浪人は必要ない。よって彼らはお払《はら》い箱にされてしまう。映画のラストで志村《しむら》喬《たかし》演ずる浪人が言ったとおり、「勝ったのは百姓」であって、侍たちは単なる駒《こま》に過ぎなかったというわけです。ただしこの映画が名作である所以《ゆえん》は、浪人侍たちの死は単なる駒の死ではなく、侍の血がよみがえった男たちの死であったということにあるのですが。

「任せる」ことからすべては始まる

私は政治家と有権者の関係も、結局のところ、この映画の浪人たちと百姓の関係で充分ではないかと思うのです。

つまり政治家は政治のプロとして、任せきってしまう。それで仕事をうまく片付けてくれたら、さっさとお払い箱にする。もちろん、任せてみてどうにも期待はずれなら、途中でお払い箱にする。

ローマ帝国における皇帝と有権者、つまりローマ市民の関係もまた同じです。ただし、古代ローマ帝国は民主主義国ではなかったので、ローマ市民は皇帝をお払い箱にするといっても、選挙で落とすわけにはいかない。そこで行なわれたのが暗殺でした。その代表例が第三代皇帝のカリグラであり、第五代のネロです。彼らが殺されたのは、結局のところ有権者であるローマ市民が、不信任を突きつけたからに過ぎない。

現代の私たちには政治家をわざわざ暗殺する必要はない。期待はずれと判断したら、選挙で落とせばいいだけのことだし、それ以外にもスキャンダルで退陣に追い込むという手もある。

こう書くと「選挙でもスキャンダルでもお払い箱にできなかったらどうするのか」という反論があるかもしれません。しかし、私の考えならば、それほどの攻撃を受けてもしぶとく生き残るとはなかなかの人材であるかもしれず、だったらもう一回はチャンスを与えてみてもよいのでは、と思います。

いずれにせよ、「百姓」は最後に勝つ。そう信じればこそ、私たちは政治家にチャンスを与えるべきではないでしょうか。もちろん、その場合は結果が出るまでは、外野からは口を出さない。その過程では、あまり働かない「浪人」も現われるかもしれない。しかし、そこで諦《あきら》めてしまえば、もはやチャンスは訪れてこないかもしれないのです。

現代の民主主義の観点から見れば、カエサルもアウグストゥスも独裁者に分類されるでしょう。しかし、彼らがいたおかげで最終的に得をしたのは、ローマ市民であり、属州の人々であった。そのことを私たちは、偏見にまどわされずに思い起こす必要があると思うのです。

誤解されつづけたローマ史

本書ではもっぱら「改革」をキー・ワードにして帝政樹立までのローマ史を語ってきたわけですが、もちろんローマ史の読み方はこれだけではありません。千年以上にわたるローマの歴史は、古来からさまざまな読まれ方がされてきました。

とは言っても、残念なことに現代に入るまでのヨーロッパでは、どちらかと言えばローマ史はネガティブなイメージ、つまり反面教師としての読まれ方をされてきた観があります。

そうなった最大の理由はやはり、何と言ってもキリスト教にあります。

キリスト教の立場からすると、古代ローマ人は多神教の異教徒であったし、さらにローマ帝国に至ってはキリスト教徒を迫害しつづけてきた「悪の帝国」ということになる。中でも第五代のネロ帝はキリスト教徒を無実の罪で殺した「反クリスト」として、弾劾《だんがい》の的《まと》となってきました。

もちろん、これはキリスト教側のプロパガンダという側面がかなりあって、そのまま史実として受け取るわけにはいきません。

たとえば、ネロがキリスト教徒を迫害したのは事実であっても、それが過大に誇張され、伝わっている部分がかなりある。勝ち残った側が自分に都合のよいことを並べ立て、敗者を裁《さば》く「勝者の正義《ビクトリー・ジャスティス》」は今に始まったことではないのです。

しかし、ならばキリスト教の支配から人間が自由になった近代以後、こうしたローマ史評価が是正されたかと言えば、そうでもないのです。

ことに『ローマ帝国衰亡史』を著《あら》わしたギボン以降、欧米の歴史家たちは「共和政時代は尊敬できても、帝国になったとたんにローマの堕落《だらく》が始まる」と考える傾向が強まりました。

その理由は読者も容易に想像できるとおり、民主主義的な物の見方と大いに関係がある。

つまり共和政の時代には自由があったが、帝政になったら自由がなくなった、よってローマは堕落した、だからローマが滅びたのは当然すぎるほど当然であったというわけです。

トインビーのような学者でさえ、「アウグストゥスの業績は、ローマの衰亡を先に延ばしただけのことである」と言っているのですから。

私たちから見れば、たとえ衰亡を先に延ばしただけとしても、それからローマは五百年もったのだから先延ばしも五百年ならば、すごいことではないかと思うのですが、欧米人たちはそう考えないらしい。ひょっとして、自分たちの欧米だけは未来永劫《みらいえいごう》、衰亡とは無関係と思っているのかもしれません。

日本人だからローマ史が分かる

すでに述べたとおり、ローマ帝国は人々の自由を圧殺する上に成り立つ専制国家ではありませんでした。

皇帝の地位は、元老院とローマ市民の支持なくしてはありえなかったわけだし、またそこに暮らす人々の生活は「パクス・ロマーナ」の語が示すとおり、安全で豊かなものになった。

それ以前の共和政で国政を決める自由を謳歌《おうか》していたのは、せいぜい元老院の議員六百人だけであり、ローマ帝国全土の住民ならば六千万人がいたのです。六百人の自由よりも六千万人の幸福のほうが、私なら、ずっと重要だと考えるのですが、ローマ史の専門家たちは長い間、そうした評価を与えてこなかった。

もちろん、最近ではローマ史に対して、より公正な評価が専門家の間ではされるようになってきてはいます。しかし、それはあくまでも専門家の世界にとどまり、いまだに欧米では過去の評価がしぶとく生き残っているのが現状です。

それが象徴的に表われているのが、エンターテインメントの世界でしょう。

先年、オスカーを受賞した『グラディエーター』はその典型です。

この映画の物語は昔からのローマ帝国のイメージをそっくりそのままなぞったもので、善良なる主人公をいじめる悪虐非道な皇帝が登場する。

つい笑ってしまうほど古風なローマ史観なのですが、こうして今もなおローマ帝国への悪印象はどんどん拡大再生産されているというわけです。

こう考えてみると、なんとローマ史は不幸な読まれ方をされてきたのかと思わざるをえないのですが、幸いなことに私たち日本人はそうではない。

何しろ日本人はローマ人と似た多神教の世界に長く暮らしてきた民族であり、一神教のキリスト教からはそれが「幸」にしろ「不幸」にしろ、まったくと言っていいほど精神的影響を受けていない。また欧米とは違って「教養としてのローマ史」を学ぶという風土もありませんでした。

つまり日本人はローマ史に関する限り、ずっと白紙の状態できたのであり、それだからこそかえって、欧米人よりはずっと公平な観点で、素直な気持ちでローマ人たちの知恵を学ぶことができる。これは幸運なことではないかと私は思うのです。

たしかに現代の日本には問題は山積《さんせき》していて、その解決は容易なことではない。ローマでさえも、混迷からの脱出には一世紀半以上の年月がかかったことを思えば、こんなのはまだ序の口なのかもしれない。そう考えると、気が遠くなるのも事実ですが、二千年前と現代とでは、時代の変化の速度も、段ちがいに速くなっている。

そして、もしも私たちがローマ史の中から教訓を得、この混迷の中から脱出できたとき、日本人は新しい「ローマ史の読み方」を世界に発信できるかもしれない。笑われそうですが、私はそんなことさえ夢見ているのです。

古代ローマの人々と付き合ってきて私が何より感心するのは、どんな苦境にあっても彼らがけっして挫《くじ》けなかったという事実です。

ケルト・ショックやポエニ戦役といった国難《こくなん》に何度遭遇《そうぐう》しても、ローマ人は過去を悔《く》やんだり、立ち止まったりするのではなく、つねに前向きに進もうとした。文化の面においてはギリシア人に及ばなかったローマ人が、古代ギリシアよりも長い歴史を築《きず》き上げられたのは、結局はその彼らの気質にあったのではなかったか、とも思うのです。

本書の限られた紙幅《しふく》で、そうした彼らの姿がどれだけ伝えられたかは分かりませんが、古代ローマの人々の生き方が今後のみなさんの、そして日本の「道しるべ」になることを祈りつつ、いったんここで筆を擱《お》きたいと思います。

【特別付録】

英雄たちの通信簿

「指導者に求められる資質は、次の五つである。知力。説得力。肉体上の耐久力。自己制御の能力。持続する意志。カエサルだけが、このすべてを持っていた」

（イタリアの普通高校で使われている歴史教科書より）

——（編集部。以下省略）いやはや、イタリアの高校生というのはすごいことを学校で習うものですね。日本ではこのところ歴史教育問題が騒がれていますが、この一節を見ると正直言ってがっくり来る。教えている内容の次元が違いすぎます。

あなたのその感想には私も同感ですが、高校が単なる受験予備校となっている日本とは違って、イタリアでは普通高校は大学での専門教育を受けるに必要とされる基礎、つまり一般教養を与える機関という位置づけがされています。

——日本の旧制高校が、まさにそうでしたね。

だからイタリアの大学には、日本の大学みたいに教養課程はありません。歴史や国語はもちろんのこと、哲学、ラテン語、ギリシア語といった教養科目はすべて高校で学ぶことになっている。大学は専門教育を与える機関なのです。ちなみに、英語は教養ではなく実学という位置づけなので、高校の中でも特に古典を学ぶことを重視している「クラシックなリセ」では教えてはくれません。だから、もはや国際語である英語を学ぶには、夏休みを利用してイギリスに行くしかないのです。

これがイタリアの高校教育（五年）なので、イタリアの歴史教科書をそのまま日本のものと比較するわけにはいかないのです。でも正直、私もこの一節を見つけたときには「参った」と思いました。

そもそも「指導者の資質」などというテーマは日本のビジネス誌などでもよく採《と》り上げられる話題ですが、日本の場合なら、かならず登場してくる決断力、実行力、判断力などといったことが、ここではまったく触《ふ》れられていない。

その理由はなぜだと思いますか？

要するに、人の上に立とうとする以上、この三つの資質は当然持ち合わせているべきことで、改めて採り上げるまでもない。そう考えられているからです。

私が書いた歴史作品に対して、まともな書評家なら「著者はよく史実を調べている」などといった批評は書かないのと同じです。

自分が書きたい時代について、できる限り徹底的に調査をするのは作家として当然のこと。大事なのは、その史実を「どう使うか」なのですから。そこで作家としての才能が問われる。私はそう思っています。

――〝経営者の決断力〟なんてテーマが本になるようでは、まだまだ日本はダメだということですか。

結局のところ、日本ではまだリーダーの意味が理解されていないのでしょう。少なくとも、今の日本人の考えるリーダー像と、欧米や他の世界の人々が考えるリーダー像とは大きく違う。

――その違いというのは、どういうことなのでしょうか。

日本人にとってのリーダーとは、要するに「調整能力の優《すぐ》れている人」でしかない。いわば組織内のとりまとめ役ではあっても、組織を率《ひき》いていく「リーダー」、つまり指導者ではない。

本来のリーダーとは、我々普通の人々、つまり大衆とはまったく違った資質を持った存在であって、また、そうでなければ時代を変えたりすることはできない。私はそう思います。

――その資質が、歴史教科書に書かれた五つの要素というわけですね。

といっても、この五つの要素をすべて百パーセント満たすとなると、それこそカエサル級のリーダーで、そうめったにお目にかかれるわけではない。

私の見るところ、古代地中海世界でもすべてが百点満点というのは、カエサルとギリシアのペリクレスくらいなものでしょう。

「ローマ史を読むなら、皇帝になったつもりで読め」

——たった、この二人だけ？　古代地中海世界にはアレクサンダー大王とかハンニバルとか、すごい連中は他にもごろごろいるではありませんか。そうそう、塩野さんの好きなスッラも、なかなかの男だと思いますが、彼らは不合格ですか。

不合格ではありませんが、カエサルとの比較ということであれば分《ぶ》が悪い。オール5を与えるわけにはいきません。

——これはなかなか厳しい試験官ぶり。

ゲーテが言ったと記憶していますが「ローマ史を読むなら、ローマの皇帝になったつもりで読め」という言葉があります。もちろん私自身はといえば、この五つの資質のどれも持ち合わせていませんが、それでもローマ史を書くときには、彼らと同じ視点、同じ気持ちになろうとつねに努力しています。歴史上の偉人たちを自分に引きつけて書くのでは彼らに失礼というものでしょう。だから彼らと同じにはなれないにせよ、私のほうから彼らのところに行ったつもりになって書いています。

——さながら通《かよ》い婚《こん》ですね（笑）。

まさにその気分ですね。カエサルやスッラ、グラックス兄弟のような男たちのところに、たとえ想像の中とはいえ、毎日のように通えるのですから、女としてはなかなか悪くない生き方ではありませんか？
でも、その中でもカエサルは別格中の別格。『ローマ人の物語』では、彼のことを書くのに単行本でまるまる二巻分を費《つい》やしてしまったほどです。それだけの時間、カエサルと付き合ってしまったのですから、他の男たちを見る目が厳しくなったとしてもやむをえない。

――じゃあ、その厳しい目で一つローマの偉人たちの通信簿を作ってみてください。彼らにどんな点数が付くのか興味があります。

実は、すでにその通信簿なるものを以前、ひそかに作ったことがあるのですよ。結局、それは『ローマ人の物語』には使わずにお蔵入《くら》りしてしまいましたが。

――何ともったいない！　ローマの偉人たちの成績表なんて、お堅《かた》い歴史学者の先生たちは絶対に作ってくれそうにない。

それなら、ここでもう一度、成績表を作ってみましょうか。リーダーの資質を考えるなら、やはり具体例があったほうがより理解しやすいでしょうしね。

古今屈指の名政治家・ペリクレス

――これがローマの偉人たちの〝通信簿〟ですか（367ページ）。でも、一番古いのはスキピオ・アフリカヌス止まりですね。

スキピオ以前の共和政ローマは、それこそファビウスが言ったように「英雄を必要としない国家」であったわけですから、個人個人の政治家が活躍するという場がなかった。また、共和政以前の王政時代では、信用するに足る史料が少なすぎる。よってローマのリーダーとなると、やはりスキピオ・アフリカヌスが最初に来る。

そこで、その代わりにローマ人ではないけれども、ローマとも関係の深い三人の男たち、アレクサンダー大王、ペリクレス、そしてハンニバルを加えておきました。

——その非ローマ人の三人の中ではペリクレスがカエサルと並ぶ百点満点。それに対してアレクサンダー大王はけっこう点数が低いんですね。

何と言ってもペリクレスは、都市国家アテネの黄金時代を一人で築《きず》き上げたと言ってもよい大政治家です。

あの口さがない、しかも嫉妬《しっと》深いアテネ人たちを相手に、民主政は守りながらも、アテネに必要だと自分が考えた政策を的確に実行していった彼の手腕は「すごい」の一語に尽《つ》きる。

何しろ、彼の治世《ちせい》は三十年に及んだ。現代の民主主義国であっても、三十年もリーダーの地位に居つづけることなど、これまでもなかったし、今後もありえないでしょう。ところがペリクレスはそれをやってのけた。

しかも、彼の時代、アテネは絶頂期に達したわけですから、これは満点を付けるしかありません。リーダーとしての手腕においても、また実際の成果においても、ペリクレスは古今有数の政治家の一人です。

民主政体でリーダーを続けていくというのは、いわば細いロープの上を渡るようなものです。

移ろいやすい民衆の心を上手にコントロールするために知力の限りを尽くし、自己を制御し、さらに自分のやりたいことを貫徹するという強い意志を持っていなければなりません。だから、知力、自己制御力、持続する意志については文句なく満点です。また、リーダーの激務を三十年もこなせたのですから、肉体上の耐久力も申し分ない。

残る説得力についても、ペリクレスは素晴らしかった。

ペリクレスが演説すれば、聴衆は白いものでも黒だと信じるほどだった。プルタルコスは「もし大観衆の目の前でペリクレスがレスリングの試合に敗《やぶ》れたとしても、彼が『自分が勝った』と主張すれば、大衆はそれを信じただろう」と書いています。

よって、ペリクレスはカエサルと並んで、オール5の政治家と言わざるをえない。

アレクサンダー大王の意外な弱点

これに対して、アレクサンダーはどうか。

たしかに「知力」の点では満点です。

古代ローマ　指導者通信簿

	知　力	説得力	肉体上の耐久力	自己制御力	持続する意志
アレクサンダー大王	100	80	70	80	100
ペリクレス	100	100	100	100	100
ハンニバル	85	65	100	100	100
スキピオ・アフリカヌス	95	100	65	90	90
グラックス兄弟	90	90	60	70	100
マリウス	60	70	100	45	50
スッラ	95	80	100	60	100
クラッスス	40	30	50	30	30
ポンペイウス	80	55	100	70	40
カエサル	100	100	100	100	100
キケロ	80	80	50	50	40
ブルータス	30	20	20	15	60
アントニウス	30	20	100	20	10
クレオパトラ	30	20	60	10	70
アグリッパ	60	50	80	90	70
	知　力	説得力	肉体上の耐久力	自己制御力	持続する意志
アウグストゥス	95	80	85	100	100
ティベリウス	90	50	100	70	100
カリグラ	20	20	30	10	10
クラウディウス	80	70	60	70	80
ネロ	30	30	50	10	20
ヴェスパシアヌス	60	70	95	85	80
ティトゥス	60	60	50	80	75
ドミティアヌス	75	55	80	50	75
ネルヴァ	70	60	70	80	85
トライアヌス	80	85	100	100	100
ハドリアヌス	100	80	100	100	100
アントニヌス・ピウス	75	90	70	100	85
マルクス・アウレリウス	85	70	60	100	100
	知　力	説得力	肉体上の耐久力	自己制御力	持続する意志

それまでのギリシア世界はペルシア戦争を勝ったとはいえ、つねにペルシアから攻《せ》め込まれる一方でした。ところがアレクサンダーはそのペルシアに攻め込むという、ギリシア始まって以来の計画を実行に移したばかりか、誰《だれ》も考えなかった騎兵の活用までをも編《あ》み出した。そして自軍の十倍ものペルシア軍に圧勝したのですから、まさに天才と言うべきです。

また、「持続する意志」ということに関しても、これは文句の付けようがない。

アレクサンダーのマケドニアは、当時のギリシアでは同盟の盟主ではあったけれども、その同盟はけっして一枚岩ではなかった。だから彼の東方遠征に対しては反対も強かったけれども、それでも自分の意志を貫《つらぬ》き通した。これは大したものです。

だが、そこであえて厳しいことを言えば、アレクサンダーには説得する言葉が不足していた。説得力がまったくなかったとは言いません。何しろ、東方遠征に消極的な他のギリシア人たちをそれなりにまとめあげたわけですから。

とはいっても、やはり彼は言葉よりも行動の人だった。

危険な地域にはみずから率先《そっせん》して行って戦う。水がなくて兵士が苦しんでいたら、彼もまた水を飲まずに一緒に苦しむ。そういった話が伝えられています。

——そこまでされたら、部下は付いてくる。さすがアレクサンダーですね。

そう思うのが日本人の限界なのです。

たしかに、こうした側面は武将としては大切なことです。だからこそ、彼の部下は遠くインドまで一緒に行った。

だが、そんなアレクサンダーに心酔《しんすい》するのは、彼の行動をそばで見ている人に限られます。行動も大事だけれども、やはり大勢の人間までを動かすには言葉による説得ができなければむずかしい。その意味では、アレクサンダーには百点満点はあげられません。

また、知力に優れ、持続する意志は強烈ではあっても、彼は自分のビジョンを実現する前に三十三歳の若さで死んでしまった。その意味で「肉体上の耐久力」は百点を付けられない。長途《ちょうと》の遠征で相当に体力を消耗《しょうもう》していたはずですから情状酌量《じょうじょうしゃくりょう》の余地はあっても、七十点でしょうね。

「自己制御力」に関しては、本当は百点を付けたい気もするのですが、惜《お》しむらくは彼は古代ギリシア人の通例にたがわず、深酒をしてしまうのですね。

――古代ギリシア人というのは、そんなに酒飲みなんですか。

何しろ、ギリシア人は「ワインの神様」ディオニュソスを信仰していた人たちですからね。ちなみに、古代のワインは今よりもずっとアルコール度数が高くて水で割って飲むのが普通でした。

酒が好きなのは別に悪いことではないのですが、アレクサンダーの場合、ときどき自己制御を忘れてしまうのですね。昔からの友人が彼を諫《いさ》めようとしたら、酒の勢いで殺してしまったとか、そういう話がいくつも残っています。こうした衝動的なことがあまりに重なれば、部下の人望も失われていたでしょう。

ですから、この点を差し引いて自己制御力は八十点というのが私の判断です。

ハンニバルに欠けていたものとは

——非ローマ人三人目のハンニバルは知力と説得力の点数が低いですね。説得力はさておき、あれだけローマを悩ましたにもかかわらず知力が八十五点というのは、どうしてなのでしょう。


アレクサンダーの戦法を完全にマスターし、それを戦場で実地に応用できたという点では、たしかにハンニバルの知力は高い。

またハンニバルは情報の重要さを知っていた人物で、あらかじめ戦地に乗り込む前に、敵情の収集を怠《おこた》らなかった。

ハンニバルのアルプス越《ご》えは無謀《むぼう》なことに見えますが、実は事前にさまざまな情報を集めていて、アルプスを軍勢が越えるのはけっして不可能ではないことも知っていたと思われます。彼がイタリア半島に攻め込んだのは、さまざまな情報を総合した上で「これなら勝てる」と判断したからに他ならない。その意味では慎重な人物でもあった。

しかし、そのハンニバルにしても理解ができなかったのが、ローマ人の「敗者をも同化する」という生き方でした。

ハンニバルはローマ軍を同盟国の目の前で完敗させれば、同盟国はかならず離反《りはん》して、自分の味方になると判断した。

なるほど、その計算はイタリア半島以外でなら成立したでしょう。しかし、情報収集に余念がなかったハンニバルも、ローマ連合が一個の運命共同体になっていたことを見抜けなかった。その結果、ハンニバルは十六年にもわたってイタリア半島で戦いつづけなければならず、ついにはスキピオ・アフリカヌスというライバルの登場を許してしまうのです。

しかも、このスキピオとの「ザマの会戦」でハンニバルは負けてしまう。スキピオはハンニバルの戦法を真似《まね》しているわけですから、本来なら師匠に当たるハンニバルが勝ってもおかしくない。

ハンニバルはイタリア半島で苦戦はしていたのですが、けっして勢いが衰《おとろ》えていたわけでもない。しかも、このとき彼は四十四歳で、年老いてもいない。なのに若くて経験のないスキピオに負けたというのですから、どうしても点数は辛《から》くなります。

――だからハンニバルの知力は八十五点で、スキピオは九十五点というわけですか。

そのスキピオとハンニバルはザマの会戦の前夜、会談をします。大決戦の前に、しかも古代の名将ベスト5に入るという二人の将軍が会ったのですから、これはまさに歴史的事件と言うべきもの。

その会見の折りに、ハンニバルは年下のスキピオに翻意《ほんい》を促《うなが》します。要するに「この戦いで負けたら、君の将来は完全に破滅するよ」というわけなのですが、この説得にスキピオは動じない。そればかりか、スキピオはこんな名文句を吐《は》く。

「ハンニバル、あなたには明日の会戦の準備をするよう勧《すす》めることしか、私にはできない。なぜなら、カルタゴ人は、いやあなたは特に平和の中で生きることが何よりも不得《ふえ》手《て》なようであるから」

と。

――うーん、役者が一枚上という感じですね。

何しろスキピオは、ローマの元老院で「第一人者」ファビウスを相手に堂々たる論戦を行ない、元老院の議員たちの心を動かしたほどの人物です。

結局のところ、説得力とは要するに敵の心を動かすだけの力があるか、ということです。その点、ハンニバルは味方を鼓舞《こぶ》する力はあっても、敵を動かすまでの説得力はなかった。

もし、彼にスキピオの説得力があったなら、ローマ連合から離脱する同盟国もあったかもしれない。しかし、そのような例はついになかったのですから、やはり説得力はまあ合格点ぎりぎりの六十五点しかあげられませんね。

「左派インテリ」だったブルータス

さて、いよいよ共和政時代のローマ人たちの通信簿に入るわけですが、まずは不合格組から見ていきましょう。優等生を見ていくよりも、そのほうが反面教師として参考になるはずです。

――何と言ってもカエサルを殺したマルクス・ブルータスの点数が低いですね。やはり彼はこの程度の人物だったんでしょうか。

現代の日本人に分かりやすく言えば、この人は要するに左派インテリなのです。つまり自分には確たるビジョンはないのに、他人のやっていることには一人前の批判をする。つまり、「批判のための批判」でしかない。

しかも左派インテリなら、それらしいアジ演説ができればまだマシなのですが、彼の演説はどうにも面白くないときている。

ローマではある程度の家の子弟なら、教養科目《アルテス・リベラーレス》の一つとして、人を説得するための技術、つまり修辞術《しゅうじ》を学びます。

ブルータスは幼いころにはギリシア人の家庭教師から学び、その後はアテネ、ペルガモン、ロードス島と、当時のローマ人としては最良の留学先を選んで勉強しています。

現代で言うならば、東京大学を卒業して、オックスフォード、イェール、ソルボンヌと留学するようなものですね。だから教養だけはありあまるほどあったはずなのですが、自分の言葉で相手を説得することができない。

あるとき、カエサルが、たまたま若いブルータスの演説を聴《き》く機会があったのですが、そこで感想を求められたカエサルは何と評したか。

「あの青年が求めているものが何であるかは分からなかったが、何であれ強烈に求めているということだけは分かった」

——強烈な皮肉ですね。

私なら自分が書いたものに対してこんな批評をもらったら、それこそ夜も眠れなくなりますね。

しかしカエサルの批評は正しかったようです。

カエサル暗殺を決行した翌日、ブルータスは大勢のローマ市民の前で、自分たちは国家ローマのためにカエサルを刺《さ》したのだという大演説をしたのですが、これに対して聴衆の反応はゼロ。賛成の声はおろか、ブーイングさえ起きなかった。これはよほどつまらなかったに相違ありません。

カエサルを殺した懐古主義者たち

——説得力が二十点というのはそれで分かりましたが、それほど学問をしていたイン

テリであれば、ブルータスの知力が三十点というのでは低すぎませんか。

リーダーの資質としての「知力」と、学問をして得られる「知識」とはまったく別物です。ブルータスは知性ならばあったと思うけれど、知力はなかった。

では、知力とは何か。

知力の定義にはいろいろあると思いますが、リーダーに求められる知力とは、現状を正確に把握《はあく》した上での問題解決能力ということになるでしょうか。先見性《せんけんせい》も、そこには含《ふく》まれるでしょう。

いわゆるインテリは教育を受けていますから、現状に対する批判はそれなりに言える。ブルータスの場合は、共和政は正しいと確信しているのですから、「カエサル一人に権力が集中するのはよくない」と言うわけです。

ところが「では、いったいこの激変する時代に対応するために、どうしたらいいのか」というと、まったくアイデアがない。とにかく反対一本槍《いっぽんやり》なのですね。カエサルを殺した後の計画なんてどこにもなかった。

——**「ダメなものはダメ」**。**昔の日本社会党みたいなものですね。**

現代イタリアの高校の歴史教科書はブルータスらのカエサル暗殺を「懐古《かいこ》主義者の自《じ》己陶酔《ことうすい》がもたらした、無益どころか有害でしかなかった悲劇」と言い切っています。

ブルータスやその仲間たちには「カエサルを殺せば、共和政に戻る。そして共和政に戻ればすべてが解決する」という程度の安直な考えしかなかった。現実はそんなに簡単なものではないのに。

実際、彼らのやったことはローマに混乱をもたらしただけでした。

最終的にはカエサルの遺志を継《つ》いだオクタヴィアヌス、のちのアウグストゥスが内乱を収拾《しゅうしゅう》するのですが、そこに至る前にはオクタヴィアヌス対ブルータス、次いでは対アントニウスの内戦が行なわれ、ローマ人の血が流されることになった。その原因を作ったのは他でもない、ブルータスとその同志たちなのです。

したがって、ブルータスにはいい点数を付けるわけにはいきません。批判するだけでなく実際にカエサルの暗殺を行なったという点だけは多少評価できるから、「持続する意志」には六十点を付けましたが、あとは全部不合格。

法廷弁護士キケロ

――ブルータスたちの「共和政に戻ればすべては解決する」というのは、「戦争を放棄すれば、平和がやってくる」という戦後日本のインテリたちの議論に似ていますね。

いつの時代でも、知識人というのは現状洞察能力だけには優れているのですね。

今の世の中のどこが間違っているかという現状批判をさせれば、彼らはいくらでも話してくれるし、鋭《するど》いことも言う。でも、そこから先の具体的な提案には少しも進まない。

ここが指導者と知識人の大きな違いなのですよ。

その点においては、ブルータスよりはずっと優れていたキケロであっても本質的には同じです。

キケロは今日の日本でも岩波書店から『キケロ全集』が出されているほどで、ローマを代表する知識人とされています。

しかし、彼にしても現状批判止まりであって、それ以上ではない。キケロは批評家、ジャーナリストとしては超一流ではあったけれども、その論旨《ろんし》は「かくあるべし」という理想主義に過ぎなかった。

キケロ

私は結局のところ、キケロは「書斎の人」であったと思います。彼の書く文章はたしかにすごい。読ませます。しかし、それを現実の生活においてどう生かすかとなると……やはり典型的な知識人だったのですね。

——でも、彼は実生活においても雄《ゆう》弁家《べんか》だったと言われています。

そこが誤解されているところだと思

うのですが、彼が名を上げたのはもっぱら法廷弁護士としての活躍なのです。

古代ローマの法廷は現代のアメリカと似て、陪審員《ばいしんいん》たちがいて、彼らが判決を下す。だから、その陪審員を説得するのが法廷弁護士の仕事なのですが、政治家の演説と弁護士の演説とは根本的に違う。

どこが違うかといえば、陪審員とは敵でもなければ味方でもない。判決を出すのが陪審員の役目なのですから、利害関係があっては困る。そういう、いわば「第三者」を説得することにおいてはキケロは巧《たく》みだったのでしょう。

しかし、リーダーの演説はそれでは済みません。味方を自分の懐《ふところ》深くに取り込み、さらには自分の反対派をも説得してこそ、はじめて自分の考える政策が行なえる。そのような演説がはたしてキケロにできたかといえば、私は疑問です。

キケロの文章はたしかに上手ではあるのだけれども、一種、情緒《じょうちょ》的なのですね。私のように簡潔明快《かんけつめいかい》で論理的な文章を好む人間からすると、回りくどく感じてしまう。やはり法廷弁護士だなと思ってしまうのですよ。

カエサルの演説術

――というと？

ハリウッドの裁判映画を観《み》ればよく分かるのですが、アメリカの法廷弁護士の仕事とは検察官を論破《ろんぱ》することではない。要は、陪審員の同意を獲得すればよいのです。したがって、論理的に、明快に弁論を行なうことも重要ですが、それよりも、相手の心情に訴えかけるほうが有効です。キケロの弁護もそのタイプではなかったかと思います。

――では、政治家の演説は情緒的ではいけないというわけですね。

当然ですよ。何しろ、聴いている側は自分の生活がかかっているのです。この改革を行なえば、どのような具体的利点があるのか、それこそが聴きたい話であるのですから、それを明快に伝えることができなければ誰も納得しません。無味乾燥《むみかんそう》では困りますが、簡潔さ、明快さは絶対に必要なのです。

ただし、キケロは自分ではそうした演説をできない人ではあったけれども、明快な演説のよさを評価できるだけの判断力はあった。私がキケロに比較的いい点数を付けているのは、そうした彼の頭のよさを考慮に入れたからです。

――たしかにキケロはカエサルを高く評価しています。

本書の中でも紹介していますが、キケロはカエサルの文章を「これ以上はない」というぐらい絶賛しています。

「カエサルの文章は、それが口から出ようと手で書かれようとも、次の特質を表わしていることでは変わりない。つまり、品格が高く、光り輝き、壮麗《そうれい》で高貴《こうき》であり、何よりも理性的である」

――カエサルの演説を一度でいいから生《なま》で聴いてみたいものです。

私もまったく同感ですね。

カエサルの名言は「賽《さい》は投げられた」「来た、見た、勝った」など後世にも伝えられているものが多いわけですが、知識人受けするキケロの演説とは違って、カエサルの話は誰が聴いても強烈な印象を与えた。

ポンペイウスとの内戦が終わった後、カエサル軍団の軍団兵たちがボーナス要求のストを行ないます。戦争に勝ったのはオレたちのおかげだというわけですね。

そこで最初、カエサルの名代《みょうだい》としてアントニウスが出向いて説得に当たるのですが、兵士たちは聴き容《い》れない。そこにカエサルが現われて、彼らに一言言っただけでストライキは終了。

このとき彼がどのような演説をしたかは『ローマ人の物語 V』に譲《ゆず》りますが、カエサルは語りかける相手やその状況に合わせて、それに適合した演説をすることができた人でした。

元老院でなら元老院議員向けの、そして歴戦の強者《つわもの》である軍団兵にはそれなりの話し方ができた。

しかも、それが演技ではなく、ごく自然に行なえたところにカエサルの天才があるのだと私は思いますね。

「剣闘士なみ」と酷評されたアントニウス

――ちょうどアントニウスの名前が出てきたので、彼についても解説願いましょう。この人物に対しても、塩野さんはずいぶん低い評価を付けていますね。肉体上の耐久力を除いては、どれも最低点に近い。かりにもオクタヴィアヌスとカエサルの後継者争いをし、クレオパトラと恋仲になったほどの男なのですから、もう少しマシではないかと思っていたのですが。

キケロがアントニウスに対して、どんな批評を下したかを聞けば、あなたの印象も変わるのではないでしょうか。キケロは彼についてこう書いています。

「肉体が頑丈《がんじょう》なだけが取《と》り柄《え》の無教養人で、酒に酔いしれ下品な娼婦《しょうふ》と馬鹿《ばか》騒ぎするしか能のない、剣闘士なみの男」

キケロはあまりにも正直に書きすぎたために、のちにアントニウスに殺され、そればかりかペンを持つ右腕を切り落とされてしまうのですが、私もこればかりはキケロに賛成しますね。

しょせんアントニウスは軍団長クラスの人材だった。私はそう思います。

軍団長に求められるのは、最高司令官の考える作戦を忠実に行なう能力であって、本質的な知力は不可欠ではない。

ところがアントニウスはカエサルの副官役に抜擢《ばってき》されたがために、自分は司令官にもなれる器《うつわ》だと思いこんでしまったのですね。実際にはカエサルは、とうにアントニウスの能力に見切りを付けていたのですが、本人はそれにさえ気付かない。自分こそカエサルの後継者だと思いこんでいたのです。こうなると悲劇を通り越して、喜劇的ですらある。

そのアントニウスには説得力もなかったし、自己制御力もなかった。カエサル軍団のストライキを収拾できなかった話は先ほどもしましたが、それだけならまだしも、エジプト女王クレオパトラを説得するどころか、逆にクレオパトラに籠絡《ろうらく》されてしまったのですから、何をかいわんや、でしょう。

才女と言われた女

――アントニウスはクレオパトラと結婚したばかりか、ローマが支配する地中海の東半分をクレオパトラに与えると宣言してしまうわけですものね。つまり、アントニウスよりもクレオパトラのほうが役者が上だった?

私から言わせれば、アントニウスもクレオパトラも結局は似た者どうしです。

クレオパトラはギリシア語やラテン語はもとより、エジプト民衆の言葉まで解した才女だったと言われていますが、先ほどから述べているように知性と知力は違います。

彼女がもし、ただの王女であれば、その教養は魅力ではあったでしょう。しかし、このときのクレオパトラはエジプトの女王だった。つまり、一国の主《あるじ》として、人民に対して責任を負う立場にあったのです。

なのに彼女はアントニウスを操《あやつ》りさえすれば、エジプトは地中海の半分を支配できると思いこんだ。彼女には現状認識能力すらなかったという証拠です。

そもそも彼女が女王でいられたのはなぜか。

事実上の宗主国《そうしゅこく》であるローマが彼女の地位を保障してくれていたからに他なりません。ローマはいつでもエジプトを征服し、ローマの属州にする力がありました。そうしなかったのは、エジプトの特殊な国柄を考慮してのことに過ぎない。それが少しも分かっていなかったのですね。

——特殊な国柄とは？

エジプトでは歴代の王はみな、神であるとされてきました。これはアレクサンダー大王がエジプトを征服し、ギリシア系のプトレマイオス朝になっても変わらなかった。つまり、エジプトの国民にとっては、王が神様であることのほうがしっくり来るのです。

そのエジプトをローマが支配したら、どうなるか。共和政のローマには現人神《あらひとがみ》などいるわけがないのですから、文化摩擦が起きるのは目に見えています。そこでローマはエジプトをあえて同盟国のままにとどめておいて、クレオパトラを女王にしておくという判断をしたのです。

なのに、彼女にはその事情が少しも分かっていなかった。エジプトの女王ならば地中海の半分をもらってもおかしくないと思ったのです。ということは、現状認識能力さえなかったとするしかない。

クレオパトラは美人だったのか？

――つかぬことをうかがいますが、クレオパトラというのはやはり美人だったのでしょうか？

やはり男性はそのことが気になるのですね（笑）。

パスカルは「クレオパトラの鼻がもう少し低ければ歴史は変わっていただろう」と言うわけですが、これに対して芥川龍之介《あくたがわりゅうのすけ》が反論して、「あのような立場にいた女性なら、少しくらい鼻が低くても変わらないだろう」と言っています。

私は芥川の意見に賛成ですね。実際、彼女の肖像が彫刻として残っていますが、それを見る限りでは、それほどの美女であったとは思えません。

しかし、女性の印象は何も顔だけで決まるわけではありません。

立ち居振る舞い、内面の自信、あるいは自分をどう見せるかという演出……そうしたものも大いに関係してくるわけですから、多少、鼻が低かろうと彼女の場合、関係なかったでしょう。

アントニウスと最初に出会ったとき、彼女は紫色の帆《ほ》を張った金色の船に乗り、愛の女神ヴィーナスに扮《ふん》していたと言います。四十七歳のアントニウスは、この演出だけでのぼせ上がってしまった。

しかもクレオパトラの場合、リーダーに不可欠な知力はなくても教養ならばあった。だから、機知に富んだ会話もできる、女としてはまれな一人ではあったのでしょう。当時の地中海世界ではやはり群を抜いて、魅力的な女性であったと思います。

クレオパトラ

——何しろ、一時はカエサルさえ彼女に惚《ほ》れたほどですからね。

さあ、それはどうでしょうか。

エジプトの王位継承問題を解決した後、カエサルはすぐにローマに帰らず、ナイル川に船を浮かべてクレオパトラと二ヶ月を過ごします。それを見て周囲は「カエサルはクレオパトラに籠絡《ろうらく》されたのでは」と心配し、現代でもそう考える人は多いのですが、私はそう思いませんね。

このときのカエサルは、ガリア遠征から始まって戦いの連続です。ポンペイウスとの戦いもようやく一段落したので、少し骨休めをしたい。幸い、クレオパトラという格好《かっこう》の話し相手もいるし、といった程度のことだったのではないでしょうか。

しかも、このときのカエサルは五十二歳、一方のクレオパトラはまだ二十一歳。まずもって若い女は、若いというだけでも魅力ある存在。ただし若いだけに、カエサルにとってみれば、クレオパトラに自分が彼女に惚れ込んでいると思わせることなど朝飯前《あさめしまえ》であったでしょう。


――カエサルのほうがずっと上手《うわて》だったわけですね。

野望とプライド

だがクレオパトラは、カエサルが自分の魅力の虜《とりこ》になったと思いこんだ。

それが幻想であったということに彼女が気付いたのは、カエサルが死んで彼の遺書が公開されたときでした。その遺書の中には、クレオパトラのことも、カエサルとの間にできたとされる息子カエサリオンのこともまったく書かれていなかった。

カエサルとしては、彼女やその息子のことに触《ふ》れないほうが、結果としてはエジプトのためになり彼女のためにもなると判断したからですが、彼女はそうは受け取らなかった。カエサルに裏切られ、恥をかかされたと思ったのです。

彼女がのちにアントニウスと結婚し、地中海の半分を要求した背景には、このときの屈辱感《くつじょくかん》があったのは間違いありません。

――まさに「女の恨《うら》みは恐ろしい」ですね。

そこまで話を矮小化《わいしょうか》してしまうのも、どんなものでしょうか。

無謀《むぼう》ではあったとはいえ、彼女はエジプトの版図を拡大し、東方にアレクサンダー大王に匹敵する大帝国を作ろうという野望は持っていた。カエサルやアントニウスに接近したのも、しょせんはそのためでした。

――なるほど、だから「持続する意志」は七十点なのですね。

だがその野望も、アクティウムの海戦でアントニウス＝クレオパトラ連合軍がオクタヴィアヌスに敗れた瞬間に崩壊してしまいます。

アントニウスが自殺し、残されたクレオパトラは首都アレクサンドリアでオクタヴィアヌスに二人きりで面会をします。このとき、三十九歳の女王は三十三歳の勝者を自分の魅力で籠絡しようとしたのではないかと言われていますが、私はそうは思いません。

――あの執念深いクレオパトラなら、オクタヴィアヌスに言い寄っても不思議はないと思いますが。

それはあなたが女をご存じない証拠です。

ネコは自分をかわいがってくれる人間をかぎ分けると言いますが、女もまた同じです。会った瞬間に、その男が自分になびくかどうかは見抜ける。

彼女はオクタヴィアヌスの、あの冷たくも静かな目を見た瞬間に、それが分かったのだと私は思います。無駄だと分かっていて醜態《しゅうたい》をさらすことなど、誇り高いクレオパトラにはできるはずがない。だから、彼女は死を選んだ。先祖の眠る霊廟《れいびょう》の中で、彼女は毒蛇に自分を嚙《か》ませて自殺します。

――アントニウスと一緒に葬《ほうむ》ってほしいという遺言を残したそうですね。考えてみれば、あわれな女性です。

たしかに一人の女性として見るならば、同情できないわけではありません。しかし、彼女は一国の女王であり、その行動はエジプトの人民すべての生活に影響を与える存在だった。その意味で、私はやはり彼女を評価することはできませんね。

スキピオの「アキレス腱」とは

――では、そろそろ優等生組のほうに話を移しましょう。まずはスキピオ・アフリカヌス。ローマを亡国の危機から救った英雄なのですから、オール百点でもいいように思うのですが。

ハンニバルと決戦を行なった時点だけを見れば、たしかにスキピオには満点を付けてもいいのですが、残念なことに彼はハンニバルと全面対決した後は燃え尽きてしまったという観がある。

第二次ポエニ戦役の後、彼は元老院の「第一人者」にもなるのですが、最後は弾劾《だんがい》裁判というつまらない罠《わな》に引っかかってしまいます。

この裁判などは言いがかりもいいようなもので、いくらでも切り抜ける余地はあるし、実際、そうなりかけた瞬間もあったのですが、結局は彼自身が裁判を投げ出してしまった。反スキピオ派の陰湿なやり方に嫌気がさした、その気持ちは人間的だとは思うのですが、それで引退してしまうというのは、いかにも残念なことです。

ただ、彼がそんな選択をしてしまったのにも理由がなくはない。

というのも、彼は若いころから何度も大病したことがあったために、弾劾裁判のときはかなり健康を害していた。反スキピオ派が裁判を起こそうと考えたのは、一つにはそれも動機になったと思われます。

スキャンダルというのは、その人が元気で活躍《きば》しているときには絶対に起こらない。少しでも弱みを見せた瞬間に、スキャンダルは牙をむくのです。

したがって、彼の場合は知力や説得力、自己制御力、持続する意志においては文句の付けようがないのですが、肉体上の耐久力の弱さが足を引っ張ったと言える。

――やはりリーダーたるもの、健康でなくてはいけないわけですね。

大事なのは体力があるとか、運動能力が高いということではなく、どれだけ長もちするかということなのです。

たとえばアウグストゥスはカエサルに比べれば、ちっとも頑健《がんけん》ではない。むしろ病弱と言ってもいいくらいです。しかし、アウグストゥスは自分の肉体的弱さを熟知していたから、無理だけはしなかった。だからこそ七十七歳まで生きられた。こういうやり方でもいいわけです。

スキピオの場合、弾劾裁判を受けた当時はまだ四十八歳。普通ならば働き盛りの年齢であるはずなのですが、健康の不調が彼に災《わざわ》いした。

したがって、スキピオの採点は肉体上の耐久力が六十五点、他の四項目も晩年がよくなかったということで、少しずつ減点というわけです。

時代を超えたグラックス兄弟の説得力

――その次のグラックス兄弟の高得点は、少し意外な感じがしますね。彼らはたしかに「混迷の時代」、最初に改革を提唱してはいますが、結局は失敗に終わっています。「政治は結果論」ではなかったのですか。

たしかにリーダーにとって大事なのは結果が国家や国民に対して善であるかであり、動機の善悪は関係ない。どんな動機であろうと、よき結果が残せればよきリーダーなのです。

グラックス兄弟の場合、彼らが生きている間にはたしかにいい結果は残せなかった。元老院の妨害に遭《あ》い、最後には殺されてしまうのですからね。

しかし、彼らの功績をタイム・スパンをもっと長く取って検証していけば、どうなるか。その結果が、この点数なのです。

ティベリウスとガイウスの二人は護民官としてさまざまな政策を打ち出しました。その中には、所得格差を減らすための農地改革もあれば、また失業対策としての植民都市の建設、さらには市民権の改革も彼らは採り上げています。これらはもちろんすべていったん挫折《ざせつ》してしまうことになるのですが、やがてカエサルによってどれも実現する。

つまり、彼らの政策は時期尚早との批判はできるかもしれませんが、誰よりも早くローマの抱《かか》えていた問題点を見抜き、その具体的対策を打ち出していたのは間違いありません。したがって、リーダーに不可欠な「知力」なら彼らは充分に持っていた。

さらに彼らの存命中は元老院を説得できなかったにせよ、彼らの主張は一世紀後のローマ人の心にまで残った。カエサルが共和政を否定し、帝政への道を開いたわけですが、そのカエサルの原点となったのが他ならぬこの兄弟なのです。したがって、後世に対する説得力という意味では、ひじょうに大きなものがある。

以上の理由から、私は彼らの「知力」と「説得力」に九十点という点数を付けたわけです。

とはいえ、元老院をいたずらに刺激してしまったのは、いくら確信犯とはいえ、政治家としてみれば上出来ではありません。もう少し、時間をかけて元老院対策に乗り出していたら違った結果になったのではないか、という仮定も成り立ちうる。

したがって、自己制御力はやや辛《から》めの七十点。殺されたとはいえ、早死にをしてしまったのですから、肉体上の耐久力も六十点というところでしょうか。

しかし、当時のローマにおいて元老院を敵に回すのを覚悟で、ああいう改革を行なった。しかも、弟ガイウスは兄が惨殺されているのにもかかわらず、兄と同じ道を歩んだ。よって「持続する意志」となれば満点です。

敵に回したくない男・スッラ

――スッラは、本書の中でもしばしばカエサルと対比されているにもかかわらず、点数が思ったよりもよくありません。特に自己制御力は六十点と、合格ぎりぎりの点数ですね。


私の持っているスッラの印象は「猛烈な〝知力〟があった男」というイメージです。

彼自身が刻《きざ》ませた墓碑銘《ぼひめい》に、

「味方にとっては、スッラ以上に良きことをした者はなく、敵にとってはスッラ以上に悪しきことをした者はなし」

とあるように、およそ敵に回したらこんなに怖い男はいない。

カエサルはポンペイウスと雌雄《しゆう》を決することになるのですが、もしポンペイウスではなく、その親分に当たるスッラと戦っていたらどうなっていたか。簡単には決着が付かなかったかもしれません。

ことにスッラは戦場の司令官としては最高の人材ではなかったでしょうか。どんな事態の変化にも即応できる柔軟な発想力があったのに加えて、部下の把握が徹底的にうまい。もし、彼がラグビーやサッカーの選手になっていたら、「不世出のナンバー10《テン》」と言われたはずです。

ただ、惜《お》しむらくは、そのスッラの知力が元老院の再興に向けられたということ。いかなスッラの知謀《ちぼう》といえども、時代の流れを逆転させることは不可能でした。その分を減点して、知力には九十五点を付けます。

では、説得力はどうか。

これは評価がむずかしい。

というのは、そもそもスッラには敵を説得しようという気がない。自分の前に立ちふさがる連中は倒すというタイプです。言い換えるなら、腹芸《はらげい》を使わない。

こういう人は味方からは圧倒的に支持されます。何より行動が明快ですからね。

ただし、敵にとってはやりにくい相手です。交渉の余地がないわけだから、白旗を掲《かか》げるか、あるいは玉砕《ぎょくさい》覚悟で徹底抗戦するかの二者択一になってしまう。

だが、スッラの場合はあまりにも強いから、たいていの敵は降参してしまう。その意味では、敵を説得しようとしないことも悪いことではないという結論も出そうです。

ポンペイウスは優等生タイプ?

それが最も象徴的に表われているのが、スッラによるポントスとの戦いです。同盟者戦役でローマが混乱しているのに乗じて、小アジアのポントス王ミトリダテスがギリシアに侵入する。それをスッラが迎え撃ち、劣勢になったポントスのほうから講和を持ちかける。

そのとき、スッラとミトリダテスの首脳会談が行なわれるのですが、このときのスッラはポントス王にいっさい弁明のチャンスを与えませんでした。「いいわけを聞いている暇《ひま》はない。ローマの出した講和条件を呑《の》むのか、呑まないのか。答えは二つに一つだ」というわけです。

——国王を脅《おど》し上げたというわけですか。

こういうときのスッラは本当に恐ろしかった。

彼がのちに独裁官になったとき、彼に向かって非難の声を上げた市民がいました。そのとき彼はどうしたか。何も言わずに、その声の主をじろりとにらみつける。そうしたら、言い返す人は一人もいなくなった。

――ドスが利《き》く男だったのですね。

一種の演技力と言ってもいいでしょう。何も言わなくても相手は呑まれてしまう。そんな芸当ができる男でした。ですからマッチョ的な魅力は充分なのですが、説得力は……せいぜい八十点というところでしょうか。

そんな生き方なのですから、もちろん目的のために自分を抑《おさ》えるということもしない。よって自己制御力も合格点ぎりぎりの六十点。持続する意志と肉体上の耐久力は、もちろん百点です。

――陽《よう》のカエサル、陰《いん》のスッラと言ったところでしょうか。たしかに、この二人が直接対決をするところを見たかったという気がします。

ポンペイウスもスッラの愛弟子《まなでし》というだけあって、たしかに戦場における知略には抜群なものがありました。

特に若いころは、わずか四十日間で地中海の海賊を一掃してしまったほどの戦略の冴《さ》えがあった。しかし、リーダーとして見たときには、やはりスッラよりも格が落ちると言わざるをえません。

何よりポンペイウスに欠けていたのは、持続する意志ですね。そもそも彼には「こうしたい」という意志があったのか。ひょっとして、そんなものなどなかったのではないか、とさえ思うほどです。

――カエサルとの戦いにしても、元老院に担《かつ》ぎ出されたから戦ったという感じがあります。

結局、ポンペイウスは自分で目標設定をすることができないタイプなのでしょう。他人から目標を与えられるとそれを上手にクリアできるが、自分では目標を創り出せない。

――その意味では、彼は一種の優等生タイプだったのかもしれませんね。

アウグストゥスの通信簿

――さて、いよいよ皇帝篇《へん》ですね。

ローマ帝国時代の話は、本書では採り上げていませんから、初期のアウグストゥス、ティベリウス以外の皇帝の点数について細かく解説するのは控えたほうがいいのでしょうね。推理小説で言う「ネタばらし」になってしまいますから。

実際に各皇帝の伝記をお読みいただいてから、この採点表を見て、なぜ私がこのような点数を付けたのかを考えるのも一興だと思います。

――それにしても、アウグストゥスの点数が思ったより低いのは気になります。「偉大なる演技者」として苦労してローマ帝国の基礎を作った男なのですから、もうちょっ

と評価してもいいのではないですか？

アウグストゥスに関しては自己制御力と持続する意志には文句なく百点を与えたいと思います。

現実を直視しようともしない元老院を相手に、辛抱強く駆け引きをしてついに帝国を作り上げるわけですから、自分を抑える能力に関しては完璧《かんぺき》に近い。また、そうして自分自身がローマの事実上の支配者になっても、彼は少しの贅沢《ぜいたく》もしなければ、怠けもしない。その後も、倦《う》まず撓《たわ》まず帝国の基礎固めをするのですから、意志力についても文句はない。

知力についても、彼はカエサルの意図を完璧に理解して、それを具体化していったのですから、並の水準ではなかった。ただし、カエサルのようなオリジナリティはないということで九十五点です。

さらに肉体上の耐久力においても、すでに述べたとおり虚弱体質であったのに七十七歳まで生きたのですから、これは評価の対象になります。

彼は自分の健康を守るためなら、いっさい見栄《みえ》を張らなかった。

権力者というのは、たいてい若作りをして、体力を周囲にアピールしたくなるものですが、彼にはそうしたところは皆無《かいむ》です。体力を消耗する軍事遠征はアグリッパやティベリウスに任せた。それもすべては、ローマ帝国の基礎を作るためには早死にするわけにはいかないという想いからでした。ですから、肉体上の耐久力に関しては八十五点。では説得力はどうか。
たしかに彼は元老院とうまく交渉してはいくのですが、演説はけっしてうまくなかった。むしろ下手《へた》だったと言うべきでしょう。何しろ元老院で演説をしたら「何を言っているのか、さっぱり分からない」とヤジを飛ばされたほどの人です。カエサルのように敵をも感心させる言葉を吐《は》ける人ではなかった。よって説得力はせいぜい八十点といったところでしょうね。

人気取りをしなかったティベリウス

——そのアウグストゥスの後を継《つ》いだのがティベリウス。ティベリウスは説得力と自己制御力の評価が低いですね。

ローマ帝国はカエサルが設計図を引き、アウグストゥスがその基礎を構築した壮大な建造物だったと私は思うのですが、その壮大な建造物も無能な指導者の手に渡れば、不要な改造を加えられたりして、当初とはまったく違うものになっていたかもしれません。ところが、ローマ帝国ではそのようなことにならなかったのは、このティベリウスが徹底的に建造物を強固にしてくれたおかげでした。
このティベリウスの後にはカリグラやネロといった皇帝たちが現われるわけですが、

その彼らがどのような乱脈経営をしようと、ローマ帝国は〝破産〟しなかった。これはまさにティベリウスのおかげと言えます。

ティベリウスはその治世の間、徹底的な緊縮財政を行なうことでローマ帝国の財政を安定させたし、またアウグストゥスが行なったゲルマニアへの遠征を取りやめ、ライン河の防衛線を固め、さらにドナウの守りも固めた。

こうした地味な仕事をきちんとやり遂《と》げられたのも、彼が知力、持続する意志、そして肉体上の耐久力の持ち主であったからに他なりません。

しかし、そのティベリウスには説得力が欠けていた。というより、説得が必要であるとは少しも思わなかった。つまり「自分さえしっかり仕事をしていれば、味方などはいなくてもいい」と考える男だった。

——皇帝であるにもかかわらず首都ローマを離れ、カプリの別邸に一人籠《こも》って仕事をしてしまうわけですものね。

ローマの皇帝はシナの皇帝と違って、天命を与えられてなるものではありません。ローマの主権者である元老院と市民の支持があってはじめて皇帝の座に就《つ》ける。したがって、ローマの皇帝は言葉は悪いですが「人気取り」には気を配《くば》った。行きたくもない闘技場に顔を出したりするのも、市民に親近感を与えたいと考えたからです。これあのカエサルでさえ、けっして住み心地のよくないローマの中心部に居《きょ》を構《かま》えた。これも市民との触れ合いが重要だと分かっていたからに他ならない。

ところがティベリウスには、そのような配慮がない。「これだけ自分は働いているのだから、誰にも文句は言わせない」となる。このあたりが官僚的とか貴族的と言われたゆえんです。事実、彼は名門貴族の出身でしたから、それも関係していたのかもしれません。

ですから、「説得力」は落第点の五十点しか付けられないし、また「自己制御力」も七十点程度となります。

孤独な皇帝

ただ、ここで個人的な感想を少しだけ述べれば、ティベリウスがカプリに隠棲《いんせい》したのには同情すべき点も多々ある。だから私は彼をそれほど非難する気がしないのです。

――というと？

要するに、この人は正直すぎる。正直すぎるからローマにいることが耐《た》えられなくて、カプリに引っ込んだのですよ。

まず第一に、彼の貴族的な精神からすると元老院はあまりにもだらしない。ローマに対する責任感など少しも考えていなくて、自己の既得権《きとくけん》を守るのに汲々《きゅうきゅう》としている。こういう連中相手に時間を無駄に費やすのではたまらないと思ったのでしょう。

ティベリウス

それと彼がもう一つ我慢できなかったのが、家族との関係です。

ティベリウスは外においても孤独な人でしたが、家庭内においても孤独な人でした。

というのも、もともとティベリウスにはヴィプサーニアという愛する妻がいたのに、アウグストゥスが無理矢理に離婚させ、自分の娘ユリアを押しつけた。

アウグストゥスとしては、これもローマ帝国の安泰《あんたい》のためだというわけなのですが、ティベリウスにしてみればたまったものではない。

しかも、そのユリアとティベリウスはどうも、そりが合わなかった。何が原因かは家庭内のことだから分かりませんが、おそらく貴族精神の持ち主ティベリウスにとっては、ユリアの品格の低さが我慢できなかったのでしょう。

結局、この結婚生活は妻ユリアの不《ふ》貞《てい》が発覚し、アウグストゥスが彼女を島流しにすることで終わりを迎えるのですが、しかし、ティベリウスの不幸はまだ続きます。

ティベリウスは自分の後継者として、

アウグストゥス一門の血を引くゲルマニクスを養子に迎えます。彼には血を分けた息子もいたのですが、ローマの安定のためにあえて養子に継がせることにしたのです。

ところが困ったことに、そのゲルマニクスの死んだ後に、その妻アグリッピーナが不穏な動きを始める。彼女は自分の息子を次代の皇帝にしようと運動しはじめた。というのは、彼女はアウグストゥスの孫に当たる女性ですから、息子は初代皇帝の曾孫《ひまご》になる。血筋からして、自分の息子が皇帝になるべきだと思って疑わないのです。

もちろん、このような裏工作をティベリウスが許すはずはない。しかし、アグリッピーナも一歩も引かないから家庭内はますます冷え込むばかり。これでは家出したくなるのも当然というものでしょう。


――ティベリウスのカプリ隠棲《いんせい》は、家出だったと？


その一面はあると思いますね。しかし、その家出先にカプリを選んだところが、いかにもティベリウスらしい。

カプリには私も渡ったことがありますが、実に快適で、しかも風光明媚《ふうこうめいび》ときています。地中海には無数の島があるのですが、隠棲先として見るならカプリはナンバー1《ワン》ではないでしょうか。

こういう場所を家出先に選ぶあたりに、やはり彼の育ちのよさというかセンスのよさが表われていると思いますね。

なぜローマは中興期《ちゅうこう》を迎えられたのか

——さて、このティベリウスの後が悪名高きカリグラで、彼以後、ローマ帝国はしばらく動乱の季節を迎えることになるわけですね。

ローマ市民から評判の悪かったティベリウスの後を継《つ》いだカリグラは、先代の逆、つまり市民の歓心《かんしん》を得ることだけに熱心になり、国庫を空《から》にしてしまいます。

それを歴史家でもあったクラウディウス帝がアウグストゥス路線に戻すことで何とか持ち直すわけですが、今度は、芸術的センスはあっても、リーダーのセンスに欠けたネロが皇帝になる。

そして、このネロの死後、ローマ皇帝の座をガルバ、オトー、ヴィテリウスの三人が奪い合うという時代がしばらく続きます。この混乱をヴェスパシアヌスが一応収拾し、それ以後の皇帝がローマをふたたび盤石《ばんじゃく》なものにする努力をしていく……。

——そして、これが『ローマ人の物語　Ⅸ』で語られる「五賢帝の時代」へと続くわけですね。

最初にも申し上げたように、カリグラ以後の皇帝たちの物語は本書では扱《あつか》ってはいないので、ここでは個々の採点について触れるのは控えます。

ただ、ここで指摘しておきたいのは、カリグラやネロといったリーダー失格の皇帝が現われ、さらに三人の男たちが帝位を巡《めぐ》って争うという内乱状態が起きても、ローマ帝国は崩壊しなかった。それればかりか、この内乱後、帝国は最盛期を迎えるのです。

——いかにアウグストゥスやティベリウスが強固な「建造物」を造り上げたか、ということですね。

それともう一つ重要なのは、ヴェスパシアヌス以後の皇帝たちがローマ帝国という一大建造物のメンテナンスを怠《おこた》らなかったということです。

この採点表を見ても分かるとおり、ヴェスパシアヌス以後の四人の皇帝はけっして秀《ひい》でた資質の持ち主ではありません。しかし、彼らは自分たちの職務が帝国のメンテナンスにあることを自覚し、それを地道《じみち》に行なってきた。

だからこそ、トライアヌスとハドリアヌスという二人の優れた皇帝が現われたとき、彼らが思う存分に実力を発揮できたし、その彼らによる「五賢帝の時代」もありえたというわけですね。

「天国に行きたくば、地獄への道を知れ」

——リーダーを五つの角度から分析していくというこの方法論は、単にギリシア・ローマ史を読《よ》み解《と》くだけでなく、いろいろ応用できそうですね。たとえば、歴代日本のリーダーの採点表を作ってみるとか……。

それは読者のみなさんにお任せしますが、この方法は応用範囲が広いと思います。政治家だけではなく、企業の経営者をこの五つで採点することだってできる。

国家であろうが、企業であろうが、組織のリーダーに求められるのは結果を出すということです。どんなに立派なことを言おうと、結果を出せなければリーダー失格と言うしかない。

それにはまず、現状を正確に把握した上で、自分の考える政策をどう実現させるかを考え出す知力が必要です。そして、その実現のためには反対派をも味方に付けるほどの説得力を持っていなければならない。

またリーダーとは激務なのですから、それをこなせるだけの肉体上の耐久力が必要です。

さらに目的達成のためには、リーダーは自己の欲望や感情をコントロールできなくてはならない。一時の成功に舞い上がって、初志を忘れてしまっては困るのです。また逆に、どんな困難や抵抗に遭《あ》おうとも初志を貫徹するだけの強さも持っていなければならない。それが自己制御力であり、持続する意志ということです。

——そうして見ると、この五つの要素はすべて「目的完遂《かんすい》」という一語に要約できそうですね。

まさしく、そのとおりです。

日本人はともすれば「理想のリーダー」の条件として、人格の円満さや徳性などを求めますが、人格が高潔であることと目的を達成することとは、直接には何の関係もない。たとえ人格に問題があろうと、国民を幸福にするという大目的を達成できたら、それがいいリーダーなのです。

――なるほど、だからこそ「パクス・ロマーナ」を実現したカエサルやアウグストゥスが名政治家なのですね。

よく言われる「哲人政治家」なんて、私から言わせればまったくのナンセンスです。マキアヴェッリが言ったとおり、「結果さえよければ、手段はつねに正当化される」のが政治であり、それを誰よりもよく知っていたのが彼らだと思いますね。

ところが残念なことに日本では、たとえ結果が出せなくても、手段が正しければそれで許されてしまう雰囲気《ふんいき》がいまだに強い。しかし、それはリーダーを甘やかすだけにしかならないのではないでしょうか。

「天国に行く最も有効な方法は、地獄へ行く道を熟知することである」

これもマキアヴェッリの言葉ですが、この言葉を私なりに意訳すれば、リーダーたらんとする人は自分が地獄に堕《お》ちることを覚悟してこそ、国民を天国に導《みちび》くことができる、ということになる。

ローマの名リーダーたちは、言ってみればみな地獄に堕ちることを覚悟していた人たちだった。そのことを知ってもらいたくて、私はローマ人の物語を書きつづけているのかもしれませんね。

関係年表

年代	ローマ史	関連事項	本書での章数
紀元前 七五三	初代ローマ王ロムルス、ローマを建国（伝承） 建国直後、「サビーニの女たちの略奪」が起きる 後、サビーニ族がローマに移住 第二代王　ヌマ（在位七一五～六七三） 第三代王　トゥリウス（在位六七三～六四二） 第四代王　アンコス（在位六四一～六一六） 第五代王　タルクィニウス（在位六一五～五七九） 第六代王　セルヴィウス（在位五七九～五三四） 第七代王　タルクィニウス・スペルヴス （「尊大なタルクィニウス」在位五三四～五〇九）	【シナ】春秋時代 （前八～五世紀） 【日本】縄文時代 アテネ、ソロンの改革 （五九四）	第2章
五〇九	「尊大なタルクィニウス」追放 ブルータスらによって王政は廃止、共和政始まる **【これ以後、貴族と平民の階級対立が始まる】**	アテネで民主政始まる （五〇八）	第3章

四九四	平民階級の保護のため、護民官設置	ペルシア戦争(四九二〜四八〇)	第3章
四四九	「十二表法」制定されるも、平民階級の不満は収まらず	ペリクレス時代(四六〇〜四三〇)	
三九六	エトルリアの都市ウェイ陥落。これをきっかけに貴族と平民の決裂が深刻化	アテネ、スパルタに降伏(四〇四)	
三九〇	「ケルト・ショック」(ケルト族、ローマを占拠)		
三六七	リキニウス法制定。国家の要職を平民にも開放		
三三八	ローマ連合成立	アレクサンダー大王(在位三三六〜三二三)	第4章
三二六	山岳民族サムニウムとの戦い始まる(〜二八四)		
三二一	「カウディウムの屈辱」(ローマ軍、サムニウム族の捕虜となる)		
三一二	アッピア街道の建設	プトレマイオス朝(三〇五年創建)	
二八〇	エピロス王ピュロスとの戦い(〜二七五)		
二七〇	ローマ、ついにイタリア半島の統一に成功	【日本】弥生時代	
二六四	第一次ポエニ戦役始まる		第5章
二四一	第一次ポエニ戦役の講和なる。シチリア島、ローマの属州に	秦の始皇帝、シナ統一(二二一)	
二一八	ハンニバルの来襲。第二次ポエニ戦役始まる		
二一六	カンネの会戦。ハンニバルの前に、ローマ軍大敗		

年代	ローマ史	関連事項	本書での章数
紀元前 二〇六	スキピオ、元老院でカルタゴ本土決戦を主張。ファビウスと激論となる	秦の滅亡（二〇六）	第5章
二〇二	ザマの会戦でスキピオ、ハンニバルを破る	漢帝国成る（二〇二）	
二〇一	第二次ポエニ戦役終結。ローマ、西地中海の覇権を獲得		
一八七	スキピオ裁判行なわれる。スキピオ、ローマを去る		
一四九	第三次ポエニ戦役始まる（カルタゴの条約違反がきっかけ）		
一四六	カルタゴ滅亡し、第三次ポエニ戦役終結	漢の武帝、即位（一四一）	
一三三	ティベリウス・グラックス、護民官就任。同年、殺害される	儒教、漢の国教に（一三六）	第6章
一二三	ガイウス・グラックス、護民官就任。一二一年、反対派のために自決		
一一二	ユグルタ戦役始まる（～一〇五）		
一〇七	マリウス、執政官に就任。軍政改革を実施		
一〇〇	この年、ユリウス・カエサル生まれる		
九一	同盟者戦役始まる	司馬遷『史記』成る（九一頃）	
八九	「ユリウス市民権法」が制定され、同盟者戦役が終結		

八八	スッラ、執政官就任。以後、マリウスとの対立が激化し、内乱起こる		第6章
	ポントス王ミトリダテス、ローマの混乱に乗じ第一次ミトリダテス戦役始める		
八七	マリウス、ローマを制圧。反マリウス派を大量殺害		
八二	スッラ、ローマ正規軍に勝利。ローマの支配権を握る		
	カエサル、スッラに反抗し、亡命を余儀なくされる		
八一	スッラ、無期限の独裁官に就任（翌年辞任）。共和政の強化・粛正		
八〇	スペインでセルトリウス戦役始まる（〜七二）		
七四	第二次ミトリダテス戦役始まる（〜六七）	漢の宣帝、即位（七四）	
七三	スパルタクスの乱起きる（〜七一）		
六七	ポンペイウス、地中海で海賊を一掃、その勢威をさらに高める		
六六	第三次ミトリダテス戦役始まる（〜六三）。ポンペイウス活躍		
六〇	カエサル、ポンペイウス、クラッススによる「第一次三頭政治」体制始まる		第7章
五九	カエサル、執政官に就任		
五八	ガリア戦役始まる（〜五一）		
四九	カエサル、ルビコンを渡る。ポンペイウスおよび元老院との内戦始まる	漢の元帝、即位（四九）	

年代	ローマ史	関連事項	本書での章数
紀元前 四八	八月、ファルサルスの会戦。ポンペイウス軍完敗 九月、アレキサンドリアでポンペイウス殺害さる 十月、カエサル、アレクサンドリアに上陸。エジプト王家の後継者問題で裁定を下すも、アレクサンドリア戦役勃発		第7章
四七	アレクサンドリア戦役終結（カエサル、クレオパトラとナイルに遊ぶ） 六月、カエサル、小アジアでファルケナスと戦う（「来た、見た、勝った」）		
四六	七月、カエサル、ローマに帰還。翌月、凱旋式を挙行 カエサル、改革に着手。ユリウス暦の制定などを行なう		
四五	この年、カエサルは次々と新政策を実施、ローマの本格的改革を開始する		
四四	二月、カエサル、終身独裁官となる 三月十五日、カエサル暗殺さる		
四三	オクタヴィアヌス、執政官になる アントニウス、オクタヴィアヌス、レピドゥスによる「第二次三頭政治」成る		第8章
四二	アントニウスとオクタヴィアヌス、ローマの支配権を東西に分割することで合意		

四一	アントニウス、クレオパトラと愛人関係になる		第8章
三四	アントニウス、クレオパトラの子どもたちに東方諸国を分与すると宣言（この宣言をきっかけに、アントニウスとオクタヴィアヌスとの内戦が始まる）	漢の成帝、即位（三三）	
三一	オクタヴィアヌス、アントニウス＝クレオパトラ連合軍をアクティウムの海戦で撃破		
三〇	アントニウス、クレオパトラ自決。オクタヴィアヌス、ローマの最高権力者に		
二七	オクタヴィアヌス、共和政復帰宣言をして元老院を狂喜させる オクタヴィアヌス、「第一人者」、「アウグストゥス」の呼び名を与えられる		
二三	アウグストゥス、執政官を辞任。その代わりに「護民官特権」を得る		
一二	アグリッパ死去。アウグストゥス、ゲルマニア進攻を開始		
六	ティベリウス、アウグストゥスと衝突し、ロードス島に隠棲	キリスト誕生（前四年頃） このころ、大乗仏教興る	
紀元一四	アウグストゥス死去。ティベリウス、第二代皇帝となる	王莽、前漢を滅ぼす（紀元八）	
一七	ティベリウス、ゲルマニア戦役を密かに終了させる		第9章
二七	ティベリウス、カプリに隠棲		
三七	ティベリウス死去。カリグラが皇帝に就任		

本書は、二〇〇五年六月に集英社インターナショナルより発行、
集英社より発売されました。

本文写真提供　ＰＰＳ通信社／オリオンプレス
図版作成　タナカデザイン

集英社文庫

ローマから日本《にほん》が見《み》える

2008年9月25日　第1刷　　定価はカバーに表示してあります。
2008年12月9日　第4刷

著　者　塩野七生《しおのななみ》
発行者　加藤　潤
発行所　株式会社　集英社
東京都千代田区一ツ橋2-5-10　〒101-8050
電話　03-3230-6095（編集）
03-3230-6393（販売）
03-3230-6080（読者係）

印　刷　凸版印刷株式会社
製　本　凸版印刷株式会社

フォーマットデザイン　アリヤマデザインストア　　マークデザイン　居山浩二

ISBN978-4-08-746347-7 C0195